JN083013

工業高校就職試験シリーズ 2025年度版

工業高校 電気・電子科 就職問題

就職試験情報研究会

TAC出版
TAC PUBLISHING Group

◖ はじめに ◗

　昨今の著しい科学・技術の進歩や産業構造の変化に伴って，社会が現在の工業高校生に求めるものもまた徐々に変わりつつあるように思えます。

　一例をあげれば，工場部門におけるＦＡの導入進展により，作業の省力化・自動化が図られ，そこで働く技術者の仕事は，質・量ともに大きく変化したようなことなどがそれにあてはまります。また，第三次産業，たとえば運輸・通信などといったサービス業が，高度情報化社会への移行とあいまって台頭し，従来あまりみられなかったこの方面にも多くの工業高校生を迎えるようになりました。もちろん，進んだ技術力をもつ製造業がなお着実な成長力をもっていることはいうまでもありませんが……。

　本書は，こうした状況を踏まえて，工業高校生の就職をとりまく現状によりフィットさせ，実際的で役立つ問題集を目指して作られたものです。また，使う側の立場に立って，最も使いやすいように様々な工夫をこらしたつもりです。本書の特徴はおよそ次の通りです。

1　ちょっと大きめの文字サイズ

　読みやすい大きめの文字とＢ５判サイズの大きさ。

2　書き込み可能なノートタイプ

　全ページ書き込みが可能な新しいレイアウト。計算式を書いたり，解答を書いたり，あるいはちょっとしたメモ代わりにも。自由に使いこなして，自分だけの参考書を作ってください。

3　筆記試験以外の内容充実

　最近とくに重視され始めた"面接""作文""適性"などの試験にも大きな比重を置きました。最初からよく読んでください。

4　取り外せる別冊解答

　使い方は自由です。それぞれ工夫して学習に生かしてください。

　最後になりましたが，本書発刊に際してご協力をいただきました多くの方々に心より感謝申し上げる次第です。有難うございました。

就職試験情報研究会

もくじ

Contents

一般教科

4

就職試験とはどんなもの？

就職をめざすキミへ

1.就職試験内定までの流れ

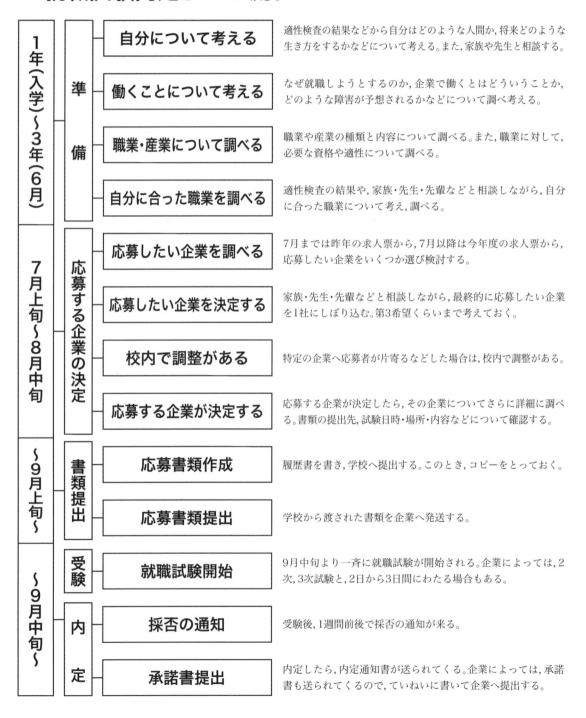

1年（入学）〜3年（6月）	準備	自分について考える	適性検査の結果などから自分はどのような人間か，将来どのような生き方をするかなどについて考える。また，家族や先生と相談する。
		働くことについて考える	なぜ就職しようとするのか，企業で働くとはどういうことか，どのような障害が予想されるかなどについて調べ考える。
		職業・産業について調べる	職業や産業の種類と内容について調べる。また，職業に対して，必要な資格や適性について調べる。
		自分に合った職業を調べる	適性検査の結果や，家族・先生・先輩などと相談しながら，自分に合った職業について考え，調べる。
7月上旬〜8月中旬	応募する企業の決定	応募したい企業を調べる	7月までは昨年の求人票から，7月以降は今年度の求人票から，応募したい企業をいくつか選び検討する。
		応募したい企業を決定する	家族・先生・先輩などと相談しながら，最終的に応募したい企業を1社にしぼり込む。第3希望くらいまで考えておく。
		校内で調整がある	特定の企業へ応募者が片寄るなどした場合は，校内で調整がある。
		応募する企業が決定する	応募する企業が決定したら，その企業についてさらに詳細に調べる。書類の提出先，試験日時・場所・内容などについて確認する。
〜9月上旬〜	書類提出	応募書類作成	履歴書を書き，学校へ提出する。このとき，コピーをとっておく。
		応募書類提出	学校から渡された書類を企業へ発送する。
〜9月中旬〜	受験	就職試験開始	9月中旬より一斉に就職試験が開始される。企業によっては，2次，3次試験と，2日から3日間にわたる場合もある。
	内定	採否の通知	受験後，1週間前後で採否の通知が来る。
		承諾書提出	内定したら，内定通知書が送られてくる。企業によっては，承諾書も送られてくるので，ていねいに書いて企業へ提出する。

2.職場選び8大ポイント

自分について考える

企業で働くということは仕事をすることである。仕事が自分の適性や能力にあっているかどうか，検討する。仕事があわないと，毎日が苦痛である。働きがいのある仕事かどうか検討する。

賃金や待遇

給与・賞与・諸手当などは高いほどよいが，中味をよく検討する。例えば手取り額が多くても，残業手当を多く含んでいる場合もある。その他，通勤手当支給の有無などについても細かく検討する。

通勤時間

通勤時間は，毎日の生活にとって大切なことである。待合わせ時間など，意外とロスタイムがあるので，実際に要する時間を確認する。遠隔地の人は，先輩に聞くなどするとよい。

勤務時間

始業・終業の時間，交替制の有無，残業の有無，休日・週休2日制などについて検討する。特に，電車・バスの時刻表と出社・退社時間の確認が重要である。夜学を希望する場合，時間的に可能かどうかについても検討する。

どれも大切なので総合的に検討しよう。それから，採用の可能性も考えなくてはね！

事業内容への興味

企業で取り扱っている製品や商品が自分の興味や関心，趣味などと合うかどうか確認する。たとえば自動車に興味のある人は，車を組み立てたり，車を販売・修理する企業へ就職するとよい。

企業の将来性

将来，企業が倒産するようでは困る。したがって，安定性のある大企業を選ぶ傾向にある。中小企業でも将来性のある企業が多くある。将来性の予測はむずかしいが，経済の動向に関心をもち，検討する。

資格と将来の展望

自分は，企業で将来どのように生きていくか考える。そのために，今まで工業高校で学んだ専門的な知識や技能をどのように生かしていくか，資格をどのように生かしていくかを検討する。さらに，将来，必要となる資格も検討する。

職場の環境・福利厚生

職場の雰囲気や環境も毎日仕事をしていく上で重要である。また，加入保険の種類，宿舎の有無，給食の有無，定年制，企業内のクラブの活動状況などについても調べる。

3.企業を検討する具体的な方法

その1　求人票から読みとる

　学校の進路指導室にある企業から提出された「高卒用求人票」には，企業に関するすべての概要が記載されている。したがって，9〜10ページの求人票の読み方を参考にして，各企業の求人票を比較しながら検討するとよい。しかし，すべての企業の求人票を読むことは大変であるから，自分の関心のある業種，たとえばコンピュータを製造する企業などに的をしぼって選び，検討する。

その2　先生に相談する

　求人に際して，多くの企業では人事担当者が学校を訪問し，求人について細かい説明をする。その情報は，求人票からは読みとることができないものも多くある。たとえば，具体的な仕事の内容や採用方針，入社試験の状況などである。ある程度応募したい企業がまとまってきたら，先生に相談してみるとよい。

その3　先輩に相談する

　職場の環境・雰囲気，人間関係，具体的な仕事の内容などは，求人票や入社案内からは想像しかできない。同じ高卒でも，普通高校出身者と工業高校出身者，また，地方出身者と都会出身者ではものの考え方や企業から期待されている内容について違いがある。したがって，自校を卒業した先輩から直接職場の様子などについて聞くことは，非常に参考になる。知っている先輩がいなければ，先生に相談して紹介してもらうとよい。

その4　企業を見学する

　「百聞は一見にしかず」と言われているように，職場を見学すると求人票からは読みとることができないことがよくわかる。職場の環境・雰囲気や働いている人の様子などから，自分に適しているか，やっていけそうかなどについて細かく知ることができる。企業を見学したい場合は，先生に申し出て学校の指示に従うこと。大学生が行う会社訪問とはまったく意味が違うので注意すること。

4.求人票の読み方（見出しの①〜⑩は,次頁の求人票の場所を示す）

①就業場所

　この求人に応募し採用された場合，実際に就労する場所です。会社の所在地と就業場所が異なる場合がありますので，注意してください。

②職　　種

　当該求人に係る応募職種が記載されています。

③仕事の内容

　当該求人に係る具体的な仕事の内容が記載されています。不明点等があった場合には，窓口へご相談ください。

④雇用形態

　この求人に応募して採用された場合の雇用形態です。
　正社員／正社員以外（契約社員，嘱託社員等）／有期雇用派遣／無期雇用派遣の4種類で表示されています。

⑤雇用期間

　あらかじめ雇用する期間が設定されている求人があります。この場合契約更新の有無等の情報は備考欄等に記載されていますので求人票をよくチェックしてください。

⑥加入保険等

　各種保険制度の，加入状況が記載されています。

⑦賃　　金

　a欄は，いわゆる基本給(税込)です。
　b欄には，必ず支払われる手当が記載されます。
　c欄には，個定残業代（一定時間分の時間外労働に対する割増賃金を定額で支払うこととしている場合）のありなしが記載されます。
　通勤手当は通勤手当欄に記載されています。
　※月額については，表示されている額から所得税・社会保険料などが控除されることに注意。

⑧昇給・賞与

　採用された場合に保証される条件ではなく，前年度の実績に関する情報です。

⑨就業時間

　複数のパターンが記載されている場合，交替制でいずれのパターンも就労しなければならないものと，これらの中からいずれかを選定するものとがあります。

⑩休　日等

　休日となる曜日が固定しているものは，その曜日が表示されます。会社カレンダーによるものやローテーションによるものなどがあります。

求人番号

99999- 99999

受付年月日 令和3年〇月〇日
受付安定所 〇〇公共職業安定所

求人票 （高卒）

事業所番号

9999-999999-9

※インターネットによる全国の高校への公開 可
※応募にあたって提出する書類は「統一応募書類」に限られています。

(1／2)

1 会社の情報

			従業員数	企業全体	就業場所	うち女性）	（うちパート）
事業所名	＊＊＊＊ デンシコウギョウ カブシキガイシャ			175人	35人	10人	0人
	＊＊ 電子工業 株式会社		設 立	平成11年	資本金	100億円	

所在地	〒＊＊＊-＊＊＊＊ 東京都＊＊区 ＊＊＊ 丁目 ＊＊駅 から 徒歩＊分	事業内容	事業内容
		会社の特長	会社の特長

代表者名	代表取締役 ＊＊＊＊＊		
法人番号	20191029＊＊＊＊＊	ホームページ	

2 仕事の情報

④

雇用形態	正社員	就業形態	派遣・請負ではない	営業		求人数	通勤 2人	住込 0人	不問 1人

②, ③

仕事の内容	電気機器の法人向け営業（ 既存顧客への営業及び新規顧客の開拓） ・受注計画に基づき新製品開発に合わせた製品の提案・見積 ・受注から納品までのフォロー・代金回収といった一連の営業業務を 　担当していただきます。	必要な知識・技能等（履修科目）	あれば尚可 普通自動車免許（ AT 限定可）（ 入社後の取得可）

⑤

雇用期間の定めなし		契約更新の可能性	
就業場所	〒＊＊＊- 0000 東京都＊＊＊市 ×丁目×-×-× ＊＊ 支店	マイカー通勤	可	転勤の可能性	なし
		試用期間	あり 労働条件 同条件
①	＊＊駅 から 徒歩＊分	屋内の受動喫煙対策	あり（喫煙室設置） 喫煙できる部屋がある

3 労働条件等

⑥

福利厚生等	加入保険等	雇用 労災 健保 厚生 財形 その他 厚生年金基金 確定拠出年金 確定給付年金 退職金共済 未加入 退職金制度 あり （勤続 3年以上） 定年制 あり （一律 60歳） 再雇用制度 あり （上限 65歳まで） 勤務延長 なし	入居可能住宅	単身用 あり 世帯用 なし	通勤 通学	不可	賃金締切日	月末	その他
			労働組合	なし			賃金支払日	翌月 25日	その他
			育児休業取得実績	なし	介護休業取得実績	なし	賃金形態等	月給	その他
					看護休暇取得実績	なし	就業規則	フルタイム あり パートタイム あり

⑦, ⑧

賃金等（現行・〔 〕） 毎月の賃金	基本給（ a ）	165,000 円	月額（a+b+c） 218,000 円		月平均労働日数 20.0日
	固定残業代（ c ）あり	23,000 円	※この金額から所得税・社会保険料等が控除されます。		

固定残業代に関する特記事項 時間外労働の有無にかかわらず支給する 10時間を超える時間外労働分については、追加で 割り増し賃金を支給する	定額的に支払われる手当（ b ） 営業　手当 30,000 円 　　　手当　　　円 　　　手当　　　円 　　　手当　　　円	特別に支払われる手当 資格　手当 10,000 円 　　　手当　　　円 　　　手当　　　円 　　　手当　　　円

通勤手当 昇給	実費支給（上限あり） 月額 50,000 円まで 昇給あり （昇給の前年度実績） 2,500 円 又は　　％	賞与	賞与あり （新規学卒者の前年度実績） 年1回 万円 ～ 万円 又は 2.00ヶ月分 賞与あり （一般労働者の前年度実績） 年2回 万円 ～ 万円 又は 4.00ヶ月分	就業時間	(1) 8 時 30 分 ～ 17 時 30 分 (2) 　　 ～ (3) 　　 ～	⑨

時間外	時間外 あり 月平均 10 時間	36協定における特別条項 なし 特別な事情・期間等	受理・確認印

⑩

休日等	休日 土 日 祝 その他 入社時の有給休暇日数 0日 6ヶ月経過後の有給休暇日数 10日	週休二日制 毎週 年間休日数 124日 休憩時間 60分	その他の休日 週休二日制・	夏季休暇は7月～9月に5日間、 年末年始12月28日～1月3日

5.入社試験の実際と必勝ポイント

筆記試験（60分〜120分程度）

　筆記試験は，一般的に大学受験のようなむずかしい問題ではなく，高校生としての基礎的な学力や教養をみるものである。

　国語，社会（地理歴史・公民），数学，理科，英語（外国語），専門などの科目について出題される。とくに，国語，数学，英語，専門が柱になっている。大企業など専門知識をもった工業技術者を求めている企業では，専門教科の出題される割合が高くなっている。その他，一般常識として，教科全般や時事問題をまとめて総合的に出題される場合もある。

> **必勝ポイント**
>
> 　企業によって試験の方法は異なるが，どの企業も例年と同様の傾向で出題されているようである。したがって，先輩の「受験報告書」を見て，その企業の出題傾向を知ることである。出題傾向がわかったら，類題を多く勉強し実力を養成する。先輩の受験報告書がない場合は，求人票の選考方法の欄を読み，出題の傾向を予想し勉強をすすめる。いずれにしても，多くの問題集を購入してわかるところだけやるよりも，一冊でよいから始めから終わりまで徹底的にやるほうが力がつく。また，毎日の積み重ねが大切である。
>
> 　時事問題などについては，日頃から新聞をよく読み一般教養を身につけておく以外に方法はない。

面接試験（10分〜20分程度）

　面接試験を実施しない企業はまずない。それほど面接試験は重要なのである。その人が入社して，職場の人と一緒になって働き，企業のために貢献してくれる人間かどうかが観察される。身なりも大切であるが，その人のものの考え方，人柄，性格，態度，表現力，発表力などが細かく観察される。

必勝ポイント

　人柄などは短期間で身につくものではない。やはり，日常の生活の中でマナー，態度，姿勢，言葉づかいなどが自然に身につくものである。したがって，本人の日頃の努力が大切なのである。くわしいことは，17ページの面接試験必勝法を参考にして，日頃から訓練する。日常の学校生活，家庭生活，社会生活の一つひとつの場面が面接試験なのである。

作文試験 (60分前後)

　書かれた作文を読むことによって，その人の考え方，性格，教養など多くのことを知ることができる。そのため，最近では作文を書かせる企業が増加しつつある。

必勝ポイント

　採用担当者に読んでもらうものであるから，ていねいに，楷書で，誤字や脱字のないように書くことが大切である。この第一印象が，評価をあげる重要なポイントである。次に，課題に応える内容であること。いくら分量が指定された字数に達していても，内容が課題にそっていないものは大きく減点される。くわしいことは，29ページの作文試験必勝法を参考にして，日頃から文章を書くことに慣れておくことである。

適性試験 (60分前後)

　企業では，その人の性格や適性を知り，その人に合った職場へ配置するために，適性試験を実施することが多い。中には，適性試験の結果を重視し，それだけで不採用とする企業もある。

必勝ポイント

　適性試験を軽く考えている人がいるが，それはまちがっている。また，人の性格や適性はその人の努力によって変化するものである。毎日を一生懸命に生きようとする，その努力が大切である。

健康診断

　健康第一である。たとえ，学力試験，面接試験，適性試験などで採用圏内に達していても，健康診断で異常が発見されると不採用となる。入社直前にも健康診断を実施する企業があるので，内定後も健康には十分注意すること。

```
── 健康診断の主な内容 ──────────
　ア．身長，体重，座高，胸囲　　　イ．問診，内診，既往症
　ウ．血圧　　　　　エ．視力，色覚，聴力など
```

> ### 必勝ポイント
> 　日頃からの健康管理が最も重要である。歯や耳鼻疾患その他気にかかるところは，事前に治療しておくことが大切である。また，試験前日は身体を清潔にするとともに，十分に睡眠をとり休息すること。

体力検査

　特に体力を必要とする職種について，握力などの体力検査を実施する企業がある。

> ### 必勝ポイント
> 　日頃から部活動などに参加して体力の増強について訓練をしておこう。

実技試験

　特に技能を必要とする職種については，溶接，はんだづけ，測量などの簡単な実技試験を実施する企業がある。

> ### 必勝ポイント
> 　学校で学ぶ工業技術基礎や実習の時間に積極的に参加し，専門的な技術や技能を体で覚えるように，何度も訓練し実力をつけておく。

6.履歴書・身上書の書き方

①書き方の基本

<table>
<tr><td colspan="4" align="center">履　歴　書</td><td rowspan="2">写真をはる位置
(30×40mm)</td></tr>
<tr><td colspan="4" align="right">平成 ○ 年 9 月 1 日現在</td></tr>
<tr><td>ふりがな</td><td colspan="2">ほし だ いち ろう</td><td>性別</td></tr>
<tr><td>氏 名</td><td colspan="2">橋田 一郎</td><td>男</td></tr>
<tr><td>生年月日</td><td colspan="3">昭和・平成 ○ 年 11 月 2 日生 (満 17 歳)</td></tr>
<tr><td>ふりがな</td><td colspan="4">とうきょうと こくぶんじし さかえちょう</td></tr>
<tr><td>現住所</td><td colspan="4">〒185-0023
東京都国分寺市栄町2丁目16番5号</td></tr>
<tr><td>ふりがな</td><td colspan="4">〒</td></tr>
<tr><td>連絡先</td><td colspan="4"></td></tr>
</table>

(連絡先欄は現住所以外に連絡を希望する場合のみ記入すること)

<table>
<tr><td rowspan="6">学歴・職歴</td><td>平成 ○ 年 4 月</td><td>東京都立一ッ橋工業 高等学校入学
電気科</td></tr>
<tr><td>平成 ○ 年 3 月</td><td>同校同科卒業見込</td></tr>
<tr><td>平成 年 月</td><td></td></tr>
<tr><td>平成 年 月</td><td></td></tr>
<tr><td>平成 年 月</td><td></td></tr>
<tr><td>平成 年 月</td><td></td></tr>
</table>

(職歴にはいわゆるアルバイトは含まない)

(応募書類 その1)

<table>
<tr><td rowspan="4">資格等</td><td align="center">取得年月</td><td colspan="2" align="center">資格等の名称</td></tr>
<tr><td>平成 ○ 年 ○ 月 ○ 日</td><td colspan="2">第2種 電気工事士免状</td></tr>
<tr><td>平成 ○ 年 ○ 月 ○ 日</td><td colspan="2">工事担任者・アナログ第3種</td></tr>
<tr><td>平成 ○ 年 ○ 月 ○ 日</td><td colspan="2">全国工業高等学校長協会情報技術検定
2級</td></tr>
<tr><td rowspan="3">趣味・特技</td><td colspan="3">スポーツ(バレーボール)</td></tr>
<tr><td rowspan="2">読書</td><td rowspan="2">校内外の諸活動</td><td>バレーボール (1年～3年)
(3年部長)</td></tr>
<tr><td>体育祭実行委員 (1年)
文化祭実行委員 (2年)
生徒会副会長 (3年)</td></tr>
<tr><td colspan="3">囲碁(初段)</td></tr>
<tr><td rowspan="2">志望の動機</td><td colspan="3">　2学年のとき、御社のパソコン製造現場を見学しました。そのとき、製造工程のほとんどが自動化されていました。私は、この自動化のメカニズムに非常に興味をもちました。現在、学校で学習をしている「課題研究」では、ロボットに関する勉強をしています。
　御社の主力製品であるパソコンのハードについても関心をもっています。御社に入社して、自動化設備の開発、保守点検、整備に関する仕事に従事したいと考え、応募しました。</td></tr>
<tr><td>備考</td><td colspan="2"></td></tr>
</table>

全国高等学校統一用紙 (文部科学省、厚生労働省、全国高等学校長協会の協議により平成17年度改定)

●3つの原則
1.自筆であること。
2.黒インクのペン書が好ましい。
3.楷書でていねいにバランスよく書くこと。

(1)印鑑は朱肉を用いてていねいに押すこと。
(2)写真は、裏に学校名、氏名を書いて、ていねいにまっすぐ貼る。
(3)「連絡先」の欄は、現住所では連絡がとれない場合に連絡がとれる住所を記入する。
(4)学校名は正式な名称で記入する。たとえば、都立一ツ橋工などと省略してはいけない。
(5)「資格等」の名称の欄は、資格を取得した順に記入する。ない場合は「なし」と記入する。

(6)「趣味・特技」は、面接のときに細かく聞かれるので、いいかげんな気持ちで書かない。
(7)「校内外の諸活動」の欄は、先生が書く調査書の内容と一致するはずであるから、先生と相談して書く。クラブ名、部活動名、ホームルームや生徒会などの役員名・係名などを書く。
(8)「志望の動機」の欄は、次ページ "志望の動機のまとめ方" を参考にして、自分がその企業を選んだ理由についてまとめる。また、希望職などを記入する。面接のとき必ず聞かれるのでよく覚えておく。
注)地域によっては様式が異なるので先生の指示に従うこと。

②志望の動機のまとめ方

　志望の動機はこのように書かなければいけないとか，これが最良であるとかいうものはない。多くの求人企業の中から1つの企業に決定するまで，どのようなことを検討し，なぜその企業を選んだか，自分の気持ちや理由をまとめればよいのである。

【志望の動機をまとめる柱の例】

㋐ 仕事の内容が，自分の能力・適性や興味・関心に合っている。	㋑ 工業高校で学習した専門的な知識や技術・技能が生かせる職場である。	㋒ 取得している第2種電気工事士の免状が，直接活用できる仕事である。
㋓ 事業内容が安定しており，将来の発展性が期待できる。	㋔ 就業する場所が自宅に近いので，通勤に便利である。	㋕ 夜学への通学を希望しているが，企業では時間を配慮し奨励している。
㋖ 就業時間，残業時間，賃金，職場の環境などの労働条件がよい。	㋗ 入寮を希望しているが，宿泊施設，食堂，各種保険などの福利厚生が整っている。	㋘ 事業の内容が，自分の趣味や興味と合っている。
㋙ 会社見学をしたとき，働きがいのある活気にあふれた職場だと思った。	㋚ 学歴や年齢に関係なく，実力に応じた待遇がされるので，やりがいのある企業だと思った。	㋛ 先輩の話を聞きながら，いろいろ検討したが，自分に最も合っている企業だと思った。

いくつか組み合わせて一つの文章にすれば案外簡単！自分の言葉にすることが大切。

志望の動機まとめ方の例 **自動車製造希望** **自動車科男子** （㋐,㋑,㋘,㋛の柱を活用）	私は，機械いじりが好きだったので，高校は自動車科へ入学しました。専門教科の中で，とくに，エンジンについて非常に興味をもちました。御社は，自動車製造会社であり，エンジンの開発では世界のトップレベルにあると先輩から聞いています。仕事の内容も自分の興味と一致し，高校で学習したことが生かせる最適の職場であると考えています。できれば，エンジンの組立関係の仕事につきたいと思います。

7. 試験の準備と心得

①試験前日の準備

1 持参するものをそろえる。

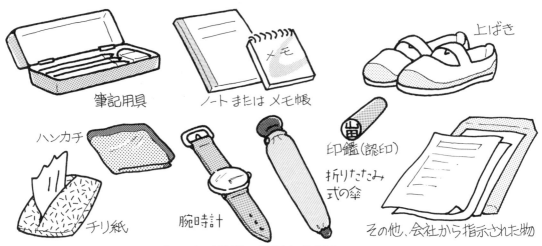

筆記用具

ノート または メモ帳

上ばき

ハンカチ

チリ紙

腕時計

折りたたみ式の傘

印鑑(認印)

その他、会社から指示された物

2 試験時間に遅れないよう, 交通機関, 道順を確認する。

3 ワイシャツ, 洋服 (制服), 靴下, 靴を確認する。

4 頭髪や爪が清潔になっているか確認する。

②試験当日の心得

1. 持参するもの、身なり服装を最終確認する。

2. 試験場へ余裕をもって着くように出発する。

3. 交通事故などで遅刻する可能性があると思ったら、企業と学校へ電話連絡をとって指示に従う。

4. 会社へ着いたら試験会場などの掲示物を見て指示に従う。

5. 受付をすませ用便をしておく。

6. 心を落ちつけ静かに待つ。

7. 筆記試験、面接試験、適性試験など指示に従って受験する。

8. 採否の発表日時、2次試験の予定日時などについて指示があったらメモしておく。

9. 試験が無事終了したことを、学校と家庭へ電話する。

10. 会社より緊急の呼び出しがある場合があるのですぐに帰宅する。

11. 帰宅したら今日の反省をしながら「受験報告書」をまとめる。

面接試験必勝法

1.面接試験の基礎知識

①面接試験が実施される理由

　私たちが友達を選ぶ場合，何を大切にするだろうか。たとえば，あなたが友達を選ぶ場合，教養はあるが利己的な人と，教養は少し劣るが他人に親切で思いやりのある人がいたとしたら，どちらの人を選ぶだろうか。普通なら，教養よりも性格のよい人を選ぶことだろう。これと同じで，企業では学力よりも人物を大切にする。それは，企業では多くの人々が協力し合って仕事をやっているため，自分勝手な考えや行動は許されないからである。そのため，その人物（人柄）を知るために，面接試験が実施されるのである。学力試験は心配だが，面接試験には自信があるという人がいるが，本当だろうか。面接試験にそなえて，数日間訓練しただけでは，ボロがでてしまう。それを見抜いて，真の人物像をさぐるのが面接試験なのである。企業の面接担当者は，プロである。わずか10分〜15分間程度の面接試験で，その人の考え方や性格をほぼつかむそうである。

②面接試験で重視されること（ベスト6）

若さ・健康	責 任 感	協 調 性

高校生らしい服装・態度および若さと健康がうかがわれるか。	与えられた仕事を最後まで成し遂げる根性や気力がうかがわれるか。	職場の同僚や上司に対して，協力して仕事をやる姿勢がうかがわれるか。

積　極　性	創造性・個性	意欲・やる気

必要なことに対し，自ら進んで発表したり行動する姿勢がうかがわれるか。	何事も創意工夫し，改善しようとする創造性や個性がうかがわれるか。	何事にも，前向きに取り組もうとする意欲とやる気がうかがわれるか。

③面接試験の形式

　受験者の人数，企業の面接担当者（以下「面接者」という）の人数，内容等によって，次の２つの形式４つの分類に分けられる。

第1の形式　個人面接（受験者１人）

【面接者1人の場合】

　この形式は，受験者と面接者が１対１で話し合うものである。他の形式と比べて，最も落ち着いて面接できる。しかし，この形式は，面接者が１人のため公平さを欠く恐れがあるので，あまり実施されていないようである。所要時間は，10分〜20分が多いようである。

●必勝ポイント

　他の受験者と比較されることもないから，落ち着いて自分の考えを自信をもって堂々と述べること。高校生らしく，ハキハキと応答することが必勝のポイントである。

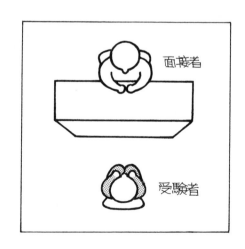

【面接者複数（2人〜5人）の場合】

　この形式は，受験者1人に対して面接者が2人〜5人くらいで話し合うものである。高校生の面接では，この形式が最も多く実施されているようである。この形式は，複数の面接者によって評価されるので，より公平である。それだけに，きめ細かく観察されることになる。所要時間は，10分〜20分が多いようである。

●必勝ポイント

　入室，退室など通常は中央の面接者に対してあいさつをする。面接が始まると，質問をする面接者に対して意識をして正面を向き，ハキハキと応答すること。このとき，他の面接者の動作などに気をとられてはいけない。また，同じ内容の質問を他の面接者が違った形で聞いてくる場合があるので，自分の考えは終始一貫して変わらないように述べること。

　第2の形式　集団面接（受験者，面接者ともに複数）

【集団面接】

　この形式は，受験者，面接者ともに3人〜5人が同室に着席して面接が行われるものである。同じ内容の質問を1人ずつ順番に回答させる場合と，1人ずつ異なった内容の質問に回答させる場合がある。この形式は，他の受験者と比較されるので，自分の回答内容だけでなく，他の受験者の回答についても十分に聞き理解しておくことが大切である。所要時間は，30分〜60分が多いようである。

●必勝ポイント

　質問する面接者に対して正面を向き，ハキハキと回答することは個人面接と同じである。質問に対して，前に回答した受験者と同じ考えの場合は，同じ回答でもよいから自分の真の考えをハキハキと述べること。他の受験者の考えにまどわされないようにすること。

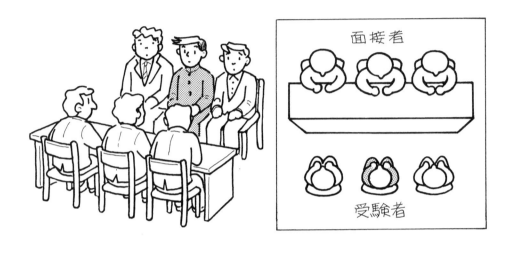

【集団討論】

　この形式は，集団面接と同じく受験者，面接者ともに，3人～5人が同室に着席して面接が行われるものである。

　初めの質問は，集団面接と同じように1人ずつ順番に回答させることから始められる。しかし，その後は面接者からテーマが提示され，そのテーマについて受験者同士が討論するように求められる。したがって，自分の考えだけでなく他の受験者の考えも十分に聞いて，その考えに対する自分の考えも発表しなければならない。

　そのため，この形式は，その人の能力，適性，興味，関心，考え方などが深く評価され比較される。

　この形式は，大学生では多く実施されているが，高校生ではほとんど実施されていないようである。

●必勝ポイント

　質問する面接者だけでなく，回答（発表）する受験者の方にも顔を向け，相手の話に感心する場合はうなずくなどして，話の要点を整理しておく。そして，自分の考えと異なる点をまとめておき，自分の考えをハキハキと述べる。

2.マナーが勝負の分かれ目だ

①身だしなみ

■服装のチェック

○高校生らしく清潔感のある服装（制服のある学校は制服）か

○ワイシャツ，ブラウスは白色か

○制服やスーツはプレス，ブラッシングがしてあるか

○ネクタイ，スカーフはきちんとついているか

○フケはついていないか

○靴は汚れていないか

○校章はついているか

■頭髪などのチェック

○髪形は高校生らしく清潔か

○爪は切ってあるか

■持ち物のチェック

○生徒手帳　　　○筆記用具　　　○ハンカチ　　　○チリ紙

○その他，企業から持参するように指定されたもの

■その他

○ピアス・ネックレスなどの装飾品は原則として身につけない。

②基本的な態度・動作

【気をつけの姿勢】

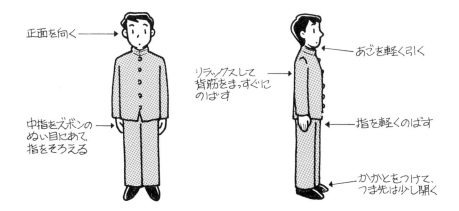

正面を向く

あごを軽く引く

リラックスして背筋をまっすぐにのばす

中指をズボンのぬい目にあて，指をそろえる

指を軽くのばす

かかとをつけて，つき先は少し開く

●必勝ポイント

○背すじをのばし，力まず，足裏全体に体重をかける。

○指をそろえて，ピーンと真直ぐ伸ばす。

○目は正面の一点を見つめる。

【礼のしかた】

●上体を倒す角度
　ごく軽いおじぎ（会釈）は約15度。
　軽いおじぎ（敬礼）は約30度。
　ていねいなおじぎ（最敬礼）は
　約45度とされる。

●必勝ポイント

　○静かに息をはきながら礼をし，動きがとまったときに息をとめ，静かに息をすいながら気をつけの姿勢にもどす。

　○「お願いいたします」，「○○でございます」などと心で言いながら礼をすると，間がとれたきれいな礼ができる。

【椅子へのすわり方】

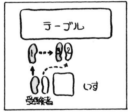

椅子の左に立つ場合

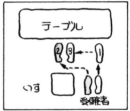

椅子の右に立つ場合

●必勝ポイント

　○椅子まで進み，気をつけの姿勢をとる。これで第一印象が決まるので，十分に注意する。

　○心をこめて札をし，「どうぞ」などと合図があるまで気をつけの姿勢を保つ。目は面接者の顔（目）を見る。

【すわった姿勢（面接を受けるときの姿勢）】

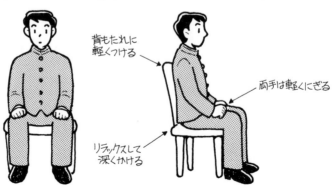

背もたれに
軽くつける

両手は軽くにぎる

リラックスして
深くかける

●必勝ポイント

　○顔は常に面接者の顔（目，口）に向けておく。

　○背すじを伸ばし，椅子に深く腰掛けリラックスする。

　○面接者の話をしっかり聞き，必要に応じてあいづちを打つ。

【椅子からの立ち方】

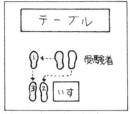 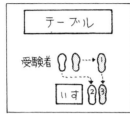

椅子の左に立つ場合　　　　椅子の右に立つ場合

●必勝ポイント

　○面接者より終わりの合図があったら，椅子から立ち上がり，椅子の横で気をつけ，礼をする。この態度，姿勢が総合評価に大きく影響する。最後まで気をゆるめない。

【入室の仕方（退室の場合は逆）】

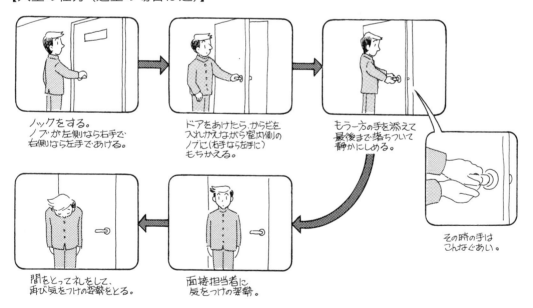

●必勝ポイント

　○ドアを閉めるときは，面接者に背を向けるようになるが，決して失礼ではない。ドアをゆっくり閉めながら，心を落ち着ける。

③面接の流れとポイント

待つ
目を軽くつむるなどして，静かに自分の順番を待つ。

面接者も普通の人間だ。リラックスリラックス

呼ばれる
自分の名前が呼ばれたら，大きな声で「ハイ」と返事をする。

ドアまで進む

入室
ノックをしてから，合図があったら入室し，ドアをきちんと静かにしめる。

気をつけ・礼
ドアをしめ終えたら，面接者に対して正面を向き，気をつけの姿勢をとり，礼をする。特に指先をそろえ，きちんと伸ばす。

椅子まで歩く

椅子の横に立つ
椅子の横に立ち，気をつけ，礼をする。そして，学校名，氏名を元気よく述べる。

面接中は自然な笑顔をたやさない

椅子にすわる
「どうぞ」などと指示があったら，「失礼いたします」などと述べて椅子へすわる。

こたえる
質問する面接者の顔（目または口もとあたり）に視線をやり，質問の内容をしっかりつかみ，ハキハキと応答する。

面接終了
「これで終わります」などと面接終了の合図があったら，「ハイ」と軽く返事をして立つ。

椅子の横・礼
椅子の横に立ち，気をつけをして，「失礼いたします」などと述べながら礼をする。

ドアまで歩く

気をつけ・礼
ドアの前で，面接者に対して正面を向き，気をつけ・礼をする。これが最後の礼であるから，心をこめてする。

退室
ドアの開閉には十分に気をつかい，静かに退室する。

待つ
これで面接は終了したが，諸注意などがあるので，静かに待つ。

④話し方のポイント

上手に聞く

　面接者の質問に対して正しく回答するためには，まず面接者が何を求めているのかしっかりと聞くことである。質問の内容がよくわからないときは，質問の意味を聞く。

わかりやすく話す

　話の内容を整理してまとめ，順序よくわかりやすく話す。必要に応じて，具体的な例をあげて話すと，相手に通じやすい。

音量と語尾に注意

　面接者に聞こえるように適当な音量で，語尾をしっかりと自信をもって話をする。高校生らしく，ハキハキとする。

明るく誠意をもって

　同じ内容の話でも，相手が明るく誠意をもって話をする場合は，好感がもてるものである。

正しい言葉づかいで

　面接用の特別な言葉があるわけではない。日常語，尊敬語を使いわけ，目上の人に対して失礼のないように注意する。

これら5つが必勝のポイント！ふだんからしっかり練習しておこう!!

3.質問例と回答のポイント

①受験者本人に関すること

○簡単に自己紹介をして下さい。「（こたえ）‥‥‥」

○あなたの長所と短所について，たとえばどのようなところがそうなのか，もう少しくわしく話してもらえませんか。「‥‥‥」

○健康そうに見受けられますが，いままでに何か病気やけがなどをしたことがありますか。「‥‥‥‥」

○趣味はバレーボールと囲碁（初段）と書かれていますが，大した腕前ですね。囲碁は小さいときからやっていたんですか。きっとお父さんの手ほどきで強くなったのでしょう。「‥‥‥」　バレーボールは高校からはじめたのですか。「‥‥‥」

○余暇には，いつもどんなことをしていますか。「‥‥‥」

○テレビは，いつもどんな番組を見ていますか。「‥‥‥」　好きなタレントはどんな人ですか。「‥‥‥」

○こづかいは月にどのくらい使いますか。「‥‥‥」　それはお母さんからもらうのですか。「‥‥‥」　おもに何に使うのですか。「‥‥‥」　いままでに，アルバイトをしたことがありますか。「‥‥‥」　月にいくらぐらいの収入になりましたか。「‥‥‥」

○本はよく読みますか。「‥‥‥」　どんな本ですか。「‥‥‥」

●回答のポイント

　自分の日常生活についての質問であるから，あまり気負わず自信をもって答えよう。また，面接では，先に提出してある書類を見ながら質問されることが多いので，履歴書・身上書は提出する前にコピーをとり，書いた内容を頭に入れておかないと，矛盾した答えをしかねないので注意すること。

②高校生活に関すること

○あなたの学校は，機械科のほかにどんな学科があるのですか。「‥‥‥」　全体では何人ぐらい生徒がいますか。「‥‥‥」　女子は何人ぐらいいますか。「‥‥‥」

○授業の中でいちばん好きな学科は何ですか。「‥‥‥」　どんなところが好きなのですか。「‥‥‥」　では，いちばん嫌いな学科は何ですか。「‥‥‥」　なぜ嫌いなのですか。「‥‥‥」

○学校生活の中で，特に印象に残っていることはどんなことです

か。勉強のことばかりでなく，何でもいいのですよ。「‥‥‥」
○3年間で何日ぐらい欠席しましたか。「‥‥‥」　どんな理由で
　欠席したのですか。「‥‥‥」　遅刻や早退は何回ぐらいありま
　したか。「‥‥‥」　遅刻の理由はどんなことですか。「‥‥‥」
○お友だちは何人ぐらいいますか。「‥‥‥」　どんなタイプの人
　たちが多いですか。「‥‥‥」
　●回答のポイント
　　①と同じように，自分の学校生活の体験などについてのこと
　であるから，高校生活をいかに有意義に送ったか，どのような
　点に努力したかを力説したらよい。そのほか，学校で習った程
　度の技術的な専門用語について質問されることもあるが，論作
　文の試験と違い，即答しなければならないので，日頃から受験
　する企業の業種で必要とされそうな知識には十分に目を通して
　おくようにしたい。

③受験した会社に関すること

○この会社について，どこで知りましたか。「‥‥‥」　どんな会
　社かについても，よくおわかりですね。「‥‥‥」
○応募する前に，学校に掲示された求人票を見ましたね。「‥‥‥」
　それを見てどうでした。どんなところにひかれて応募したので
　すか。例えば，給料が高くていいとか，労働時間が比較的少な
　くていいとか，どんなことでもいいのですよ。「‥‥‥」
○あなたの志望の動機を見ますと，職種については問題なさそう
　ですが，どうですか。しっかり勤まりそうですか。「‥‥‥」
○会社のことについて，何か聞いておきたいことはありませんか。
　どんなことでもいいのですよ。「‥‥‥」
○あなたは，お住まいが国分寺ですと，勤務先に通勤するには，
　ＪＲの中央線で新宿まで来られるのですね。「‥‥‥」　せいぜ
　い40分ぐらいですか。割と近いほうですね。「‥‥‥」
　●回答のポイント
　　何はともあれ，なぜこの会社を選んだか，入社したら会社の
　ために自分はどのように貢献したいと思っているのかをまとめ
　ておく。そして，どのような困難があっても，会社のために自
　分なりに努力して乗り越えていこうとする姿勢を強調する。そ
　のためには，その会社についていろいろな角度から調べ，どの

ような会社であるか理解すること。その上で，自分の能力，適性をどのように生かしていきたいかをまとめておく。また，提出した履歴書の「志望の動機」欄に書いた内容と異なる回答をしないように注意すること。

④社会常識その他に関すること

○毎日，新聞は読んでいますか。「‥‥‥」　まず，どんなところから先に読みますか。「‥‥‥」

○最近の新聞に出ていることで，特に印象に残ったものがありましたか。どんなことでもいいのですよ。「‥‥‥」　それについて，あなたはどのように思いましたか。「‥‥‥」

○われわれの業界も競争が激しくて大変なんですよ。新製品の開発も進めなければ同業各社に負けてしまうし，国内市場でのシェアをアップさせる営業努力は並大抵のことではないんですよ。また，海外市場でも，国内の同業他社との間の競争のほかに，日本製品の締め出しを画されるなど，これもまた大変なんです。新聞やテレビなどでもよくいわれているからご存じでしょう。ですから，自分は製造工程の仕事につくのだから，営業・販売のことなど関係ない，ということでは勤まらないのですよ。このこと，わかりますよね。「‥‥‥」　このようなことについて，あなたはどう思いますか。例えば，同業他社の製品との比較とか，日米間の貿易問題のこととか，どんなことでもいいのですが，聞かせてもらえますか。「‥‥‥」

●回答のポイント

　日頃から，新聞やテレビなどで報じられている，政治・経済・外交その他いろいろな事件について，自分の考えをまとめておくこと。社会人となるからには「わかりません」ばかりでは通らないが，質問に対して本当に判断できないときには，「○○だとは思いますが，よくわかりません。」とはっきり答えよう。いいかげんに答えるより好感をもたれるものだ。

作文試験必勝法

1.作文試験の基礎知識

①作文試験が実施される理由

　学科試験では，その人がどのような人物であるかを知ることができない。そのために面接試験があるわけであるが，さらに作文試験を合わせて評価すると，その人のほとんどを知ることができると言われている。

　面接試験と作文試験の違いを考えてみると，面接試験は面接者の質問に対して，即答する必要がある。しかし，作文試験では自分の考えをまとめる時間があり，途中で考えが異なったら，もう一度書き直し変更することもできる。

　このように，面接試験では即答するためうっかりと間違った回答をして誤解をまねく恐れもあるが，作文試験からはその人の真の人柄や考え方，教養，生き方などについて多くのことを知ることができる。

②作文試験で重視されること

表現的な面から	内容の面から	人物的な面から
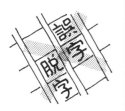		
○読みやすい文章で，ていねいに書いてあるか。 ○字数は適当か。 ○誤字，脱字はないか。	○題意にそった内容か。 ○文章全体を通して，流れに一貫性があるか。 ○高校生としての教養，ものの考え方がしっかりしているか。	○性格や考え方などから，どのような人間か。 ○創造性，発展性のある人間か。 ○企業に貢献してくれる人間か。

2.書き方の基本

①文章を書くときの手順と注意

▶制限時間60分の場合の時間の割り振りの例

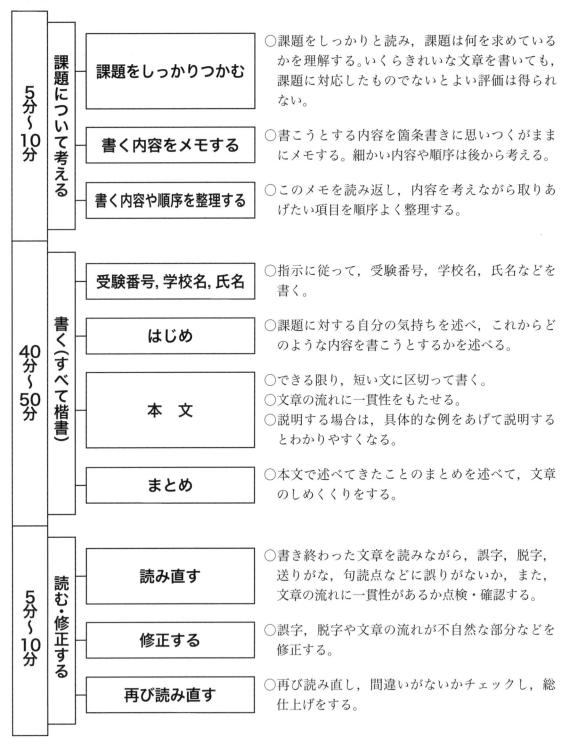

課題について考える（5分〜10分）

課題をしっかりつかむ	○課題をしっかりと読み，課題は何を求めているかを理解する。いくらきれいな文章を書いても，課題に対応したものでないとよい評価は得られない。
書く内容をメモする	○書こうとする内容を箇条書きに思いつくがままにメモする。細かい内容や順序は後から考える。
書く内容や順序を整理する	○このメモを読み返し，内容を考えながら取りあげたい項目を順序よく整理する。

書く（すべて楷書）（40分〜50分）

受験番号, 学校名, 氏名	○指示に従って，受験番号，学校名，氏名などを書く。
はじめ	○課題に対する自分の気持ちを述べ，これからどのような内容を書こうとするかを述べる。
本　文	○できる限り，短い文に区切って書く。 ○文章の流れに一貫性をもたせる。 ○説明する場合は，具体的な例をあげて説明するとわかりやすくなる。
まとめ	○本文で述べてきたことのまとめを述べて，文章のしめくくりをする。

読む・修正する（5分〜10分）

読み直す	○書き終わった文章を読みながら，誤字，脱字，送りがな，句読点などに誤りがないか，また，文章の流れに一貫性があるか点検・確認する。
修正する	○誤字，脱字や文章の流れが不自然な部分などを修正する。
再び読み直す	○再び読み直し，間違いがないかチェックし，総仕上げをする。

②書き方の６大ポイント

その1　課題をしっかりつかむ

　面接試験と同様に質問に対して正しく答えることが，まず重要なポイントである。そのために，課題をしっかり読み題意をつかむ。

その2　自分の考えを述べる

　抽象的な文章では試験担当者に感動を与えることができない。自分の考えや経験してきたことを，自分の言葉で具体的に述べる。

その3　ていねいに正しく書く

　作文は作品である。心をこめて，ていねいに書いた作文は，好感を与えるものである。たとえ字が下手であっても，誤字や脱字，送りがななどに気を配り，楷書でていねいに書く。

その4　読みやすくわかりやすい文字・文章で書く

　作文は試験担当者に読んでもらうものであるから，読みやすく，わかりやすいことが大切。むずかしい言葉を使った不自然な文章より，平凡な言葉でもわかりやすい文章のほうがよい評価を受ける。

その5　主語と述語をはっきりと書く

　主語のない文章は，文章の流れを混乱させるもととなる。特定の場合を除き，必ず主語を書くように習慣づけておく。

その6　文章の流れを通す

　文章は，始めから終わりまで一貫性があり，筋が通っている必要がある。文章の途中で考えが変わったり，本人の意見や考えがはっきりしない作文は，たとえ字数が適当であっても大きく減点される。

▼作文力をつける秘策

名文・新聞を読む	辞書を常に活用する	日誌をつける	話題を多くする

本を可能な限り多く読むとともに，新聞は必ず毎日読む。新聞のコラム欄をそっくり原稿用紙などに書いて訓練すると，表現のコツや語学力を身につけることができる。	本や新聞を読むとき，読み方のわからない漢字や意味がわからない語句がある。このとき，必ず辞書を自分の手で引くように習慣づける。苦労して体で覚えたことは身につき忘れない。	その日のできごと，感じたこと，心に残ったこと，反省したことなど，何でもよいからあまり形式にとらわれず，毎日，日誌をつける。辞書を活用して，少しでも漢字を使うよう努力する。	身辺のできごとや友達の考え方などを細かく観察し，話題を多くする。そのため多くの友達と接し，会話をするように努力する。

3.書き方の実際

①原稿用紙の使い方

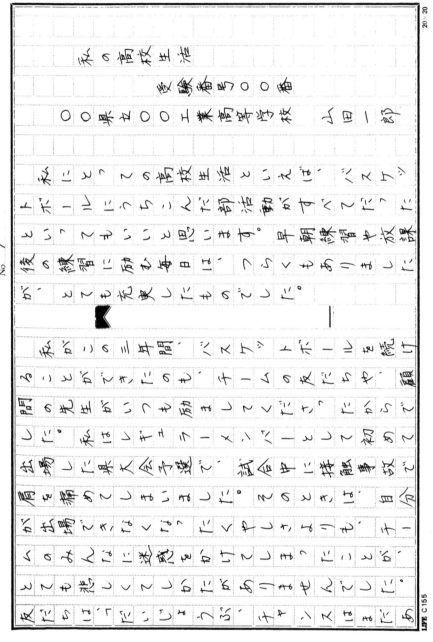

題名は2行目に上から
2〜3字分あけて書く。

氏名の下が1〜2字分
あくように書く。

書き始めや,行をかえる
場合,1字分あける。

頁数を書く。

読点(、)や句点(。)も1
字と数えて1マスに書
く。ただし,読点や句点
が行の始まりにくると
きは,前の行の終わり
につける。

括弧(()、[]、「」など)や
中点(・)なども1字と数
えて1マスに書く。ただ
し会話の終わりの　。」
は1マスでよい。

②横書きの例と修正の仕方

　　　　私が心がけていること
　　　　　　受験番号 ○○番
○○県立 ○○工業高等学校　橋本けい子

　　「いつも自分の位置をたしかめる」これが
私の心がけていること、またこれからも、と
思っていることなのです。
　　高校二年の時、担任の先生からこういう話
を聞きました。それは山で遭難する時の話な
のですが、遭難する人の多くは、霧や雪のた
め視界がきかず、自分の位置がはっきりせず、
不安といらだちのため、歩きまわり、疲労の
ために倒れ、命を失うというのです。
　　この話を聞いた時は、そういうものかなあ、
という程度のことでしたが、その後山登りに
限らず、あらゆることが、それに通じるよう
に思われてきました。自分の位置をいつも知
っているためには、今まで来た道の反省と、
これから行くべき道の計画がはっきりしてい
なくてはなりません。
　　私と生徒会の役員をしているA君は、まる
きり二年の時とは違って、すっかり張切っ
て勉強をしています。「試験が近づいてやる気
が出たの」とからかい半分に聞いてみますと、

題は2〜3字分あけて書く。

氏名の終わりは1〜2字分あける。

文の初めは1字分あける。

誤字修正はこのように。

加筆のときはこのように。

段落の初めは1字分あける。

脱字の加筆はこのように。

削除するときはこのように。

4.よくでる出題とまとめ方

①受験者本人に関すること

　　○私の職業観

　　○私の将来

　　○私の理想

　　○私の夢と希望

　　○私の友だち

　　○私の趣味

●まとめ方

○自分の長所・短所についてまとめておく

　　人はだれでも長所があれば短所もある。まず，自分の長所は積極的にPRする。しかし，短所にも少しふれ，その短所に対して努力していることを述べる。そのことによって，その人が充実した生き方を求めている姿勢がうかがわれ，好感をもたれる。

○日頃から心がけていることをまとめておく

　　健康に関すること，基本的生活習慣に関すること，学習に関することなど，日常から心がけていることを具体例をあげてまとめておく。そして，高校生らしく充実した毎日を送っていることをPRする。

○自分の趣味・特技についてまとめておく

　　自分の趣味を日常の生活にどのように生かしているか，特技を入社してどのように生かしていきたいかをまとめておく。

②高校生活に関すること

　　○高校生活をふりかえって

　　○高校生活で最も印象の深かったこと

　　○夏休みの思い出

　　○卒業に際して思うこと

●まとめ方

　　今までの高校生活で，楽しかったこと，苦しかったこと，つらかったこと，努力したこと，感動したことなどを理由とともにまとめておく。また，高校生活で身につけた体験を，入社後どのように生かしたいかまとめておく。

③社会人となるにあたって

　○社会人となる私の抱負

　○就職に際して思うこと

　○入社後の抱負

　○職場への夢

●まとめ方

　なぜ就職するのか，なぜその企業を選択したのか，入社したら企業のためにどのように貢献したいかをまとめておく。また，社会生活と高校生活のちがい，将来どのように生きていくかなどをまとめておく。いずれにしても，働く意欲があることを強調する。

④社会常識その他

　○最近の新聞を読んで感じたこと

　○現代の世相について

　○21世紀の日本

●まとめ方

　新聞を読み，政治や経済においていまどのような問題が起き，どのように進行しているかをまとめておく。そして，自分の考えや感想をまとめておく。特に，興味があり自信がある事柄は別として，あまりむずかしいことを書こうとせず，自分の感想を書く程度でのぞむとよい。

適性試験必勝法

1.適性試験の基礎知識

①適性試験が実施される理由

　例えば，物を作るには手先の器用さが必要であるように，仕事を効率よくするためには得手な人があたることが望ましい。しかし，十人十色と言われるように，人の特性（興味・関心・能力・適性）はいろいろである。長い間付き合っていれば自然にその人の特性はわかってくるが，学力試験や面接試験だけではその人の特性についてほとんど知ることはできない。

　企業では，仕事の効率をあげるために，社員1人ひとりを適材適所へ配属する必要がある。そのために，適性試験を実施し，その人の特性の発見に努めているのである。したがって，適性試験の結果不採用になる場合もあり，また希望と違う職種に配属される場合もある。

　適性試験は，本人が持っている特性が出てしまうので，努力してもしかたがないと考えている人もいるがまちがいである。本人の特性は，経験や努力によって変化するものである。適性試験に対して，真剣に最後まで全力を尽くして取り組む，その姿勢がよい結果として表れるのである。学力試験との違いは，そこにある。

②試験で重視されること

[性格検査] この検査の代表的なものとして，クレペリン検査がある。この性格検査を実施することにより，その人の性格をきめ細かに知ることができる。

検査結果の例
▷まじめで責任感が強く，ものごとへの集中力も強い。しかし，やや利己的であり協調性に欠ける。

[適性検査] この検査は，本人がどのような仕事(職種)に興味をもっているか，能力・適性があるか診断され，本人に適していると思われる職業を知ることができる。

検査結果の例
▷文科系の力があり，刊行物の企画や作品の制作に興味が強く，適性がある。
▷適していると思われる職業の例…新聞・雑誌・出版編集，放送記者，プロデューサー，ディレクター，（以下省略）

一般に性格検査と適性検査の２つから総合的に判断されることが多い。

③適性検査問題の例
ア．クレペリン精神作業検査

イ．職業適性検査

61	A	独自のやり方を工夫して行なうのが得意である
	B	与えられた仕事を忠実に行なうのが得意である
62	A	人に無視されたくない
	B	人にきらわれたくない
63		あなたが何に興味をもっているかを
	A	まわりの人は よく知っている
	B	よほど親しい人でなければわからない
64		みんなの中で
	A	すすんで 新しいことをやるほうである
	B	たいてい あとからついていくほうである

71	A	もし家をたてたら 火災保険をかける
	B	もし家をたてても 火災保険などかけない
72	A	思いやりのないのは よくないと思う
	B	不合理であるのは よくないと思う
73	A	一つの仕事に 集中して取り組みたい
	B	いろいろな仕事を こなしてみたい
74	A	多くの原理を 応用する人になりたい
	B	一つの原理を 極める人になりたい
75	A	むずかしい問題を考えることに 偶合いを感じる
	B	動きまわる仕事に 偶合いを感じる

81		人生において大切なことは
	A	どれだけのことを したかである
	B	その人なりに いかに努力したかである
82	A	大きな目標をたて それに向かって努力する
	B	目標などたてず できることをせいっぱいやる
83	A	静かで ひかえ目なほうである
	B	ちょっとした社交家である
84		話がもつれたとき ふつう
	A	じょうだんをいって ふんいきを変える
	B	数日たっても ああいえばよかったなど

2.適性検査必勝のポイント

　学力試験や面接試験は，短期間の勉強や練習で成功する場合もある。しかし，適性検査は違う。日頃から努力していることの積み重ねの結果がでてしまうのである。したがって，日頃の努力が大切であるが，当日の受験態度や事前の心構えも大切である。適性検査の結果が悪く，不採用になった例も多くある。適性試験を軽く考えてはいけない。

①与えられた時間は最後まで全力を尽くす

　効率よく，よい仕事をするためには，集中力が必要である。企業では，安全の面から，効率の面からたとえ能力がある人でも，集中力に欠けたり協調性に欠ける人は敬遠される。適性試験であるからと軽く考え，いい加減な気持ちで受験するとその気持ちが結果として表れ，不採用となる。とにかく，最後まで自分の力の限り全力を尽くして頑張ることである。

②休息時間は十分に休む

　人間は休息することによって，次の仕事へのパワーを充電することができる。検査の途中に休息時間が設定されている目的は，本人が，与えられた休息時間にパワーを充電できる能力があるかどうかを確認するためのものなのである。したがって，油断してはいけない。軽く目をつむるなどして，十分に休息して次の検査へベストコンディションで臨むことである。

③難問がでた場合は次の問題へ挑戦する

　むずかしい問題に対していつまでも考えていると，与えられた時間に処理する量が減ってしまう。したがって，むずかしい問題は後まわしにして次の問題へ挑戦するとよい。しかし，問題によっては，飛ばさないで前から順番にやるように指示のある場合がある。その場合は，むずかしい問題に対して，とりあえず最も適当と思われる回答をして，次の問題へ進む。ただし，あまり仮の回答ばかりでミスが多くなると，かえって減点になるので注意が必要である。

④適性試験に慣れておく

　適性試験は，筆記（学力）試験のように事前に勉強をして暗記するなどの必要はないが，どのような種類と内容があるかは事前に調べ体験しておきたい。そのために，先生と相談したり，学校で行う適性検査に参加したり，本を購入するなどして適性試験に慣れておくとよい。

⑤人間の能力・適性は変化する

　学校で行う適性検査の結果から，「私は○○に適性がない」などと考えて落ち込む人がいる。適性検査の結果は，現時点における一応のめやすであり，すべてではない。したがって，試験の結果から，すぐれた点は自信をもって伸ばすとともに，劣っていると思われる点はそれをカバーするように努力したい。日頃の努力が実り，試験の結果も必ず，向上するはずである。例えば，「内向的である」との結果がでたら，積極的に友達づくりに努めたり，人前で発表したり，行動したりするように努力することである。人間の能力や適性は，本人の努力によって大きく変化するものである。

最後に

●自分の進むべき道を考えよう

　景気は多少上向きになってきましたが，これから就職しようとする皆さん高校生を取り巻く環境が厳しいことに変わりはありません。

　定職につかずアルバイトで生計を立てるフリーターとよばれる人が増えていますが，最近はニート※の増加も社会問題になっています。実力のある人材でなければ正社員として採用しない企業も増えています。企業が新規卒業生を社内で教育する経済的余裕がなくなってきたことが一因です。

　学校を卒業しても職に就かない人が増加し続けているのは、自由な時間を束縛されることを嫌う若い人が増えているからだともいわれています。現在，アルバイトの求人はたくさんあります。アルバイト生活は，一見自由で，今とりあえず生活はできるかもしれませんが，長い目で見れば不安定です。時給には上限があるし，24〜25歳になってから就職しようとしても，なかなか就職できません。企業は，「即戦力となる経験者」を求めているからです。

　高校の3年間は，あなたの人生に直接かかわってくる重要な時間です。自分のやりたいことを見つけ，自分の進むべき道をしっかりと考えてください。そして，あなたの力で，すてきな高校時代にしてください。

※ニート（NEET）＝Not in Employment, Education or Training（働かず，学校にも行かず，職業訓練も受けていない人のこと）

電気・電子

1 電気基礎

○電気基礎は，電気を学習する上で最も基本的な分野である。なんといっても，基礎固め
こそこれから電気機器，電力技術，電力応用などの応用分野へ難なく進む近道になる。

○就職試験では，電気基礎に関係する内容が最も多く出題される傾向にある。そこで，次
の内容に力点をおいて学習を進めていくとよい。

①オームの法則による回路計算　②磁界・電磁力・電磁誘導の作用とその計算

③コンデンサの接続と回路計算　④各種交流回路の計算　⑤各種三相交流回路の計算

重要事項の整理

1 直流回路

(1) オームの法則

電気回路に流れる電流 I は，電気回路に加え
た電圧 V に比例し，抵抗 R に反比例する。

$$I = \frac{V}{R}[\text{A}] \quad ただし，\frac{1}{R} = G[\text{S}] をコンダクタ$$

ンスという。

(2) 抵抗の直列接続

① 直列合成抵抗 R_0

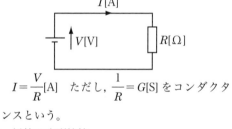

$$R_0 = R_1 + R_2 + R_3 + \cdots\cdots + R_n[\Omega]$$

② 直列接続回路に加えた電圧は，各抵抗値に
比例して分圧される。

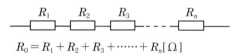

$$V = V_1 + V_2 + V_3[\text{V}]$$

$$V_1 : V_2 : V_3 = R_1 : R_2 : R_3$$

(3) 抵抗の並列接続

① 2つの抵抗を並列接続した場合の R_0

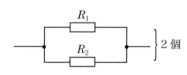

$$R_0 = \frac{R_1 \times R_2}{R_1 + R_2}$$

② 3つ以上の抵抗を並列接続した場合の R_0

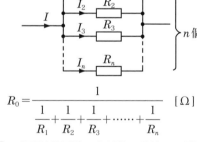

$$R_0 = \frac{1}{\dfrac{1}{R_1} + \dfrac{1}{R_2} + \dfrac{1}{R_3} + \cdots\cdots + \dfrac{1}{R_n}} \quad [\Omega]$$

③ 並列接続回路の各抵抗に分流した電流は抵
抗値に逆比例して流れる。

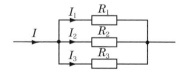

$I = I_1 + I_2 + I_3$ [A]

$$I_1 : I_2 : I_3 = \frac{1}{R_1} : \frac{1}{R_2} : \frac{1}{R_3}$$

(4) キルヒホッフの法則

① 第1法則：回路の任意の接続点において流入電流の総和は零である。

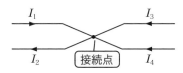

式　$I_1 + (-I_2) + I_3 + I_4 = 0$

ここで，流出電流は向きが逆になるから負符号を付ける。（例　$-I_2$）

② 第2法則：回路網の任意の閉回路において，起電力の総和は電圧降下の総和に等しい。

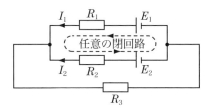

式　$R_1 I_1 + (-R_2 I_2) = E_1 + (-E_2)$

(5) 導体の電気抵抗

$$R = \rho \frac{l}{A} \quad [\Omega]$$

ただし，ρ は抵抗率で，$A = 1[\text{m}^2]$, $l = 1[\text{m}]$ の導体の抵抗値を意味する。材質が銅の場合は 1.72×10^{-8} $[\Omega \cdot \text{m}]$

(6) ホイートストンブリッジ回路

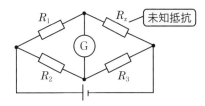

上図のブリッジ回路において，検流計 G の指示が零になったとき回路は平衡する。

平衡条件　$R_2 R_x = R_1 R_3$ より

未知抵抗　$R_x = \dfrac{R_1 R_3}{R_2}$ $[\Omega]$

2　電磁気

(1) 磁気に関するクーロンの法則

磁極の強さ m_1, m_2[Wb] の2つの磁極間に働

く磁力　$F = \dfrac{m_1 m_2}{4 \pi \mu r^2}$

$$= 6.33 \times 10^4 \times \frac{m_1 m_2}{\mu_r r^2} \quad [\text{N}]$$

ただし，r；磁極間の距離 [m]

μ；透磁率$(= \mu_0 \mu_r)$

μ_r；媒質の比透磁率

μ_0；真空中の透磁率$(4 \pi \times 10^{-7}[\text{H/m}])$

(2) 磁極からの磁界の強さ H

$$H = 6.33 \times 10^4 \times \frac{m}{\mu_r r^2} \quad [\text{A/m}]$$

(3) アンペアの右ねじの法則

電流によって発生する磁界の方向を示す法則である。

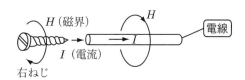

(4) 磁気回路を通る磁束 ϕ と磁束密度 B

$$\phi = \frac{NI}{R_m} \quad [\text{Wb}]$$

ただし，NI；起磁力 [A]

R_m；磁気抵抗 [H^{-1}]

$$B = \frac{\phi}{A} = \mu \frac{NI}{l} = \mu H = \mu_0 \mu_r H \quad [\text{T}]$$

ただし，l；磁気回路の平均の長さ [m]

(5) 電磁力

① 方向はフレミングの左手の法則に従う。

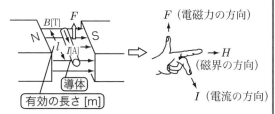

② 大きさは $F = BIl$ [N]

ただし，導体を磁界の方向に対して θ の角度に置くと，その大きさは

$F = BIl \sin \theta$ [N]

③ 平行な電線間に働く電磁力（1m 当たり）

$$F = \frac{2 I_1 I_2}{r} \times 10^{-7} [\text{N/m}]$$

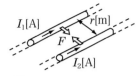

(6) 電磁誘導① (磁束の変化による作用)

① 誘導起電力の方向はレンツの法則に従う。

② その大きさは,

$$e = -N\frac{\Delta\phi}{\Delta t} = -L\frac{\Delta I}{\Delta t}\text{[V]}$$

ただし, N; コイルの巻数

L; コイルの自己インダクタンス

$\dfrac{\Delta\phi}{\Delta t}$ および $\dfrac{\Delta I}{\Delta t}$; 磁束および電流の微小変化

(7) 電磁誘導② (導体が磁束を切るときの作用)

① 誘導起電力の
方向はフレミン
グの右手の法則
に従う。

v (導体の移動方向)

H (磁界の方向)

e (誘導起電力の方向)

② その大きさは, $e = Blv$ [V]

ただし, v; 導体が磁束を切る速さ [m/s]

l; 導体の有効の長さ [m]

3 静電気

(1) 静電気に関するクーロンの法則

2つの電荷 Q_1, Q_2[C] の間に働く静電力

$$F = \frac{Q_1 Q_2}{4\pi\varepsilon r^2} = 9\times 10^9\times\frac{Q_1 Q_2}{\varepsilon_r r^2}\text{[N]}$$

ただし, r; 両電荷間の距離 [m]

ε; 誘電率 $(= \varepsilon_0\,\varepsilon_r)$

ε_r; 媒質の比誘電率

ε_0; 真空中の誘電率(8.854×10^{-12}[F/m])

(2) 電荷によってできる電界の強さ

電荷 Q[C] から r[m] 離れた電界の強さ

$$E = 9\times 10^9\times\frac{Q}{\varepsilon_r r^2}\text{[V/m]}$$

(3) 電界中の電位

Q[C] の点電荷から r[m] 離れた点の電位

$$V = 9\times 10^9\times\frac{Q}{\varepsilon_r r}\ \text{[V]}$$

(4) 静電容量

コンデンサに蓄えられる電荷Q[C] はコンデンサの両端に生じる電圧Vに比例する。このときの比例定数Cを静電容量という。

$$Q = CV\text{[C]}$$

(5) コンデンサの接続による合成静電容量

① 並列接続

$$C_0 = C_1 + C_2 + C_3 + \cdots\cdots + C_n\text{ [F]}$$

② 直列接続

$$C_0 = \cfrac{1}{\dfrac{1}{C_1} + \dfrac{1}{C_2} + \dfrac{1}{C_3} + \cdots\cdots + \dfrac{1}{C_n}}\ \text{[F]}$$

4 交流回路

(1) 単相交流回路

① 直列回路(RLC)

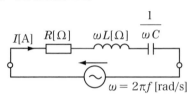

○回路のインピーダンス

$$\dot{Z} = R + j\left(\omega L - \frac{1}{\omega C}\right)\text{[}\Omega\text{]}$$

$$Z = \sqrt{R^2 + \left(\omega L - \frac{1}{\omega C}\right)^2}\ \text{[}\Omega\text{]}$$

ただし, $X_L = \omega L\text{[}\Omega\text{]}$ は誘導リアクタンス

$X_C = \dfrac{1}{\omega C}\ \text{[}\Omega\text{]}$ は容量リアクタンス

○回路に流れる電流 $\dot{I}$, I

$$\dot{I} = \frac{\dot{V}}{\dot{Z}}\text{[A]}\qquad I = \frac{V}{Z}\ \text{[A]}$$

○各素子に加わる電圧 $\dot{V}_R, \dot{V}_L, \dot{V}_C, V_R, V_L, V_C$

$$\dot{V}_R = R\dot{I}\text{ [V]}\qquad\qquad V_R = RI\text{ [V]}$$
$$\dot{V}_L = j\omega L\dot{I}\text{ [V]}\qquad\quad V_L = \omega LI\text{ [V]}$$
$$\dot{V}_C = -j\frac{1}{\omega C}\dot{I}\text{ [V]}\qquad V_C = \frac{1}{\omega C}I\text{ [V]}$$

○回路の力率 $\qquad\cos\theta = \dfrac{R}{Z}$

○皮相電力 $\qquad P_S = VI\text{ [VA]}$

○有効電力(電力) $\quad P = VI\cos\theta\text{ [W]}$

○無効電力 $\qquad P_r = VI\sin\theta\text{ [var]}$

▼ベクトル図 $\qquad\omega L > \dfrac{1}{\omega C}$ のとき

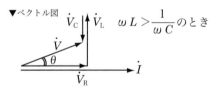

② 並列回路(RLC)

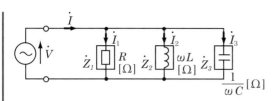

○ 各素子(分岐)のアドミタンス

$$\dot{Y}_1 = \frac{1}{\dot{Z}_1} = \frac{1}{R} \text{ [s]}$$

$$\dot{Y}_2 = \frac{1}{\dot{Z}_2} = \frac{1}{j\omega L} = -j\frac{1}{\omega L} \text{ [s]}$$

$$\dot{Y}_3 = \frac{1}{\dot{Z}_3} = j\omega C \text{ [s]}$$

○ 各素子(分路)に流れる電流

$$\dot{I}_1 = \dot{Y}_1 \dot{V} = \frac{\dot{V}}{R}$$

$$\dot{I}_2 = \dot{Y}_2 \dot{V} = -j\frac{V}{\omega L}$$

$$\dot{I}_3 = \dot{Y}_3 \dot{V} = j\omega C \dot{V}$$

○ 全電流(電源から回路に供給される電流)

$$\dot{I} = \dot{I}_1 + \dot{I}_2 + \dot{I}_3 \text{ [A]}$$

③ 直列共振

RLC直列回路の周波数が f_r で $\dot{Z}$ の虚数部

$= 0$ すなわち $\omega L = \dfrac{1}{\omega C}$ のとき, 回路の電流

$\dot{I}_r = \dfrac{\dot{V}}{R}$ は最大になる。

共振周波数 $f_r = \dfrac{1}{2\pi\sqrt{LC}}$ [Hz]

④ 並列共振

RLC並列回路の周波数が f_r のとき, 全電流 $\dot{I}r$ は最小になる。

共振周波数 $f_r \fallingdotseq \dfrac{1}{2\pi\sqrt{LC}}$ [Hz]

⑤ 交流ブリッジ

下図の回路でbd間の電圧が0ならば(平衡状態), 次の式が成り立つ。

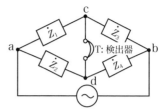

$$\frac{\dot{Z}_1}{\dot{Z}_2} = \frac{\dot{Z}_3}{\dot{Z}_4}$$

(2) 三相交流回路

① Y結線(星形結線)

線間電圧 $V_l = \sqrt{3} \times$ (相電圧 V_p)

線電流 $I_l =$ 相電流 I_p

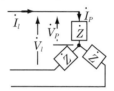

② △結線(三角結線)

線間電圧 $V_l =$ 相電圧 V_p

線電流 $I_l = \sqrt{3} \times$ (相電流 I_p)

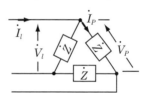

③ 三相電力

$P = 3 \times$ (相電圧 V_p) $\times$ (相電流 I_p) $\times$ (力率)

$= \sqrt{3} \times$ (線間電圧 V_l) $\times$ (線電流 I_l) $\times$ (力率)

$= \sqrt{3}\, V_l I_l \cos\theta$ [W]

力だめし

さあやってみよう！

ここがポイント！

【典型問題1】 下図のように4つの抵抗とスイッチを含んだ電気回路がある。次の問いに答えなさい。

【Sが開いているとき】

(1) 電流 I_1 を求めなさい。

(2) ａｂ間の電位差を求めなさい。

(3) 70[Ω]の抵抗で消費する電力を求めなさい。

【Sが閉じているとき】

(4) 電流 I を求めなさい。

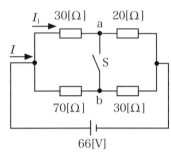

解答

(1) $I_1 = \dfrac{66}{30+20} = 1.32 = \mathbf{1.32[A]}$

(2) 20[Ω] での電圧降下 V_{20}　$V_{20} = 1.32 \times 20 = 26.4$

　　30[Ω] での電圧降下 V_{30}　$V_{30} = 0.66 \times 30 = 19.8$

　　ab間の電圧 V_{ab}　$V_{ab} = 26.4 - 19.8 = 6.6 = \mathbf{6.6[V]}$

(3) $P = I^2 \cdot R = 0.66^2 \times 70 = 30.5 = \mathbf{30.5[W]}$

(4) 合成抵抗 $R_0 = \dfrac{1}{\dfrac{1}{30}+\dfrac{1}{70}} + \dfrac{1}{\dfrac{1}{20}+\dfrac{1}{30}} = 33$　電流 $I = \dfrac{V}{R_0} = \dfrac{66}{33} = 2[A]$

【典型問題2】 下図のように抵抗と接続した導線 ab，cd 上に導体 A を乗せた装置が，磁界内に置かれている。ここで導体Aを10[m/s]で右に移動させた。次の問いに答えなさい。

(1) 四角形 abdc 内の磁束を求めなさい。

(2) 導体Aにおける起電力を求めなさい。

(3) 抵抗に流れる電流とその方向を求めなさい。

(4) 導体Aに働く電磁力の大きさを求めなさい。

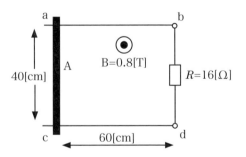

解　答

(1) $\phi = BA = 0.8 \times 0.4 \times 0.6 = 0.192 = \mathbf{0.192[Wb]}$

(2) $e = Blv = 0.8 \times 0.4 \times 10 = \mathbf{3.2[V]}$

(3) $I = \dfrac{e}{R} = \dfrac{3.2}{16} = \mathbf{0.2[A]}$　　電流は d→b へ流れる

(4) $F = BlI = 0.8 \times 0.4 \times 0.2 = \mathbf{6.4 \times 10^{-2}[N]}$

【典型問題３】　下図のように RLC 直列回路が電圧 $V = 12\sqrt{2}$ [v]，
周波数 $f = 318$[Hz] の電源に接続してある。

次の問いに答えなさい。

(1)　電源の角周波数を求めなさい。

【S が開いているとき】

(2)　インダクタンスを求めなさい。

(3)　電流 I を求めなさい。

【S を閉じたとき共振状態となった】

(4)　抵抗 R に流れる電流を求め
なさい。

(5)　静電容量 C_2 を求めなさい。

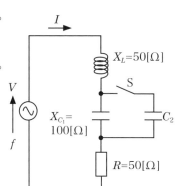

解　答

(1)　$\omega = 2\pi f = 2 \times 3.14 \times 318 = \mathbf{2 \times 10^3[rad/s]}$

(2)　$X_L = 2\pi fL$　　$L = \dfrac{X_L}{2\pi f} = \dfrac{50}{2 \times 3.14 \times 318} = 25 \times 10^{-3} = \mathbf{25[mH]}$

(3)　$Z = \sqrt{50^2 + (50-100)^2} = 50\sqrt{2}$　　$I = \dfrac{V}{Z} = \dfrac{12\sqrt{2}}{50\sqrt{2}} = \mathbf{0.24[A]}$

(4)　共振状態では　$X_L - X_C = 0$ となる

$I = \dfrac{12\sqrt{2}}{50} = 0.339 = \mathbf{339[mA]}$

(5)　$\dfrac{1}{2\pi fC_2} = 100$ より

$C_2 = \dfrac{1}{2\pi f \times 10^2} = \dfrac{1}{2 \times 3.14 \times 318 \times 10^2} = 5 \times 10^{-6} = \mathbf{5[\mu F]}$

【典型問題４】　図のような静電容量からなる電気回路がある。次の
問いに答えなさい。

ここがポイント！

【S が開いているとき】

(1) ab 間の合成静電容量を求
めなさい。

(2) 16[μF] のコンデンサに蓄
えられる電荷を求めなさい。

(3) 40[μF] の端子電圧を求め
なさい。

【S が閉じているとき】

(4) ab 間の静電エネルギーを
求めなさい。

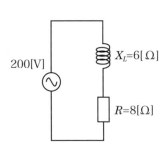

解　答

(1) $C_0 = 16 + \dfrac{1}{\dfrac{1}{40}+\dfrac{1}{60}} = \mathbf{40[\mu F]}$

(2) $Q = CV = 16 \times 10^{-6} \times 20 = 320 \times 10^{-6} = \mathbf{320[\mu C]}$

(3) 40[μF] に蓄えられる電荷

$Q = \dfrac{40 \times 60}{40 + 60} \times 10^{-6} \times 20 = 4.8 \times 10^{-4}$

$V = \dfrac{Q}{C} = \dfrac{4.8 \times 10^{-4}}{40 \times 10^{-6}} = \mathbf{12[V]}$

(4) $W = \dfrac{1}{2}CV^2 = \dfrac{1}{2} \times 56 \times 10^{-6} \times 20^2 = 0.0112 = \mathbf{1.12 \times 10^{-2}[J]}$

【典型問題5】 図のような RL 回路が
ある。次の値を求めなさい。

(1) 負荷インピーダンス　Z

(2) 力率　$\cos\theta$

(3) 皮相電力　S

(4) 有効電力　P

解　答

(1) $Z = \sqrt{R^2 + X_L^2} = \sqrt{8^2 + 6^2} = \mathbf{10[\Omega]}$

(2) $\cos\theta = \dfrac{R}{Z} = \dfrac{8}{10} = \mathbf{0.8}$

(3) $S = \dfrac{V^2}{Z} = \dfrac{200^2}{10} = 4 \times 10^3 = \mathbf{4[kVA]}$

(4) $P = S\cos\theta = 4 \times 10^3 \times 0.8 = 3.2 \times 10^3 = \mathbf{3.2[kW]}$

実戦就職問題

■直流回路

【1】　図の合成抵抗を求めなさい。

(1)

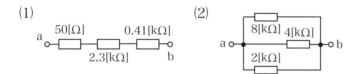

(2)

【2】　図の合成抵抗を求めなさい。

(1)

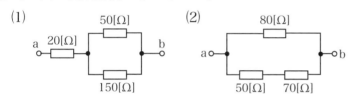

(2)

(3)

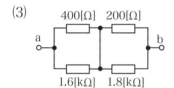

【3】　図の合成抵抗を求めなさい。

(1)

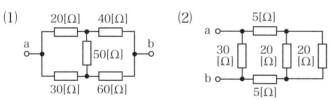

(2)

(3)

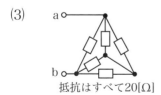

抵抗はすべて20[Ω]

ヒント！

(1) 30 × 40 ＝ 20 × 60 より平衡状態にある。

(3)回路図をわかりやすく書き換えてみよう。

【4】　図の合成抵抗を求めなさい。

(1)
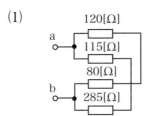

(2)
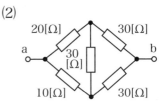

【5】　図の合成抵抗を求めなさい。

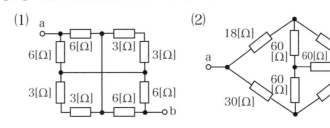

【6】　0.8 秒間に 1.04[C] の電荷が移動した。流れた電流を求めなさい。

【7】　100[V]，500[W] の抵抗線がある。これを 70%の長さにして同じ電圧に接続したとき，消費する電力を求めなさい。

【8】　ニクロム線に 90[V] を加えると電流 0.8[A] が流れた。電力を求めなさい。次に，電圧を 100[V] に変更した時の電力を求めなさい。

【9】　8[Ω] の抵抗を 120[V] の電源に 40 分間接続した。電力 [kW]，電力量 [kW・h]，発生する熱量 [kJ] を求めなさい。

【10】　断面積 2[mm^2]，長さ 50[m] の導体がある。この導体の抵抗を求めなさい。ただし，抵抗率は 1.72×10^{-8}[Ω・m] とする。

【11】　30[Ω] と 70[Ω] の並列回路がある。この回路の合成抵抗とコンダクタンスを求めなさい。

【12】　コンダクタンス 40[ms] の回路に 1.5[A] の電流が流れている。回路に加えた電圧を求めなさい。

【13】　銅線の抵抗が 20[℃] において 1.5[Ω] であった。80[℃] のときの抵抗を求めなさい。ただし，20[℃] における温度係数は 4.4×10^{-3}[℃$^{-1}$] とする。

【14】　抵抗 R_A と R_B の並列回路に 12[V] を加えると 0.35[A] の電流が流れた。$R_A = 40$[Ω] のとき R_B を求めなさい。

【15】　抵抗 $R_A = 20$[Ω], $R_B = 40$[Ω], $R_C = 60$[Ω] の直列合成抵抗と並列合成抵抗を求めなさい。

【16】　図の ab 間の合成抵抗を求めなさい。ただし, 抵抗はすべて 10[Ω] とする。

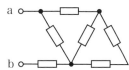

【17】　図の回路において ab 間に電圧を加えたとき, 主電流 0.65[A] が流れた。次の問いに答えなさい。
　(1)　電流 I を求めなさい。
　(2)　ab 間の電圧を求めなさい。
　(3)　cd 間の電圧 V を求めなさい。

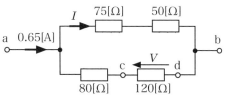

【18】　図の回路において電流 I_1, I_2, 抵抗 R を求めなさい。

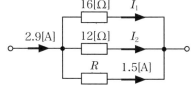

【19】 電源 *V* に接続された図の回路がある。次の問いに答えなさい。

(1) 電流 *I* を求めなさい。

(2) 抵抗 R_X を求めなさい。

(3) 抵抗 200[Ω] における電圧降下 V_R を求めなさい。

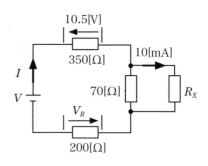

【20】 スイッチSを含む回路が電源に接続されている。次の問いに答えなさい。

【スイッチSが①側にあるとき】

(1) 回路電流 *I* を求めなさい。

【スイッチSが②側にあるとき】

(2) 回路電流 *I* を求めなさい。

(3) 抵抗 160[Ω] での消費電力を求めなさい。

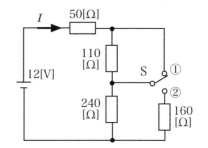

【21】 図の回路でab間の電位差が 1.8[V] のとき，R_X を求めなさい。

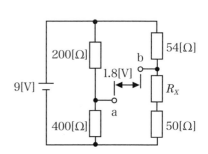

【22】 抵抗が並列接続された回路に電圧 *V* が加えてある。R_X が 80[Ω] のとき，この回路での消費電力が 250[W] であった。R_X を 20[Ω] にしたとき，この回路での消費電力を求めなさい。

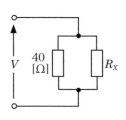

【23】 図の回路網において，主電流 1.2[A] は $I_1:I_2＝3:5$ の割合で並列回路に分流している。

(1) 抵抗 R_1 における消費電力を求めなさい。

(2) 抵抗 R_2 の大きさを求めなさい。

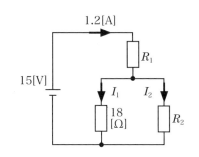

【24】 電流計と抵抗からなる回路がある。$R_X＝10[Ω]$ のとき電流計の指示は 1[A] であった。次に $R_X＝20[Ω]$ にすると指示が 0.51[A] となった。電流計の内部抵抗を求めなさい。

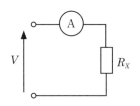

【25】 電圧計と電流計を含む回路が 22[V] の電源に接続されている。それぞれの計器の指示値を求めなさい。ただし，電圧計の内部抵抗は 1.4[kΩ]，電流計の内部抵抗は 50[Ω] とする。

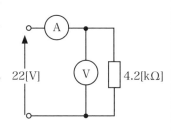

【26】 直流電源装置がある。スイッチ S が開いているとき電圧計は 10[V] を，スイッチ S を閉じると 9.95[V] を示した。電圧計に電流は流れないものとして，電源装置の内部抵抗を求めなさい。

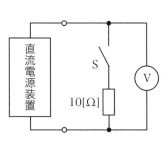

【27】 図の回路の電流 I_1，I_2，I_3 を求めなさい。

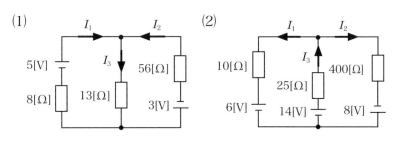

【28】 図の回路でスイッチSが
開いているときの ab 間の電圧
を求めなさい。次に，スイッチ
Sを閉じたとき，スイッチSを
流れる電流を求めなさい。

【29】 回路図より次の値を求めなさい。

(1) 電流 I_1 を求めなさい。

(2) 端子ａｂ間のコンダクタンスを求めなさい。

(3) 電流 I_2 を求めなさい。

(4) 抵抗 R_X を求めなさい。

■測定・計測

【30】 測定に関する語句とその説明である。最も関係のある語句
を解答群から選び答えなさい。

(1) 電流計で電流を測定する。 （　　　　　）

(2) ブリッジによる測定。 （　　　　　）

(3) 電圧計と電流計による電力の測定。（　　　　　）

(4) 測定入力をA‐D変換器で処理する。（　　　　　）

(5) 指針の振れ角度による測定。 （　　　　　）

《解答群》

直接測定　　間接測定　　偏位法　　零位法

ディジタル計器

【31】 次の文の空欄に適切な文字を入れなさい。

　　指示電気計器には,測定量に応じて指針を回転させる（　①　）装置,回転力に対し指針を停止させる力を発生する（　②　）装置,指針の動きを滑らかに,早く停止させる（　③　）装置がある。

　　永久磁石可動コイル形計器は永久磁石によって生じる（　④　）とコイルに流れる電流との間に発生する（　⑤　）力を利用した計器である。構造上,測定は（　⑥　）流に限られ指針の振れは（　⑦　）目盛となる。

【32】 最大目盛 20[mV],内部抵抗 600[Ω] の電圧計がある。これに倍率器をつけ最大目盛 30[V] の電圧計とするとき,必要な倍率器を求めなさい。

【33】 図のように最大目盛 100[V],内部抵抗 10[kΩ] の電圧計 A と最大目盛 200[V],内部抵抗 15[kΩ] の電圧計 B を直列に接続した。この回路に 200[V] を加えたとき,各電圧計の指示を求めなさい。

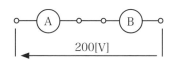

【34】 最大目盛 0.3[A],内部抵抗 2.8[Ω] の電流計に分流器をつけ,最大 1.5[A] の電流計としたい。次の問いに答えなさい。

(1) 必要な分流器 R_S を求めなさい。

(2) 指針が 0.17[A] を指示したとき,回路電流 I を求めなさい。

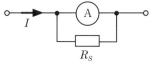

【35】 電流計 A（最大目盛 5[A],内部抵抗 0.08[Ω]）と電流計 B（最大目盛 5[A],内部抵抗 0.11[Ω]）を並列に接続した。測定できる最大電流 $I_{\max}$ を求めなさい。

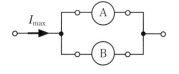

【36】 図のブリッジ回路が平衡したときの R_X，L_X を求めなさい。

(1)
20[Ω] R_X
G
15[Ω] 60[Ω]

(2)
80[Ω] R_X L_X
G
100[Ω] 38[mH] 24[Ω]

【37】 図において電流計（最大目盛 0.3[A]，内部抵抗 0.2[Ω]）が 26.6 [mA]，電圧計（最大目盛 10[V]，内部抵抗 5[kΩ]）が 8[V] を指示した。抵抗 R_X を求めなさい。

【38】 図の測定器の記号と関係ある事項を各語群から選びなさい。

(1)　(2)　(3)　(4)　(5)

《A群》
① 熱電形　　② 誘導形　　③ 整流形
④ 永久磁石可動コイル形　　⑤ 可動鉄片形

《B群》
ⓐ 交流専用　　ⓑ 交直両用　　ⓒ 直流専用
ⓓ 主に交流

【39】 次の機器の説明文を下の解答群より選び記号で答えなさい。

(1)　直流電位差計　　　　　　（　　　　　）
(2)　絶縁抵抗計　　　　　　　（　　　　　）
(3)　電子電圧計　　　　　　　（　　　　　）
(4)　コールラウシュブリッジ　（　　　　　）
(5)　ケルビンダブルブリッジ　（　　　　　）

《解答群》
ⓐ 直流から高周波までの電圧を高い精度で測定できる。
ⓑ 電解液の抵抗測定に適している。
ⓒ 内部に 500[V] などの試験電圧を発生させる機構がある。
ⓓ 接触抵抗など低抵抗の測定に用いる。
ⓔ 電池の起電力や電圧を零位法で精密に測定できる。

【40】 直流電源と電圧計を図のように接続し，10[V] レンジで測定したとき目盛板と電圧の指示は図のようであった。

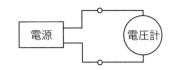

(1) 測定電圧を求めなさい。

(2) 次の語句と関係するものを目盛板の記号で答えなさい。

ア．階級　（　　　　）

イ．姿勢　（　　　　）

ウ．直流　（　　　　）

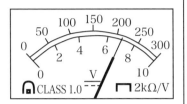

【41】 ブラウン管形測定器に図のような波形が表示された。次の問いに答えなさい。

(1) 測定器の名称を答えなさい。

(2) ピーク値を求めなさい。

(3) 周期と周波数を求めなさい。

(4) 測定器の時間軸を $100[\mu s/div]$ に変更したときに表示される波形を図にかき込みなさい。

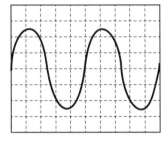

縦軸 2[V/DIV]　横軸 200[μs/div]

■電気と磁気

【42】 磁気に関する次の文の空欄に適語を記しなさい。

　棒磁石の両端は鉄片を引きつける力が特に強く，ここを（　①　）という。磁石の中心を糸でつるすと北を指す極を（　②　）極，他方を（　③　）極といい，その強さを表す単位は（　④　）である。同極間には（　⑤　）力，異極間には（　⑥　）力が働き，その力の大きさは極間の距離の（　⑦　）乗に（　⑧　）比例する。

【43】 真空中に 7×10^{-4}[Wb] と 2×10^{-4}[Wb] の磁極を6[cm]離れて置いたとき，磁極に働く力の大きさを求めなさい。ただし，真空の透磁率は 1.26×10^{-6}[H/m] とする。

【44】 図のように空気中に 3 つの磁極が直線状に配置してある。磁極 m_2 に働く力が左右同じとなるとき，m_2 と m_3 の距離 L を求めなさい。

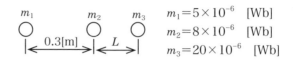

$m_1 = 5 \times 10^{-6}$ [Wb]
$m_2 = 8 \times 10^{-6}$ [Wb]
$m_3 = 20 \times 10^{-6}$ [Wb]

【45】 磁界の大きさ 27[A/m] のなかに 6×10^{-3}[Wb] の磁極を置いたとき，磁極に働く力を求めなさい。

【46】 磁気抵抗 5×10^5[H^{-1}] の環状鉄心に導線を 4000 回巻き 0.3[A] の電流を流した。次の値を求めなさい。ただし，鉄心の断面積は 2[cm^2]，漏れ磁束はないものとする。

(1) 起磁力

(2) 鉄心中の磁束密度

(3) 磁気回路に蓄えられるエネルギー

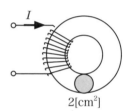

2[cm^2]

【47】 図のように，空気中に 3[cm] 隔てた 2 つの磁極 6×10^{-4} [Wb] の間に導体がある。次の問いに答えなさい。ただし，μ_0 = 1.26×10^{-6}[H/m]，磁極の面積は 14[cm^2] とする。

(1) 磁束密度 B を求めなさい。

(2) 磁極間の磁気抵抗を求めなさい。

(3) 導線を磁極の間で動かしたとき，導線に図のように電流が流れた。導線を動かした方向を下記から選びなさい。

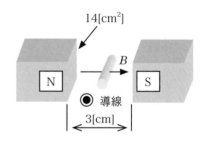

14[cm^2]

《解答群》

右から左へ　　左から右へ　　上から下へ　　下から上へ

【48】　30回巻きのコイルがある。それを貫く磁束が，図のように変化したとき，期間A，B，Cのそれぞれにおける起電力の大きさを求めなさい。

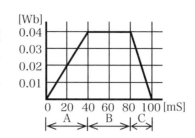

【49】　図のような直径 $d = 10$[mm]，長さ $L = 60$[mm]，巻数 1200 の空芯ソレノイドに電流 $I = 0.2$[A] が流れている。漏れ磁束はないものとして次の問いに答えなさい。ただし，真空中の透磁率は 1.26×10^{-6}[H/m] とする。

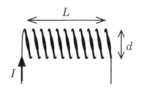

(1)　コイル内部の磁束を求めなさい。

(2)　自己インダクタンスを求めなさい。

【50】　図のように2つのコイルPとSが直線上に配置してある。コイルPの電流 I により 10^{-4}[Wb] の磁束 ϕ が発生し，磁束はすべてコイルSを貫いているものとする。コイルPに流れる電流と相互インダクタンス M を求めなさい。

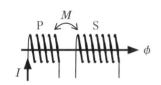

Pコイル
　巻数　800
　自己インダクタンス　10[mH]
Sコイル
　自己インダクタンス　20[mH]

【51】　磁束密度 $B = 1.5$[T] の中に長さ 40[cm] の導体があり，導体には負荷として 8[Ω] の抵抗が接続されている。導体を①の方向に移動させたとき，電流が図のように流れた。問いに答えなさい。ただし，導体の移動速度は 20[m/s] とする。

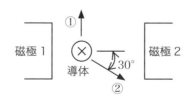

(1)　磁極1，2の名称を答えなさい。

(2)　①の方向に移動したときの起電力を求めなさい。

(3)　②の方向に移動したとき負荷に流れる電流の大きさを求めなさい。

【52】 空気中に十分に長い2本の導体A，Bが平行している図である。導体Aに10[A] が流れているとき，導体1[m] あたり 10^{-4}[N] の反発力が発生した。導体Bに流れている電流の方向と電流の大きさを求めなさい。ただし，真空の透磁率は $4\pi \times 10^{-7}$[H/m] とする。

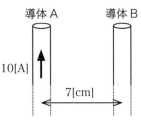

■静 電 気

【53】 次の文の空欄に適切な文字や記号を入れなさい。

(1) コンデンサは，2枚の金属電極で（ ① ）物をはさんだ構造で，蓄えられる電荷の量は電極の面積に（ ② ）し，電極間の距離に（ ③ ）する。

(2) 誘電率は，（ ④ ）の誘電率と物質固有の（ ⑤ ）誘電率の積で表される。

(3) コンデンサ C_1 と C_2 がある。直列接続時の合成静電容量を C_1 と C_2 であらわすと（ ⑥ ），並列接続時の合成静電容量は（ ⑦ ）となる。

【54】 誘電率が 1×10^{-9}[F/m] の物質の比誘電率を求めなさい。

【55】 真空中に 2[μC] と 6[μC] の電荷が 10[cm] 離れて置いてある。電荷に働く静電力を求めなさい。ただし，真空の誘電率は 8.85×10^{-12}[F/m] とする。

【56】 2[μF]，4[μF]，8[μF] のコンデンサを直列接続したときと並列接続したときの合成静電容量を求めなさい。

【57】 図の合成静電容量を求めなさい。

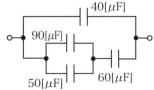

【58】　330[μF] のコンデンサに 24[V] を加えたとき，コンデンサに蓄えられる電荷を求めなさい。

【59】　図のように面積 2[cm²] の金属板で厚さ 1[mm] の誘電体をはさんだコンデンサがある。静電容量とそこに蓄えられるエネルギーを求めなさい。ただし，誘電率を 7×10^{-8}[F/m] とする。

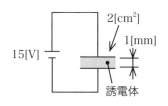

【60】　空気中に 2 枚の金属板を間隔 d 隔てておいた静電容量 C_1 がある。ここで間隔を 3 倍にして誘電体を挿入すると静電容量 C_2 は C_1 の 12 倍となった。誘電体の比誘電率を求めなさい。

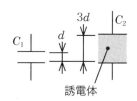

【61】　20[μF] と 30[μF] の直列回路に，直流 15[V] を加えた。20[μF] のコンデンサに蓄えられる電荷 Q と 30[μF] のコンデンサに加わる電圧 V を求めなさい。

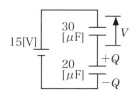

【62】　図の回路において，次の値を求めなさい。

(1)　合成静電容量

(2)　40[μF] に加わる電圧

(3)　35[μF] に蓄えられる電荷

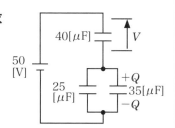

【63】　図の回路において最初スイッチ S は①側に接続され，コンデンサ C に 250[μC] の電荷が蓄えられている。その後，スイッチを②側に切り替える。次の値を求めなさい。

(1)　コンデンサ C の静電容量

(2)　スイッチを②側にしてじゅうぶんに時間がたった後，6[μF] に蓄えられるエネルギー

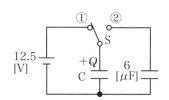

【64】 a–b 間の電位差が 0 [V] のとき，静電容量 C_x を求めなさい。

■単相交流回路

【65】 次式で示される電流の最大値，平均値，実効値，周波数を求めなさい。

$$i = 6\sqrt{2}\sin\left(150\pi t + 60°\right)\ [A]$$

【66】 図の電圧波形において，次の問いに答えなさい。

(1) 実効値と平均値を求めなさい。

(2) 周波数を求めなさい。

(3) 瞬時値式で表しなさい。

【67】 発電機が 0.5 秒間に 20 回転し，実効値 110[V] で電力を供給している。この発電機の角速度と電圧の最大値と平均値を求めなさい。

【68】 $5+j15[\Omega]$ のインピーダンスに $3-j9[A]$ の電流が流れている。加えた電圧を求めなさい。

【69】 インピーダンス Z の回路に電圧 $v = 150\sqrt{2}\sin 200t[V]$ を加えると，電流 $i = 2.5\sqrt{2}\sin\left(200t - 30°\right)\ [A]$ が流れた。

(1) 電流を複素数で表しなさい。

(2) 次の値を求めなさい。

① 周波数 f

② インピーダンス Z の大きさ

③ リアクタンス X

【70】 RL 直列回路が周波数 50[Hz] の電源に接続され 1.7[A] の電流が流れている。次の値を求めなさい。

(1)　回路のインピーダンス　Z

(2)　電源電圧　V

(3)　インダクタンス　L

(4)　有効電力　P

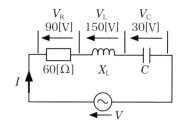

【71】　図の RLC 直列回路がある。それぞれの端子電圧は V_R, V_L, V_C であった。次の値を求めなさい。ただし，角周波数を 1000[rad/s] とする。

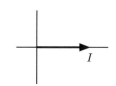

(1)　電流の大きさ　I

(2)　リアクタンス　X_L

(3)　電源電圧の大きさ　V

(4)　静電容量　C

(5)　V_R, V_L, V_C, V のベクトル図を書きなさい。

【72】　スイッチ S を含む図のような回路がある。それぞれのスイッチの位置において次の問いに答えなさい。

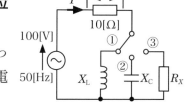

(1)　①のとき，$V_R = 86.6$[V] であった。インダクタンス L に加わる電圧を求めなさい。

(2)　②のとき，$I = 7$[A] であった。リアクタンス X_C を求めなさい。

(3)　③のとき，10[Ω] での消費電力が 62.5[W] であった。R_X を求めなさい。

(4)　①, ②, ③で最大の皮相電力を示す回路とその値を求めなさい。

【73】　図はスイッチ S でコンデンサにコイルを並列接続させることのできる回路である。図を見て次の値を求めなさい。

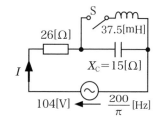

(1)　静電容量　C

【スイッチ S が開いているとき】

　(2)　インピーダンス　Z

　(3)　力率　$\cos \theta$

【スイッチ S を閉じたとき】

　(4)　回路を流れる電流　I

【74】　RLC 並列回路に電圧 $j200[V]$ が加えられている。問いに答えなさい。

(1)　電流 $\dot{I}_\mathrm{R}, \dot{I}_\mathrm{L}, \dot{I}_\mathrm{C}, \dot{I}$ を求めなさい。

(2)　皮相電力を求めなさい。

(3)　図に電流 $\dot{I}_\mathrm{R}$, $\dot{I}_\mathrm{L}$, $\dot{I}_\mathrm{C}$, $\dot{I}$ のベクトルを書きなさい。

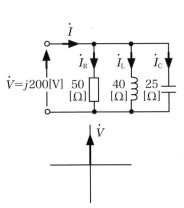

【75】　図のような RL 直列回路がある。スイッチが①側のとき 1.25[A]，②側にしたとき 2[A] の電流が流れた。この回路の力率を求めなさい。

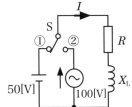

【76】　電圧 100[V]，角周波数 400 [rad/s] の電源に図のような負荷が接続されている。力率が 1 となる静電容量 C を求めなさい。

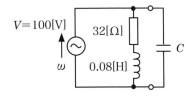

【77】 回路図における電圧と電流の関係を(a)〜(d)と(ア)〜(エ)より選びなさい。

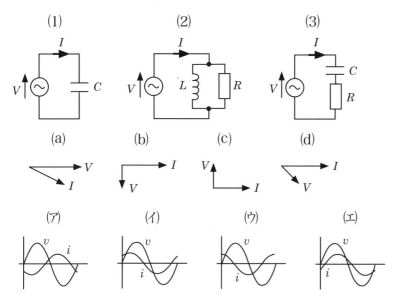

【78】 図の回路において回路電流が最大になる周波数と，そのときの電流を求めなさい。

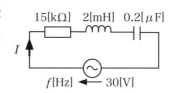

■三相交流回路

【79】 抵抗$R=12[\Omega]$が$220[V]$の三相電源に接続してある。電圧V_pと電流I_Lを求めなさい。

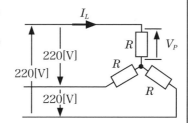

【80】 図において，△接続された負荷の消費電力を求めなさい。

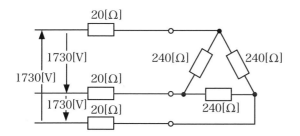

【81】　Y－Y接続の三相回路がある。ここで相電圧は V_P ＝ 210[V], 負荷 Z は R ＝ 9[Ω] と X_L＝12[Ω] の直列接続である。次の値を求めなさい。

(1)　線間電圧　　V_L

(2)　力率　　$\cos\theta$

(3)　皮相電力　　S

(4)　有効電力　　P

【82】　線間電圧220[V]の三相交流に, インピーダンス Z＝30＋j40[Ω] が△接続されている。

(1)　電源と負荷の接続図を完成させなさい。

(2)　電流 I を求めなさい。

(3)　消費電力 [kW] を求めなさい。

【83】　図のように三相電源に接続されている負荷がある。線間電圧220[V], Z＝12＋j16[Ω] として, 次の値を求めなさい。

(1)　相電流の大きさ　　I_p

(2)　皮相電力　　S

(3)　有効電力　　P

【84】　△－Y接続された電源と負荷の図である。線間電圧200[V], 線電流 $2\sqrt{3}$ [A], 負荷力率0.8 として次の値を求めなさい。

(1)　インピーダンス Z に加わる
　　　電圧　　V_p

(2)　三相有効電力　　P

電気基礎　チェックリスト

☐ 大きさと向きが時間とともに＜*1*＞に変化する電流を交流といい，一定なものを＜*2*＞という。

1. 周期的　　*2.* 直流

☐ 導体の中をt秒間にQ[C]の電荷が一定に移動したとき，電流$I = \dfrac{<3>}{<4>}$[A]である。

3. Q　　*4.* t

☐ 単位の換算をしなさい。

① 25[mA] = $25 \times 10^{<5>}$[A]　② 75[μV] = $75 \times 10^{<6>}$[V]

③ 5[MΩ] = $5 \times 10^{<7>}$[Ω]　④ 15[pF] = $15 \times 10^{<8>}$[F]

5. -3　*6.* -6

7. 6　*8.* -12

☐ ＜*9*＞$= \dfrac{V}{R}$を＜*10*＞の法則という。

9. I　*10.* オーム

☐ 4[Ω]の抵抗と6[Ω]の抵抗を直列に接続すると合成抵抗は＜*11*＞[Ω]となる。並列に接続すると合成抵抗は＜*12*＞[Ω]となる。

11. 10

12. 2.4

☐ 回路網中の任意の接続点に流入する電流の和と＜*13*＞電流の和は等しい。(キルヒホッフの第1法則)

13. 流出する

☐ ホイートストンブリッジの平衡条件は＜*14*＞である。

14. $R_1 R_3 = R_2 R_4$

☐ 回路網中の任意の閉回路を一定の向きにたどるとき，起電力の和は＜*15*＞の和に等しい。(キルヒホッフの第2法則)

15. 電圧降下

☐ 長さl[m]，断面積A[m²]，抵抗率ρ[$\Omega \cdot$m]の導体の抵抗$R = \rho \dfrac{<16>}{<17>}$である。

16. l　*17.* A

☐ 電圧をV[V]，電流をI[A]，抵抗をR[Ω]とすれば，電力$P = VI = R<18>$[W]

18. I^2

☐ 2種類の金属を接続し，接合点に温度差を与えると，起電力が生じる現象を＜*19*＞効果といい，この現象と逆の現象を＜*20*＞効果という。

19. ゼーベック　*20.* ペルチェ

☐ 2つの磁極の強さをm_1[Wb]，m_2[Wb]，距離をr[m]とすると，磁極間に働く力$F = 6.33 \times 10^4 \times <21>$[N]である。

21. $\dfrac{m_1 m_2}{r^2}$

☐ アンペアの右ネジの法則は，＜*22*＞と＜*23*＞の向きとの関係を表す。

22. 電流　*23.* 磁界

☐ 電気回路と磁気回路の関係　①起電力＝＜*24*＞　②電流＝＜*25*＞　③電気抵抗＝＜*26*＞　④導電率＝＜*27*＞

24. 起磁力　*25.* 磁束

26. 磁気抵抗　*27.* 透磁率

☐ フレミングの左手の法則で，人差し指は磁束，中指を＜*28*＞の向きとすると，親指が＜*29*＞の向きを表す。

28. 電流

29. 電磁力

☐ 電荷Q[C]，加える電圧V[V]，コンデンサの静電容量C[F]との関係は，$Q = <30> \times <31>$である。

30. C　*31.* V

☐ 60[μF]と120[μF]を直列に接続すると合成静電容量は＜*32*＞[μF]，並列に接続すると＜*33*＞[μF]。

32. 40

33. 180

☐ 正弦波交流の電圧vは$v = <34> V\sin(\omega t + \theta)$

34. $\sqrt{2}$

☐ 周期T[s]と周波数f[Hz]の関係は$T = <35>$[s]である。

☐ 角速度$\omega = <36> f$[rad/s]

35. $\dfrac{1}{f}$　*36.* 2π

☐ インダクタンスの交流に対する抵抗を＜*37*＞リアクタンスといい，$X_L = <38>$[Ω]，コンデンサの場合，＜*39*＞リアクタンスといい，$X_C = <40>$[Ω]

37. 誘導性　*38.* $2\pi f L$

39. 容量性　*40.* $\dfrac{1}{2\pi f C}$

☐ 交流電力$P = VI\cos\theta$で，Pは＜*41*＞電力，$\cos\theta$は＜*42*＞である。

41. 有効　*42.* 力率

☐ インダクタンスLと静電容量Cをもつ回路の共振周波数は，$fr = \dfrac{1}{2\pi<43>}$で表される。

43. $\sqrt{LC}$

☐ 電気計器は，アナログ式と＜*44*＞式とに分けられる。指針形テスタは＜*45*＞式である。

44. ディジタル　*45.* アナログ

2 電力分野

○電力分野は，ごく専門的な内容でありその分野も広いので，各分野の基礎基本をしっかり勉強すること。

○その内容は，「電気機器」として，直流機，変圧器，誘導機，同期機，整流機器，電気材料がある。また，「電力技術」として，発電，送電，配電・屋内配線，電気関係法規がある。さらに「電力応用」として，照明，電熱，電気化学，電気鉄道などである。

○出題の傾向は，電力関係，電気工事関係，重電機などの重工業に多く，会社のいままでの出題に注意が必要である。

重要事項の整理

【電気機器】

1 直流器

(1) 発電機の誘導起電力

$$E = K_1 \Phi n [V]$$

K_1；定数

Φ；毎極の磁束数 [Wb]

n；電機子回転数 [min^{-1}]

(2) 電動機のトルク

$$\tau = K_2 \Phi I_a [N \cdot m]$$

K_2；定数

I_a；電機子電流 [A]

(3) 電動機の回転数

$$n = \frac{V - I_a R_a}{K_1 \Phi}$$

V；端子電圧 [V]

R_a；電機子抵抗 [Ω]

(4) 電動機の出力（どんな電動機にも同じ）

$$P_0 = \omega T = 2\pi \frac{n}{60} T [W]$$

T；トルク [N·m]　ω；角速度 [rad/s]

ほかに，構造，種類，負荷特性に関することを整理しておくとよい。

2 変圧器

(1) 巻数比

$$a = \frac{一次コイルの巻数}{二次コイルの巻数} = \frac{N_1}{N_2} = \frac{E_1}{E_2}$$

(2) 電圧変動率

$$\varepsilon = p\cos\theta + q\sin\theta$$

p；％抵抗降下

q；％リアクタンス降下

θ；力率

(3) 並行運転の条件

① 極性が等しい。

② 定格電圧が等しい。

③ 漏れインピーダンスが容量に逆比例。

④ 抵抗とリアクタンスの比が等しい。

ほかに，損失，効率，全日効率も調べておくこと。

3 誘導機

(1) 同期速度

$$n_s = \frac{120f}{p} [min^{-1}]$$

f；周波数 [Hz]

p；極数

(2) すべり

$$s = \frac{n_s - n}{n_s}$$

n；回転数 [min^{-1}]

または，$n = n_s(1 - s)$ [min^{-1}]

(3) 二次入力 P_2，二次銅損 P_{c2}，出力 P_0 の関係

$P_2 : P_{c2} : P_0 = 1 : s : (1 - s)$

ほかに，種類，始動法，用途などを調べてまとめておくとよい。

4 同期機

発電機の特性曲線には，無負荷飽和特性曲線と三相短絡特性曲線がある。

(1) 回転数

$$n = \frac{120f}{p}$$ [min^{-1}]

同期速度で回転する。

(2) 始動

他の原動機を用いるか，制動巻線を利用し誘導電動機として起動する。

(3) 同期調相機

同期電動機の励磁電流を調節して，電力系統の力率の改善を行う。

5 サイリスタ（整流器）

電動機の速度制御，電力系統での周波数変換等に利用されている。ターンオンとターンオフについて調べる。

6 電気材料

(1) 国際標準軟銅を導電率100%とした

$\begin{pmatrix} 20℃ において，密度 8.89g/cm^3, \\ 抵抗値 1.724l\mu\Omega \cdot cm の軟銅 \end{pmatrix}$

(2) 絶縁材料の耐熱区分

Y，A，E，B，F，H，C 種別の温度も調べておくこと。

(3) けい素鋼（Fe−Si 合金）

Si の含有量を 1 〜 3% としているもので，Si が増すと抵抗率が高く，鉄損は減るが，もろくなる。鋼板の厚さは 0.35 〜 0.5mm である。

【電力技術】
1 発 電

(1) 発電機の出力

$P = 9.8QH\eta$[kW]

Q；使用水量 [m^3/s]

H；有効落差 [m]

η；総合効率

(2) 汽力発電所の熱効率 η_p

$$\eta_p = \frac{発生電力量の熱量}{燃料から発生した熱量}$$

※ 1[kWh] = 3600[kJ]

1[kWh] = 860[kcal]

2 送 電

単相2線式の電圧降下 = 1 線あたりの電圧降下 × 2

三相3線式の電圧降下 = 1 線あたりの電圧降下 × $\sqrt{3}$

したがって，送受電端電圧をそれぞれ V_s，V_r[V] とし，線路の抵抗およびリアクタンスを R，X[Ω] として，負荷力率が $\cos\theta$ であると

$V_s = V_r + \sqrt{3}I(R\cos\theta + X\sin\theta)$[V] となる。

3 配 電

(1) 多数負荷の電圧降下の求め方は，位相差はごく小さいので，同相として計算して差しつかえない。

(2) 力率改善によって，電流が減少し電線路の電力損失も軽減される。

なお，有効電力一定の場合のコンデンサ容量は，

$Q_c = W(\tan\theta_1 - \tan\theta_2)$ [var]

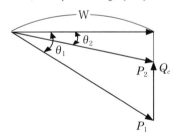

(3) 需要率，不等率，負荷率をまとめておく。

4 法 規

資格試験のような多岐にわたる内容は，特に必要としないが，基本的な事柄は整理しておくと便利である。たとえば，電圧区分，絶縁抵抗の値，接地工事と抵抗値など。

【電力応用】
1 照 明

照明計算に使われる記号と単位を表などにして，整理しておくこと。

・点光源における照度は $E_n = \dfrac{I}{r^2}$ [lx]

・法線照度は，光源から光に垂直な面の照度。水平面照度は，床面など水平な面の照度。鉛直面照度は，壁面など床に垂直な面の照度をいう。

・照明設計の要点をまとめておくことも，照明の勉強として必要である。

・タングステン電球の電圧特性をおぼえること。

・蛍光灯の点灯回路もよく出題されている。

2　電　熱

・R[Ω] の抵抗に I[A] が t[s] 間流れたときの発生熱量は，RI^2t[J] である。

・加熱方式とその原理・特徴もまとめておく。

(1)　抵抗加熱…ジュールの法則を利用

(2)　アーク加熱…アーク熱を利用

(3)　誘導加熱…うず電流損によって加熱

(4)　誘電加熱…誘電体損による発熱を利用など。

力 だ め し

さ あ や っ て み よ う ！

ここがポイント！

【典型問題1】　有効落差 180[m]，流量 4.5[m³/s] の水力発電所がある。発電機の出力と 10 日間運転したときの発電量を求めなさい。ただし，水車効率 0.85，発電機効率 0.95 とする。

解き方

有効落差 H[m]，流量 Q[m³/s]，水車効率 η_ω，発電機効率 η_g のとき，発電機出力 P[kW] は

$$P = 9.8HQ\,\eta_\omega\eta_g = 9.8 \times 180 \times 4.5 \times 0.85 \times 0.95 = 6410[\text{kW}]$$

10 日間の発電量 W[kWh]

$$W = P \times 10 \times 24 = 6410 \times 10 \times 24 = 1538 \times 10^3[\text{kWh}]$$
$$= 1538[\text{MWh}]$$

解　答

発電機の出力　6410[kW]　　　発電量　1538[MWh]

【典型問題2】　出力 5000[kW] の発電機がある。負荷率 100% で 30 日間運転したとき，消費する重油量を求めなさい。ただし，重油の発熱量を 4×10^4[kJ/L]，送電端効率を 40% とする。

解き方

発電に必要な熱量 Q [kJ]

$$Q = 5 \times 10^3 \times 30 \times 24 \times 3600$$

熱量 Q を発生する重油の量 V' [L]

$$V' = \frac{Q}{4 \times 10^4}$$

必要な重油量 V [L]

$$V = \frac{V'}{0.4} = \frac{5 \times 10^3 \times 30 \times 24 \times 3600}{4 \times 10^4 \times 0.4} = 8.10 \times 10^5 \,[\text{L}]$$

解　答

消費する重油量　810[kL]

【典型問題3】　単相2線式送電線路において受電端電圧30[kV],
受電端電力4000[kW], 力率0.8 のとき, 送電線の電力損失率,
送電効率を求めなさい。ただし, 電線1本の抵抗を12[Ω] とする。

解き方

送電線による損失

$$2 \times \left(\frac{4000 \times 10^3}{30 \times 10^3 \times 0.8} \right)^2 \times 12 = 667 \times 10^3 \,[\text{W}] = 667 \,[\text{kW}]$$

送電線の電力損失率

$$\frac{667 \times 10^3}{4000 \times 10^3} = 0.167 = 16.7 \,[\%]$$

送電効率

$$\frac{4000 \times 10^3}{4000 \times 10^3 + 667 \times 10^3} = 0.857 = 85.7 \,[\%]$$

解　答

送電線の電力損失率　16.7[%]　　　送電効率　85.7[%]

ここがポイント！

典型問題4
[min⁻¹] は，「1分間あたりの回転数」を表す。従来から用いられてきた [rpm] と同じ意味。

【**典型問題4**】 一次入力 5[kW]，定格電圧 440[V]，極数 4，力率 0.86 の三相誘導電動機がある。周波数 60[Hz] の電源に接続すると 1750[min⁻¹] で回転した。次の値を求めなさい。

(1) 入力電流

(2) 回転磁界の同期速度

(3) 滑り

解き方

(1) 入力電流
$$I = \frac{5 \times 10^3}{\sqrt{3} \times 440 \times 0.86} = 7.63 \, [\text{A}]$$

(2) 同期速度
$$\eta_s = 120\frac{f}{P} = 120\frac{60}{4} = 1800 \, [\text{min}^{-1}]$$

(3) 滑り
$$s = \frac{1800 - 1750}{1800} = 0.0278 = 2.78 \, [\%]$$

解 答

(1) 7.63[A]　　(2) 1800[min⁻¹]　　(3) 2.78[%]

【**典型問題5**】 図のように光度 900[cd] の点光源が B 点の上 2[m] にあるとき，A 点の水平面照度と垂直面照度を求めなさい。

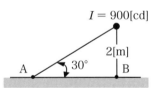

解き方

点光源から A 点までの距離 $r = \dfrac{2}{\sin 30°} = \dfrac{2}{0.5} = 4 \, [\text{m}]$

A 点の照度 $En = \dfrac{I}{r^2} = \dfrac{900}{4^2} = 56.25 \, [\text{lx}]$

A 点の水平面照度
　$56.25 \times \cos 30° = 48.7$

A 点の垂直面照度
　$56.25 \times \sin 30° = 28.1$

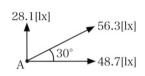

解 答

A 点の水平面照度　48.7[lx]，　A 点の垂直面照度　28.1[lx]

【典型問題6】　ステップ角 0.9 度の 4 相式パルスモータがある。等速で 4 秒間に 13 回転させるとき，必要なパルス数と繰返し周波数を求めなさい。

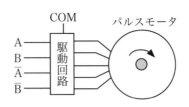

ここがポイント！

解き方

出力軸が 1 回転に要するパルス数　　$\dfrac{360}{0.9} = 400$

13 回転に必要なパルス数　$13 \times 400 = 5200$

繰返し周波数　$\dfrac{5200}{4} = 1300 \,[\text{Hz}] = 1.3 \,[\text{kHz}]$

解答

13 回転に必要なパルス数　5200,　繰返し周波数　1.3 [kHz]

実戦就職問題

■発変送配

【1】　有効貯水量 $100000\,\mathrm{m^3}$, 有効落差 $60\mathrm{m}$, 発電機出力 2500 kW の発電所がある。貯水量だけで全負荷運転できる時間 [h] を求めなさい。ただし，総合効率を 80% とする。

【2】　$700000\ \mathrm{m^3}$ の水を $250\mathrm{m}$ 上の貯水池に 8 時間かけて揚水する電気設備がある。設備の総合効率を 77% として電動機の出力を求めなさい。

【3】　発電機の日負荷曲線である。図より 1 日の発電量と発電機の負荷率を求めなさい。

【4】　発熱量 $4.04 \times 10^4[\mathrm{kJ/L}]$ の重油 $100[\mathrm{L}]$ を燃焼させ，$440\mathrm{kWh}$ を発電している汽力発電所がある。この発電所の総合効率を求めなさい。

【5】　水力発電の水車に関する文である。空欄に下の解答群から適語を選び完成させなさい。

　ペルトン水車は，水を（　①　）からランナの（　②　）に向かって噴出し，その（　③　）力で水車が回転する仕組みである。負荷の変動に対しては（　④　）弁で水量を調節するので効率の（　⑤　）は少ない。負荷が急激に減少したときは（　⑥　）で噴流の方向を変えた後に（　⑦　）弁で徐々に水車への入力をなくしていく。

　フランス水車は，（　⑧　）からの水が（　⑨　）の間を通って
ランナに入り流出するときの（　⑩　）力によって水車を回転さ
せている。効率を上げるためランナと放水面の間を（　⑪　）で
つなぎ，運動エネルギーの回収をするが，落差が大きすぎると
（　⑫　）が起こり水車の表面を傷つける原因となる。

《解答群》

(ア)　案内羽根　　(イ)　デフレクタ　　(ウ)　キャビテーション

(エ)　反動　　　　(オ)　衝撃　　　　　(カ)　バケット

(キ)　ノズル　　　(ク)　低下　　　　　(ケ)　ケーシング

(コ)　吸出し管　　(サ)　ニードル

【6】　汽力発電所の熱系統図である。機器の名称とその働きを記号
　　　で答えなさい。

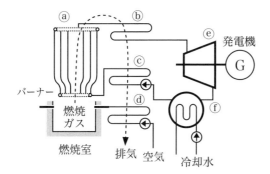

《機器名》

(ア)　タービン　　(イ)　復水器　　(ウ)　空気予熱器

(エ)　蒸発器　　　(オ)　過熱器　　(カ)　節炭器

《働き》

(ア)　空気を暖め燃焼効率を上げる。

(イ)　飽和蒸気を過熱蒸気にする。

(ウ)　熱エネルギーを機械エネルギーに変換する。

(エ)　ボイラへの給水を加熱する。

(オ)　排気蒸気を水に戻す。

(カ)　水から蒸気を作る。

	ⓐ	ⓑ	ⓒ	ⓓ	ⓔ	ⓕ
機器名	①	②	③	④	⑤	⑥
働き	⑦	⑧	⑨	⑩	⑪	⑫

【7】　空欄に適語を入れて，貫流ボイラについての文を完成させなさい。

　　貫流ボイラは，蒸気（　①　）をもたず給水から蒸気発生まで長い管で構成されている。ボイラ内の水量が（　②　）ので起動・（　③　）時間が短く（　④　）変動に対しても応答が速い。さらに，臨界圧力・臨界（　⑤　）以上の（　⑥　）蒸気が得られ効率よい運転を行うことができる。

【8】　原子力発電に関する文である。空欄に下の解答群から適語を選び完成させなさい。

　　軽水冷却型原子炉には，炉内で高温になった軽水を熱交換器に送り，改めてタービン用の蒸気を発生させる（　①　）形原子炉と，炉内で沸騰させた蒸気をそのままタービンに送る（　②　）形原子炉とがある。このうち，原子炉構成材には次のようなものがある。

　　核燃料としては，中性子速度の遅い熱中性子炉において，天然ウランを（　③　）し低濃縮ウランとしたものを使用する。制御材はカドミウムなど（　④　）をよく吸収する物質で作られ，炉内で（　⑤　）燃料との位置を調節することにより原子炉（　⑥　）を制御している。減速材は炉内の（　⑦　）中性子を（　⑧　）中性子まで減速させる目的で使うので，中性子を（　⑨　）しないものがよい。冷却材は（　⑩　）で発生した熱を外へ取り出すためのもので，熱（　⑪　）に優れたものがよい。反射材は発生した中性子が（　⑫　）ないよう炉の（　⑬　）に設けられるものである。

《解答群》

(ア) 核	(イ) 熱	(ウ) 炉内	(エ) 漏れ
(オ) 高速	(カ) 沸騰水	(キ) 出力	(ク) 加圧水

㈹　伝導　　　㈵　中性子　　㈷　周囲　　　㈸　吸収

㈹　濃縮

【9】　こう長 40[km] の三相 3 線式送電線路において受電端電圧
60[kV]，受電端電力 8000[kW]，力率 0.85 のとき，送電線
の電力損失，送電効率を求めなさい。ただし，電線の抵抗は 0.4
[Ω/km] とする。

【10】　送電方式の表である。各欄に文字，数式を書きなさい。

結線図	方　式	送電電力
I ↑V	①	②
I ↑V	③	④
I ↑V	⑤	⑥
I ↑V	⑦	⑧

【11】　図のような送電線路がある。受電端電圧 10[kV]，受電端
電力 1500[kW]，遅れ力率 0.8 のとき，送電端電圧を求めなさい。
ただし，送電線の抵抗 r = 3[Ω]，リアクタンス x = 4[Ω] と
する。

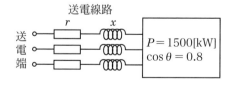

送電線路

送電端　r　x　$P = 1500[kW]$ $\cos\theta = 0.8$

【12】　三相交流電源に 20[kW]，遅れ力率 0.5 の負荷が接続されている。力率を 0.9 に改善するために進相コンデンサを図のように接続する。コンデンサの定格容量 Q[kvar] を求めなさい。

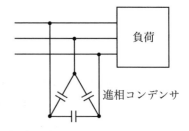

負荷

進相コンデンサ

【13】　電気設備技術基準による電圧の種別の表を完成させなさい。

種　別		区　　分
低　圧	直流	（　①　）V 以下の電圧
	交流	（　②　）V 以下の電圧
高　圧	直流	低圧を超え（　③　）V 以下の電圧
	交流	
特別高圧	直流	高圧を超える電圧
	交流	

【14】　接地工事の種類について次の表を完成させなさい。

種　類	接地抵抗値
A 種接地工事	（　①　）Ω以下
B 種接地工事	1 線地絡電流のアンペア数で（　②　）を除した値以下
C 種接地工事	（　③　）Ω以下
D 種接地工事	（　④　）Ω以下

■機　　器

【15】　直流発電機の分類に関する文である。空欄に入る語を解答群より選び完成させなさい。

　　直流発電機は（　①　）の方法により他励式と自励式とに分類される。他励発電機は，界磁回路と電機子回路が電気的に（　②　）しているので界磁用に別（　③　）が必要になる。自励式の（　④　）発電機は界磁回路と電機子巻線が並列で発電機自身の（　⑤　）で界磁電流が供給される。（　⑥　）発電機は界磁回路と電機子巻線が直列で負荷電流が（　⑦　）電流になる。複巻発電機は２つの界磁巻線の接続により励磁方向が同じになるものを（　⑧　）複巻，相反するものを（　⑨　）複巻という。

《解答群》

(ア)　直巻　　　(イ)　差動　　　(ウ)　分離　　　(エ)　和動　　　(オ)　電源

(カ)　励磁　　　(キ)　界磁　　　(ク)　分巻　　　(ケ)　起電力

【16】　次の直流発電機の結線図と外部特性を選び記号で答えなさい。

名　称	結線図	外部特性
他励発電機	①	②
分巻発電機	③	④
直巻発電機	⑤	⑥
複巻発電機	⑦	⑧

《外部特性》

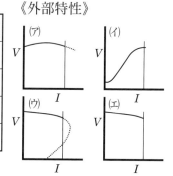

《結線図》

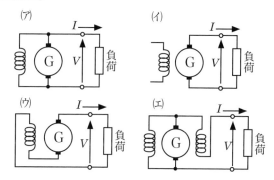

【17】 分巻電動機が端子電圧 200[V]，電機子電流 60[A]，回転速度 1700[min^{-1}] で負荷を運転している。これを無負荷にすると回転速度はいくらになるか求めなさい。ただし，電機子巻線抵抗は 0.3[Ω] とする。

【18】 定格電圧 220[V]，定格電流 60[A]，回転速度 1600[min^{-1}] の分巻電動機がある。次の値を求めなさい。ただし，電機子巻線抵抗 0.35[Ω]，界磁抵抗 R_F=110[Ω] とし，その他の損失はないものとする。

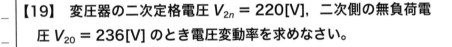

定格運転中

(1) 電機子巻線に発生する電圧

(2) 機械的出力

(3) 電動機のトルク

定格電圧で始動するとき

(4) 始動電流を 30[A] にするための始動抵抗

【19】 変圧器の二次定格電圧 V_{2n} = 220[V]，二次側の無負荷電圧 V_{20} = 236[V] のとき電圧変動率を求めなさい。

【20】 変圧器の百分率抵抗降下 p = 2.5[%]，百分率リアクタンス降下 q = 4.2[%] であった。力率が 80[%] のときの電圧変動率 ε を求めなさい。

【21】 一次巻数 N_1=3420，二次巻数 N_2 = 114 の図のような変圧器がある。V_1 = 6600[V] を加えたとき，次の値を求めなさい。ただし励磁電流，他の損失はないものとする。

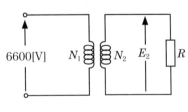

(1) 巻数比

(2) 二次側誘導起電力 E_2

(3) 負荷 R=1.8[Ω] のとき，一次電流 I_1

【22】　変圧器の出力 20000[kW]，鉄損 62[kW]，銅損 60[kW]，漂遊負荷損 17[kW] であるとき，全負荷効率を求めなさい。

【23】　定格出力 $P = 25000$[kW] の変圧器を，90％負荷で 10時間，60％負荷で 14 時間運転した。全日効率を求めなさい。ただし，鉄損 82[kW]，銅損 172[kW]，力率 1 とする。

【24】　次の空欄に下の解答群から適語を選び，文を完成させなさい。

　変圧器の損失は無負荷損と負荷損に大別される。無負荷損の大部分は（　①　）を励磁することによる渦電流損や（　②　）損の（　③　）損である。負荷損には，（　④　）電流が流れたとき（　⑤　）の抵抗で発生する（　⑥　）損と，負荷電流による（　⑦　）磁束のため周辺金属に流れる（　⑧　）電流などの（　⑨　）損がある。

《解答群》
(ア)　鉄　　(イ)　銅　　(ウ)　漂遊負荷　　(エ)　巻線　　(オ)　漏れ
(カ)　鉄心　　(キ)　負荷　　(ク)　ヒステリシス　　(ケ)　渦

【25】　220[V]，50[Hz] の三相交流電源に極数 4，一次入力 5.25[kW]，力率 0.91 の電動機を接続した。全負荷のとき滑りが 4[%] であった。次の値を求めなさい。
⑴　入力電流
⑵　回転速度

【26】　三相誘導電動機を 60[Hz] の交流電源で全負荷運転している。回転速度 1737[min^{-1}]，二次入力 15[kW]，二次銅損 600[W] であった。次の値を求めなさい。
⑴　電動機の極数
⑵　滑り
⑶　二次出力
⑷　二次周波数
⑸　トルク

【27】 次の空欄に下の解答群から適語を選び，文を完成させなさい。

　　誘導電動機は，（　①　）巻線に交流を流し同期速度で（　②　）する磁界を発生させる。それが回転子導体を（　③　）ことにより導体に起電力が発生し，流れる電流と回転磁界の間に（　④　）を生じて機械的な出力となる。回転子の回転速度は，同期速度より（　⑤　）その遅れる割合を（　⑥　）といい次の式で表される。

$$s = \frac{（　⑦　）速度 - （　⑧　）速度}{同期速度}$$

《解答群》

(ア)　トルク　　(イ)　回転　　(ウ)　切る　　(エ)　滑り　　(オ)　同期
(カ)　固定子　　(キ)　遅く

【28】 誘導電動機の始動方法について解答群より適語を選び，文を完成させなさい。

　　（　①　）法：定格出力 3.7kW 以下のかご形誘導電動機，特殊かご形などに用いられる。負荷電流の数倍の始動電流が流れるが（　②　）への影響が小さいので一般に用いられる。

　　Y－Δ始動法：始動時は三相巻線を（　③　）接続し，巻線に加える電圧を定格電圧の（　④　）とする。十分に加速してから接続を（　⑤　）に切り換え全電圧を加えて始動が完了する。

　　始動補償器による方法：補償器は一種の単巻（　⑥　）で，始動のときは定格電圧より低い電圧を供給して（　⑦　）電流をおさえ，（　⑧　）速度に近づいたところで全電圧に切り換える。

《解答群》

(ア)　変圧器　　(イ)　Y　　(ウ)　始動　　(エ)　全　　(オ)　直入
(カ)　$\dfrac{1}{\sqrt{3}}$　　(キ)　系統　　(ク)　Δ

【29】 次の空欄に解答群より適語を選び，文を完成させなさい。

　　同期電動機は，原理的には（　①　）がないので，制動巻線を施し（　②　）として始動するのが普通である。始動後，同期速度に近づいたとき（　③　）を加えて同期引き入れをする。この

ときの（　④　）が少ないほど，さらに回転子の（　⑤　）が小さいほど同期しやすい。

　同期電動機を（　⑥　）運転して励磁を加減すると（　⑦　）電流の位相が変化し，電力系統の（　⑧　）改善をすることができる。これを（　⑨　）調相機という。電機子電流と励磁電流の関係を表したものを（　⑩　）という。

《解答群》

(ア) 滑り　　(イ) 誘導電動機　　(ウ) 電機子　　(エ) V曲線

(オ) 始動トルク　　(カ) 力率　　(キ) 直流励磁　　(ク) 同期

(ケ) 無負荷　　(コ) 慣性

【30】　次の説明よりその加熱方法を答えなさい。

① 抵抗体に電流を流したときに生じるジュール熱によって，被熱物を加熱する方法で，対象物の材質や形状を選ばない。

② 導電性物体を交番磁界中に置くと，電磁誘導作用によって物体内に渦電流が流れ，その抵抗損に発熱する。

③ 高周波電界中に絶縁性物体をおいて，その誘電体損が発生する熱によって物体を加熱する方法

④ 赤外線電球や非金属発熱体の熱源からの放射熱を利用して被熱物を加熱する方法

①	②	③	④

【31】　電熱線を△接続した三相200[V] 電気炉で鋼 20[kg] を 15 分間で 25℃から 900℃に加熱したい。炉の効率を 80%，鋼の比熱 0.13[kcal/kg・℃] として電力，電力量，線電流を求めなさい。

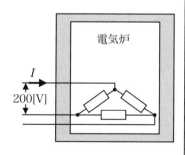

電気炉

I

200[V]

ヒント！

　まず，加熱に必要な熱量 Q〔kJ〕を求めよう。

【32】 照明に関する記号と単位をまとめた表である。空欄を埋めなさい。

	放射束	光束	光度	①	照度
量記号	ϕ	②	I	L	③
単位記号	④	lm	⑤	sb	⑥

【33】 次の文の空欄に適語を入れなさい。

　　パルスモータは，（　①　）モータともいわれ，回転させるためのパルス信号を加えると一定（　②　）回転して停止する。回転角度はパルスの（　③　），回転速度はパルスの（　④　）で決まるので正確な角度や速度を必要とする制御に適している。

【34】 制御用電動機の特徴を解答群から選びなさい。

モータ名	特　徴
永久磁石形サーボモータ	①
ブラシレスモータ	②
パルスモータ	③
コアレスモータ	④

《解答群》

(ｱ)　無励磁でも保持トルクがある。

(ｲ)　トルクは回転速度の増加とともに減少する。

(ｳ)　慣性が小さく応答性が良い。

(ｴ)　ホール素子で回転子の位置を検出する。電気的雑音を発生しない。

電力分野　チェックリスト

- ☐ 理論水力 P [kW] $= 9.8 \times <1>$ [m] $\times <2>$ [m³/s]
- ☐ 反動水車には，$<3>$水車，$<4>$水車などがある。
- ☐ 発電に使った水を再びポンプで上の貯水池に戻す設備のある発電所$<5>$
- ☐ 蒸気を発生させる設備に$<6>$ボイラ，$<7>$ボイラ，$<8>$ボイラがある。最近の火力発電には蒸気ドラムを必要としない貫流ボイラが用いられる。
- ☐ 復水器はタービンの排気を冷却水で冷やして$<9>$に戻し給水とする。
- ☐ 核分裂性物質には$<10>$やプルトニウム 239 などがある。
- ☐ 新しい発電方式には$<11>$発電，太陽光発電，風力発電などがある。
- ☐ 周波数変換所は$<12>$で交流を一度$<13>$にし，再び交流にもどすことにより 50Hz ⇔ 60Hz の変換を行っている。
- ☐ 交流送電の方式には，単相$<14>$線，単相$<15>$線，三相$<16>$線，三相$<17>$線式がある。
- ☐ 短距離送電線路のインピーダンスは抵抗と$<18>$だけを考えればよい。
- ☐ ねん架の目的は送電線各相の作用$<19>$と作用$<20>$を平衡させ対称三相回路として扱えるようにするためである。
- ☐ 送電線路の保護に使う遮断器には圧縮空気を使う$<21>$遮断器，SF₆ を使う$<22>$遮断器，真空バルブの中で接点を開閉する真空遮断器などがある。
- ☐ フェランチ効果とは送電端より受電端の電圧が$<23>$なる現象で，軽負荷となる$<24>$に起こりやすい。
- ☐ 調相設備は受電端の電圧を$<25>$に保つため，進相$<26>$や分路$<27>$を，負荷に並列に接続する。
- ☐ 直流発電機の励磁方式には$<28>$式と$<29>$式がある。自励式には$<30>$発電機，直巻発電機，複巻発電機がある。
- ☐ 直流電動機の速度制御は，界磁制御法，$<31>$制御法，$<32>$制御法がある。
- ☐ 変圧器の鉄心と巻線の関係から$<33>$鉄形と$<34>$鉄形がある。
- ☐ 変圧器の冷却方法は$<35>$，$<36>$，水冷がある。さらに絶縁油を強制的に循環させる方法もとられる。
- ☐ 変圧器の巻数比は，$a = <37> / E_2 = <38> / N_2$ で表される。
- ☐ 誘導電動機の同期速度は $n_s = 120 \cdot <39> / <40>$ である。速度は極数に反比例し，周波数に比例する。
- ☐ 誘導電動機の回転速度は同期速度より数%$<41>$，その割合を$<42>$といい次の式で表す。$S = ($同期速度$-$回転速度$) /$ 同期速度
- ☐ 三相誘導電動機には$<43>$形と巻線形があり，巻線形はスリップリングで外部抵抗と巻線を接続すると速度とトルクの$<44>$ができる。
- ☐ 同期電動機は電機子巻線を$<45>$し，界磁巻線を$<46>$させるものが多い。界磁電流はスリップリングを通して$<47>$が供給される。
- ☐ 同期電動機は同期速度で回転する。過負荷になると$<48>$を起こし，最終的には，$<49>$してしまう。起動トルクはないので，$<50>$を利用し誘導電動機として始動する。
- ☐ 同期調相器の励磁電流の大きさにより，電機子電流の$<51>$を調節できる。

---

1. 有効落差　2. 水の流量
3. フランシス　4. プロペラ
5. 揚水発電所
6. 自然貫流　7. 強制貫流
8. 貫流
9. 水
10. ウラン 235
11. 燃料電池
12. サイリスタ　13. 直流
14. 2　15. 3　16. 3
17. 4
18. インダクタンス
19. インダクタンス
20. 静電容量
21. 空気
22. ガス
23. 高く
24. 夜間
25. 一定　26. コンデンサ
27. リアクトル
28. 自励　29. 他励
30. 分巻
31. 抵抗　32. 電圧
33. 内　34. 外
35. 自冷　36. 風冷
37. E_1　38. N_1
39. 周波数　40. 極数
41. 遅く　42. 滑り
43. かご
44. 比例推移
45. 固定　46. 回転
47. 直流
48. 振動
49. 停止　50. 制動巻線
51. 位相

3 電子分野

○電子分野は，一つのトランジスタの動作から始まり，最先端技術を駆使した電子計算機システム，自動化システムまでと幅広い分野があり，各内容はなかなか興味があるものばかりである。年々，出題の比重も高まっている。

○まず，電子回路の基礎をしっかりと理解しておこう。電子回路は電子計算機などの情報機器，エレベータ・ロボットのような自動制御装置を構成するのに重要なものである。

○さらに，この学習をステップにして，増幅，発振，変調，整流，パルス回路，……へと理解を深めよう。

重要事項の整理

1 おもな半導体素子

(1) ダイオード

交流を直流に変換する整流作用がある。

用途；整流，検波，波形変換などの回路

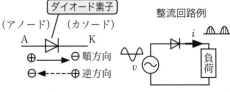

(2) トランジスタ

入力電流（ベース電流 I_B）によって出力電流（コレクタ電流 I_C）を制御する電流制御形素子である。これには，npn 形と pnp 形がある。

用途；増幅，発振，電子スイッチ，電力制御などの回路

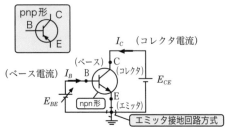

(3) 電界効果トランジスタ（FET）

入力電圧（ゲート電圧 V_G）によって出力電流（ドレイン電流 I_D）を制御する電圧制御形素子である。これには，接合形と絶縁ゲート形（MOS形）がある。入力インピーダンスが大きく，熱暴走を起こさない。

用途；高周波増幅回路，スイッチング回路など

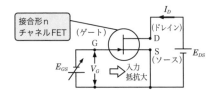

(4) サイリスタ

ゲート電流 ig によって AK 間をスイッチし，負荷電流 i を制御する素子である。

用途；高電圧・大電流機器の制御・位相制御による電力制御など

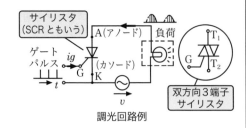

調光回路例

(5) 集積回路 IC

　1枚の微小な半導体基板に数多くのトランジスタなどの素子を集積し，電子回路を構成したもの。集積度（IC1個の中に集積されているトランジスタ素子分の回路数）が $10^2 \sim 10^5$ 以上のものを LSI，10^5 以上のものを VLSI（超LSI）という。

　用途；ディジタル IC はコンピュータの CPU やロジック回路，リニア IC は増幅回路やその他の電子回路

2 増幅回路

(1) トランジスタの特性

① I_C, I_B, I_E との関係

　$I_E = I_B + I_C$　ただし，$I_B = (0.001 \sim 0.1) \times I_E$ で $I_B \ll I_E$ であるから，$I_E \fallingdotseq I_C$ となる。

② 直流電流増幅率 h_{FE}

$$h_{FE} = \frac{I_C}{I_B}　(h_{FE} は数十〜数百の値)$$

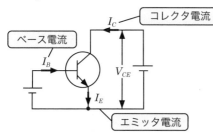

③ エミッタ接地における電流増幅率 h_{fe}

　ベース電流が $\varDelta I_B$ だけ変化したとき，コレクタ電流の変化分が $\varDelta I_C$ ならば

$$h_{fe} = \frac{\varDelta I_C}{\varDelta I_B}　ただし，V_{CE} は一定とする。$$

④ トランジスタの h 定数

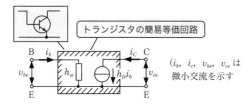

$(i_b, i_c, v_{be}, v_{ce}$ は微小交流を示す$)$

入力インピーダンス $h_{ie} = \dfrac{\varDelta V_{BE}}{\varDelta I_B}$

$$（V_{CE} 一定）[\Omega]$$
$$（数百\Omega〜数キロ\Omega）$$

電流増幅率 $h_{fe} = \dfrac{\varDelta I_C}{\varDelta I_B}　（V_{CE} 一定）$

$$（h_{FE} とほぼ同じ）$$

その他，出力アドミタンス h_{oe}[S]，電圧帰還率 h_{re} があるが，無視することが多い。

(2) バイアス回路

　トランジスタが正常な増幅をするためには，適切なバイアス（V_{BE}, I_B, V_{CE}, I_C）を設定する回路が必要。

① 固定バイアス回路；温度変化によって動作点が移動し出力波形にひずみを生じやすいが，回路が簡単で損失が少ない。

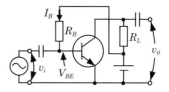

② 電流帰還バイアス回路；抵抗 R_B に電流が流れるので損失が大きいが，温度変化による電流変動に対しても抵抗 R_E によって帰還がかかり安定な動作をする。

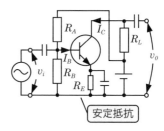

安定抵抗

(3) 増幅度と利得

　増幅回路の出力電圧 V_O と入力電圧 V_i との比 A_v，出力電流 I_O と入力電流 I_i との比 A_i，出力電力 P_O と入力電力 P_i との比 A_p をそれぞれ電圧増幅度，電流増幅度，電力増幅度という。また，これらをデシベルで表したもの電圧利得 G_v，電流利得 G_i，電力利得 G_p は次のようになる。

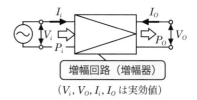

増幅回路（増幅器）

$(V_i, V_O, I_i, I_O$ は実効値$)$

$$G_v = 20 \log_{10} \frac{V_O}{V_i} = 20 \log_{10} A_v [\mathrm{dB}]$$

$$G_i = 20 \log_{10} \frac{I_O}{I_i} = 20 \log_{10} A_i [\mathrm{dB}]$$

$$G_p = 10 \log_{10} \frac{P_O}{P_i} = 10 \log_{10} A_p [\mathrm{dB}]$$

3　その他のおもな電子回路

(1)　発振回路

直流電源から直流電力を受け，内部で正弦波，方形波，パルス波などの交流を発生できる回路

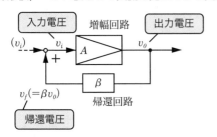

発振の条件

①利得；$A\beta \geqq 1$

②位相；V_f の位相が V_i と同相であること。

発振回路には，上図のように増幅回路に正帰還を行う方式と，負抵抗を利用する方式がある。

発振周波数を決める帰還回路の素子にコイルとコンデンサを使用した<u>LC 発振回路</u>，さらに周波数の安定化を図るために水晶振動子を組み入れた<u>水晶発振回路</u>がある。いずれも高周波用に適する。コンデンサ C と抵抗 R を帰還回路素子に使用したものが<u>CR 発振回路</u>であり，超低周波から数 MHz 程度の発振周波数が得られる。

(2)　パルス発生回路

代表的なものには，2 段増幅回路に正帰還をかけた<u>マルチバイブレータ</u>がある。これは結合素子の種類により次の 3 つの回路に分類される。

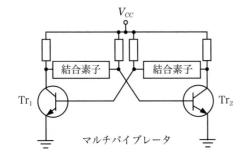

マルチバイブレータ

名　称	結合素子	入出力波形	用　途
無安定マルチバイブレータ	両方 C	入力 出力（なし）	パルスの発生同期
単安定マルチバイブレータ	C 他方 R	入力 出力	パルスの発生遅延
双安定マルチバイブレータ（フリップフロップ）	両方 R	入力 出力	パルスの発生レジスタ計数

4　自動制御

ある目的に適合するように，制御機器により装置を自動的に制御することを自動制御という。自動制御を大別すると，シーケンス制御とフィードバック制御がある。

(1)　シーケンス制御

あらかじめ定められた順序にしたがって制御の各段階を逐次進めていく制御をいう。

使用例；自動販売機，自動洗濯機，エレベータ，電気炊飯器，自動加工機械など。

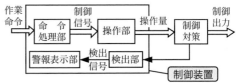

シーケンス制御系の構成

(2)　フィードバック制御

制御量が制御の目標値に合っているかどうかをたえず検出し，制御量と目標値との差があれば，これをなくすように修正動作を行うような制御をいう。

使用例；ビルの空調システム，ロボット装置，ジェット機，ロケットの姿勢制御など。

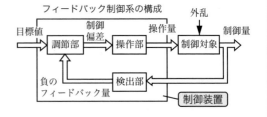

フィードバック制御系の構成

力だめし

さあやってみよう！

【典型問題1】　図は直流電源によりベース電流 I_B を供給するエミッタ接地のトランジスタ回路である。

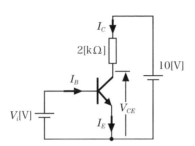

$I_B = 20[\mu A]$ のとき, $V_{CE} = 3[V]$ であった。次の値を求めなさい。

(1)　コレクタ電流　I_C

(2)　エミッタ電流　I_E

(3)　電流増幅率　h_{FE}

$V_i = 0[V]$ のとき,

(4)　コレクタ電流　I_C

(5)　コレクタ電圧　V_{CE}

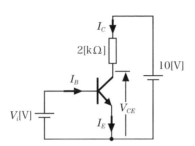 と書けない。図は右側、2[kΩ], 10[V], I_C, I_B, V_{CE}, I_E, $V_i[V]$

解き方

(1)　コレクタ電流 I_C は 2[kΩ] の抵抗を流れる電流と同じである。

$$I_C = \frac{(10 - V_{CE})}{2 \times 10^3} = \frac{(10 - 3)}{2 \times 10^3} = 3.5 \times 10^{-3}[A] = 3.5[mA]$$

(2)　エミッタには, ベース電流とコレクタ電流が流れる。

$$I_E = I_B + I_C = 3.5 + 0.02 = 3.52[mA]$$

(3)　電流増幅率はコレクタ電流とベース電流の比

$$h_{FE} = \frac{I_C}{I_B} = \frac{3.5}{0.02} = 175$$

(4)　$V_i = 0[V]$ より　ベース電流 I_B は流れない

$$I_C = h_{FE} \cdot I_B = 175 \times 0 = 0[A]$$

(5)　$I_C = 0$ のとき 2[kΩ] における電圧降下は $2 \times 10^3 \times I_C[V]$

$$V_{CE} = 10 - 2 \times 10^3 \times I_C = 10 - 0 = 10[V]$$

解答

(1)　$I_C = 3.5[mA]$　　(2)　$I_E = 3.52[mA]$　　(3)　$h_{FE} = 175$

(4)　$I_C = 0[A]$　　(5)　$V_{CE} = 10[V]$

【典型問題2】　図のトランジスタ回路について次の問いに答えなさい。ただし, $h_{ie} = 20[k\Omega]$, $h_{fe} = 200$ とする。

(1)　簡易等価回路に数値を入れなさい。

次の値を求めなさい。

(2)　ab から見た入力インピーダンス

(3)　cd から見た出力インピーダンス

(4)　ab 間に $v_i = 30[mV]$ を加えたとき電流 i_C を求めなさい。

ここがポイント！

ここがポイント！

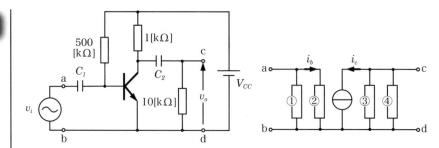

解き方

(1) 等価回路では, 回路中の直流電源とコンデンサは短絡する。

(2) 500[kΩ] と 20[kΩ] の並列合成抵抗

$$Z_\mathrm{i} = \frac{500 \times 20}{500 + 20} = 19.2\,[\mathrm{k\Omega}]$$

(3) 1[kΩ] と 10[kΩ] の並列合成抵抗

$$Z_0 = \frac{1 \times 10}{1 + 10} = \frac{10}{11} = 0.91\,[\mathrm{k\Omega}]$$

(4) i_b は h_{ie} に加わった電圧より求められる。

$$i_\mathrm{b} = \frac{30 \times 10^{-3}}{20 \times 10^3} = 1.5 \times 10^{-6}\,[\mathrm{A}]$$

$$i_\mathrm{C} = h_{fe} i_\mathrm{b} = 200 \times 1.5 \times 10^{-6} = 300 \times 10^{-6}\,[\mathrm{A}] = 0.3 \times 10^{-3}\,[\mathrm{A}] = 0.3\,[\mathrm{mA}]$$

解 答

(1) ① 500[kΩ]；V_CC が短絡されグランドにつながるため

  ② 20[kΩ] h_{ie}；入力インピーダンス

  ③ 1[kΩ]

  ④ 10[kΩ]；コンデンサ C_2 が短絡されるため

(2) $Z_\mathrm{i} = 19.2\,[\mathrm{k\Omega}]$ (3) $Z_0 = 0.91\,[\mathrm{k\Omega}]$ (4) $i_\mathrm{c} = 0.3\,[\mathrm{mA}]$

【典型問題3】 図のように２つの増幅回路が直列接続され, 増幅回路１の出力が増幅回路２の入力になっている。増幅回路１の入力が 20[mV] のとき, 出力は 0.8[V] であった。次の問いに答えなさい。ただし, $\log_{10} 4 = 0.602$ とする。

(1) 増幅回路１の増幅度 A_1 と利得 G_1 を求めなさい。

(2) 出力電圧 V_O を求めなさい。

(3) 総合利得 G を求めなさい。

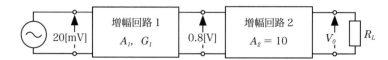

解き方

増幅度　$A = \dfrac{\text{出力}}{\text{入力}}$, 利得　$G = 20\log_{10}A$

(1)　増幅度 $A_1 = \dfrac{0.8}{0.02} = 40$

　　利得　$G_1 = 20\log_{10}A_1 = 20\log_{10}40$

　ここで $\log_{10}40 = \log_{10}4 + \log_{10}10 = 0.602 + 1$　より

　$G_1 = 20(0.602 + 1) = 32[\text{dB}]$

(2)　入力 $V_i = 0.8[\text{V}]$, 増幅度 $A_2 = 10$ のときの出力 V_0 は

　$V_0 = A_2 \cdot V_i = 10 \times 0.8 = 8[\text{V}]$

(3)　総合利得 G は

　$G = 20\log_{10}\dfrac{8}{0.02} = 20\log_{10}400 = 20 \times 2.602 = 52[\text{dB}]$

解　答

(1)　$A_1 = 40, G_1 = 32[\text{dB}]$　　(2)　$V_0 = 8[\text{V}]$　　(3)　$G = 52[\text{dB}]$

【典型問題4】 演算増幅器に抵抗 R_1, R_F を接続した図のような回路がある。ここで V_i は入力，V_0 は出力である。表のように組み合わせたとき空欄に入る値を求めなさい。

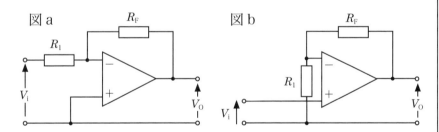

図 a　　　　　　　　　　図 b

図	V_i[mV]	R_1[kΩ]	R_F[kΩ]	V_0[V]
a	15	1	15	①
a	②	25	10	-0.34
b	-200	0.9	7.3	③
b	150	④	63	2.85

ここがポイント！

解き方

反転増幅回路の出力 $V_0 = -\dfrac{R_F}{R_1} V_i$

非反転増幅回路の出力 $V_0 = \left(1 + \dfrac{R_F}{R_1}\right) V_i$

① $V_0 = -\dfrac{15}{1} \times 15 = -225[\mathrm{mV}] = -0.225[\mathrm{V}]$

② $V_i = -\dfrac{R_1}{R_F} V_0 = -\dfrac{25}{10}(-0.34) = 0.85[\mathrm{V}]$

③ $V_0 = \left(1 + \dfrac{7.3}{0.9}\right) \times (-200) = -1822[\mathrm{mV}] - 1.82[\mathrm{V}]$

④ $R_1 = \dfrac{V_i \cdot R_F}{V_0 - V_i} = \dfrac{150 \times 63}{2850 - 150} = 3.5[\mathrm{k\Omega}]$

解 答

① $V_0 = -0.225[\mathrm{V}]$ ② $V_i = 0.85[\mathrm{V}]$ ③ $V_0 = -1.82[\mathrm{V}]$

④ $R_1 = 3.5[\mathrm{k\Omega}]$

【典型問題5】 トランジスタを用いたパルス発生回路がある。出力を V_0 として次の問いに答えなさい。

(1) 回路名を答えなさい。

(2) 出力 V_0 の繰返し周期を求めなさい。

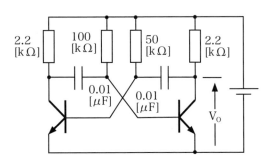

解 答

(1) 無安定マルチバイブレータ

(2) 繰返し周期は $100\mathrm{k\Omega} - 0.01\mu\mathrm{F}$ と $50\mathrm{k\Omega} - 0.01\mu\mathrm{F}$ の回路定数より

$T = 0.69(50 \times 10^3 \times 0.01 \times 10^{-6} + 100 \times 10^3 \times 0.01 \times 10^{-6}) = 1.04 \times 10^{-3}$

$T = 1.04[\mathrm{msec}]$

実戦就職問題

■半導体素子

【1】　次の文章の空欄にあてはまる語句を解答群から選びなさい。

　　半導体とは温度の低い状態では（　①　）物としての性質を示すが，常温になると物質内を自由に動ける電子や（　②　）が発生し，抵抗値が（　③　）する物質のことをいう。半導体は制御素子としての利用だけでなく，温度や（　④　）の影響を受けて抵抗が変化する性質を利用し物理量を検出する（　⑤　）器にも利用される。

　　真性半導体に少量の不純物を加えたものを（　⑥　）半導体といい，3価の不純物を加えたものを（　⑦　）形半導体，5価の不純物を加えたものを（　⑧　）形半導体という。

　　単一の半導体の一方にn形を，他方をp形に作ったものをpn接合といい（　⑨　）作用がある。p側に＋，n側に－の電圧を加えると電流が流れやすく，これを（　⑩　）方向という。反対に電流の流れにくい方向を（　⑪　）方向という。

　　トランジスタにはnpn形と（　⑫　）形があり（　⑬　），ベース，エミッタの3つの領域から構成されている。npn形トランジスタの（　⑭　）からエミッタに向けて電流（I_B）をながすと，コレクタから（　⑮　）に大きな電流（I_C）が流れる。$\dfrac{I_C}{I_B}$は大きな値を示し，これよりトランジスタは（　⑯　）増幅素子であることがわかる。$\dfrac{I_C}{I_B}$を特に（　⑰　）率と呼び，記号はh_{FE}である。トランジスタには（　⑱　）作用とスイッチング作用がある。

《解答群》

(ア) 不純物　(イ) pnp　(ウ) 増幅　(エ) p　(オ) n

(カ) 光　(キ) ベース　(ク) 正孔　(ケ) 電流　(コ) 検出

(サ) 整流　(シ) コレクタ　(ス) 絶縁　(セ) 逆

(ソ) エミッタ　(タ) 順　(チ) 直流電流増幅　(ツ) 低下

【2】 空欄に適する語句を解答群から選び FET についての文を完成させなさい。

　FET は（　①　）トランジスタといい, 図(A)は（　②　）形 FET, 図(B)は（　③　）形 FET で共に（　④　）チャネル形である。

　電極は, ⓐ（　⑤　）, ⓑ（　⑥　）, ⓒ（　⑦　）とよばれている。ⓑ－ⓒ間に加える（　⑧　）の大きさで FET 内部に存在する（　⑨　）や（　⑩　）を変化させ, ⓐ－ⓒ間に流れる（　⑪　）を制御するものである。トランジスタに比べ（　⑫　）インピーダンスが大きく,（　⑬　）の変化にも安定性がよい。

《解答群》

(ア)　n　　(イ)　MOS　　(ウ)　入力　　(エ)　ゲート

(オ)　電界効果　　(カ)　ドレイン　　(キ)　接合　　(ク)　電圧

(ケ)　電流　　(コ)　温度　　(サ)　チャネル　　(シ)　ソース

(ス)　空乏層

【3】 次の文の空欄に適語を入れなさい。

　サイリスタは（　①　）接合の4層構造で, 電極名は, A;（　②　）, K;（　③　）, G;（　④　）である。

　G－K 間に（　⑤　）電圧を加えると（　⑥　）と（　⑦　）間が導通し電流が流れ続ける。これを（　⑧　）という。ターンオフさせるには, A－K 間の電圧を（　⑨　）[V] にするか,（　⑩　）電圧を加える必要がある。交流回路では, G－K 間電圧の（　⑪　）を制御することにより負荷における消費電力の制御が可能となる。

【4】 トランジスタが ON 状態にある回路を選びなさい。

① 　　② 　　③ 　　④

【5】 解答群より説明文にあう電子回路素子を選びなさい。

(1)　4層構造で大きな電流を制御できる。

(2)　表示用ランプ。

(3)　降伏現象を利用した定電圧素子。

(4)　発光素子と受光素子を1つのパッケージに封入したもの。

(5)　光をあてると電気抵抗が減少する。

(6)　空乏層の幅を電圧で制御し通信機などの同調回路に使う。

(7)　入力インピーダンスの大きい増幅用素子。

(8)　npn構造で光を電気信号に変換する。

(9)　電源回路で交流を直流に変換する。

(10)　温度上昇により電気抵抗が減少する。

《解答群》

(ア)　フォトトランジスタ　　(イ)　バリキャップ

(ウ)　整流用ダイオード　　(エ)　FET　　(オ)　フォトカプラ

(カ)　LED　　(キ)　ツェナーダイオード　　(ク)　SCR

(ケ)　サーミスタ　　(コ)　CdS

【6】 半導体素子の名称と関係ある事柄を解答群から選びなさい。

(1)　サイリスタ

図記号 ＿＿＿＿　用途 ＿＿＿＿　電極名 ＿＿＿＿

(2)　ツェナーダイオード

図記号 ＿＿＿＿　用途 ＿＿＿＿　電極名 ＿＿＿＿

(3)　電界効果トランジスタ

図記号 ＿＿＿＿　用途 ＿＿＿＿　電極名 ＿＿＿＿

(4)　整流用ダイオード

図記号 ＿＿＿＿　用途 ＿＿＿＿　電極名 ＿＿＿＿

(5)　トランジスタ

図記号 ＿＿＿＿　用途 ＿＿＿＿　電極名 ＿＿＿＿

(6)　フォトトランジスタ

図記号 ＿＿＿＿　用途 ＿＿＿＿　電極名 ＿＿＿＿

《図記号》

(ア)　　　　(イ)　　　　(ウ)　　　　(エ)　　　　(オ)　　　　(カ)

《用　途》

(ア)　位相制御　　(イ)　光電変換　　(ウ)　整流回路

(エ)　定電圧回路　　(オ)　信号増幅

《電極名》

(ア)　B－C－E　　(イ)　D－S－G　　(ウ)　C－E　　(エ)　A－K

(オ)　A－K－G

【7】　pn 接合の構造図である。次の問いに答えなさい。

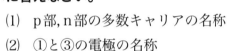

(1)　p部, n部の多数キャリアの名称

(2)　①と③の電極の名称

(3)　②の領域の名称

(4)　順方向電流が流れるように電源を記入しなさい。

(5)　静特性で正しいものを選びなさい。

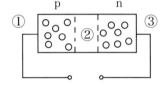

【8】　整流回路に破線のような正弦波交流電圧を加えた。整流回路名と負荷 R に加わる電圧波形を書きなさい。

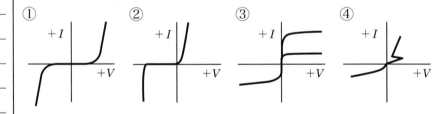

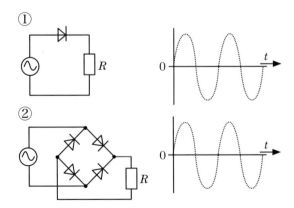

【9】　トランジスタの特性図を見て問いに答えなさい。

(1)　特性図の名称

(2)　$V_{CE} = 6$ [V]，$I_B = 15$ [μA] のときの，I_C を求めなさい。

(3)　V_{CE} を 5[V] 一定に保ち，I_B を 5 〜 10[μA] まで変化させたとき，I_C の変化量を求めなさい。

(4)　$V_{CE} = 4$[V]，$I_B = 20$[μA] のとき，h_{FE} を求めなさい。

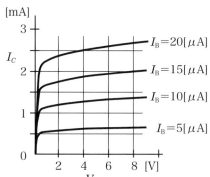

■増幅回路

【10】　トランジスタの h パラメータと静特性の図である。解答群より適語を選び表を完成させなさい。

h パラメータ	名　称	定義式	単位	グラフの象限
h_{ie}	①	②	③	④
⑤	電流増幅率	⑥	⑦	⑧
⑨	⑩	$\dfrac{\Delta V_{BE}}{\Delta V_{CE}}$	⑪	⑫
⑬	⑭	⑮	⑯	第 1 象限

《解答群》

h_{re}　　h_{oe}　　h_{fe}　　出力アドミタンス

入力インピーダンス　　電圧帰還率

$\dfrac{\Delta I_C}{\Delta I_B}$　　$\dfrac{\Delta V_{BE}}{\Delta I_B}$　　$\dfrac{\Delta I_C}{\Delta V_{CE}}$

V　　A　　S　　Ω　　無

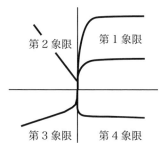

【11】　図の回路において，$V_{BE} = 0.6$[V] のとき V_{CE}[V] = 11 [V] であった。次の値を求めなさい。

(1)　ベース電流　I_B

(2)　電流増幅率　h_{FE}

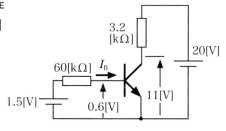

【12】 次の文の（　　）内に適語を入れなさい。

　バイアス回路の条件としては，トランジスタの（　①　）損失による発熱，周囲の（　②　）変化や電源（　③　）の変動など周りの状況が変化しても（　④　）点が安定していること。また，バイアス回路での（　⑤　）電力が少ないことなどがあげられる。

　図aは（　⑥　）バイアス回路である。

　温度が上昇し（　⑦　）電流が増加すると（　⑧　）点も変動するため（　⑨　）波形がひずんだり，（　⑩　）によりトランジスタが壊れる可能性もある。

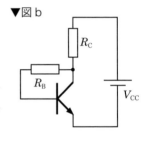

▼図a

　図bは（　⑪　）バイアス回路である。

　温度が上昇しコレクタ電流が増加してもR_Cによる（　⑫　）が大きくなり，その結果（　⑬　）電流が減少し自動的に（　⑭　）電流の増加が抑えられる。

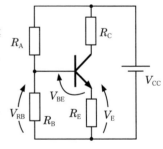

▼図b

　図cは（　⑮　）バイアス回路である。

　温度が上昇しコレクタ電流が増加すると電圧（　⑯　）が上昇する。しかし，（　⑰　）は常に一定のため，等価的にV_{BE}が減少し（　⑱　）電流の増加が抑えられる。R_A, R_Bを特別に（　⑲　）抵抗と呼び，回路構成は（　⑳　）であるが（　㉑　）度は増す。他のバイアス回路に比べ（　㉒　）電力は大きくなる。

▼図c

【13】　固定バイアス回路がある。ベースに 20[μA] が流れ, ベース－エミッタ間電圧は 0.6[V] である。抵抗 R_B, R_C を求めなさい。ただし, トランジスタの h_{FE} = 120 とする。

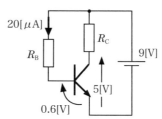

【14】　図の回路において V_{BE}=0.6[V], V_{CE}=7[V], I_C = 5[mA] の自己バイアス回路がある。トランジスタの h_{FE} = 100 として次の値を求めなさい。

(1)　抵抗　R_B

(2)　抵抗　R_C

(3)　コレクタ損失

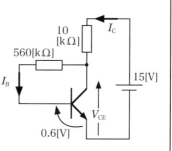

【15】　自己バイアス回路がある。電源電圧 15[V], V_{BE}=0.6[V] のとき, ベース電流 I_B, コレクタ電流 I_C, コレクターエミッタ間電圧 V_{CE} を求めなさい。ただし, トランジスタの h_{FE} = 50 とする。

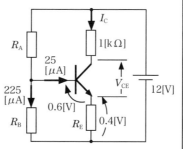

【16】　図の回路において電流帰還バイアス回路に I_B = 25[μA] が流れている。トランジスタの h_{FE} = 300 として次の値を求めなさい。

(1)　抵抗　R_A

(2)　抵抗　R_B

(3)　電圧　V_{CE}

【17】 図の小信号増幅回路について次の問いに答えなさい。

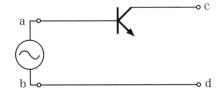

(1) 次の文に該当する回路素子を図中の記号で答えなさい。

①安定したバイアス電流を供給する (   ), (   )

②バイアス電圧を発生させる   (   )

③入力信号の交流分のみ通す   (   )

④バイアス電圧を安定させる   (   )

⑤負荷に交流分のみ供給する   (   )

⑥入力に比例した電圧降下が発生する (   )

⑦負荷   (   )

(2) 交流回路を書きなさい。

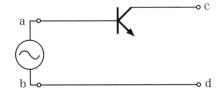

【18】 図のトランジスタ回路について次の問いに答えなさい。ただし, $h_{ie} = 15[k\Omega]$, $h_{fe} = 230$, $v_i = 10[mV]$ とする。

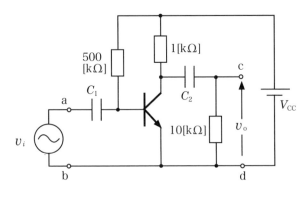

(1) 簡易等価回路に書き直しなさい。

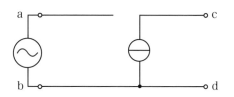

(2) ab から見た入力インピーダンスを求めなさい。

(3) cd から見た出力インピーダンスを求めなさい。

(4) 出力電圧 v_0 を求めなさい。

【19】 次の表を完成させなさい。ただし，$\log_{10}2 = 0.301$ とする。

電 圧	増幅度	1	2	③	④
	利得 [dB]	①	②	20	40
電 力	増幅度	⑤	20	100	⑧
	利得 [dB]	10	⑥	⑦	30

【20】 増幅回路に電圧 5[mV]，電流 2[mA] を入力したとき，出力は 100[mV]，10[mA] であった。この増幅回路の電圧利得，電流利得を求めなさい。ただし，$\log_{10}2 = 0.301$，$\log_{10}5 = 0.699$ とする。

【21】 図の利得を求めなさい。

(1) 入力 — $A_{v1} = 100$ — $A_{v2} = 50$ — $A_{v3} = 20$ → 出力

(2) 入力 — $G_1 = 50[dB]$ — $G_2 = 30[dB]$ — $G_3 = 10[dB]$ → 出力

【22】 次の各文の（　）に入る語句を解答群から選びなさい。

(1) 増幅回路の出力の一部を入力へ戻すことを（　①　）という。この戻す方法には，ⓐ入力信号に対して出力信号が同相の形で戻す（　②　）帰還，ⓑ入力信号に対して出力信号が逆相の形で戻す負帰還の2種類がある。増幅回路では（　③　）帰還が使用される。

(2) 負帰還増幅回路は（　④　）が安定し，（　⑤　）や（　⑥　）が減少する利点があるが，増幅度は（　⑦　）する。

(3) 図は簡単な負帰還増幅回路例である。ここでは，出力 v_0 に比

例した帰還電圧が（　⑧　）であり，この電圧と入力電圧 v_i はトランジスタのベース－エミッタ間に対しては（　⑨　）位相で加えられるので，負帰還のかかった増幅回路となる。

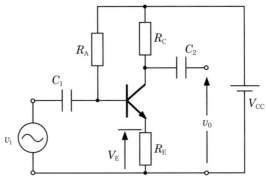

《解答群》

㋐　負　　㋑　同　　㋒　V_E　　㋓　雑音　　㋔　正

㋕　ひずみ　　㋖　動作　　㋗　帰還　　㋘　低下

【23】　空欄に適する語句を下の解答群から選び演算増幅器についての文を完成させなさい。

　演算増幅器には反転入力，（　①　）入力，出力，（　②　）電源端子があり，（　③　）電圧を増幅するリニア増幅器である。特徴として非常に（　④　）増幅度を持ち，入力インピーダンスは（　⑤　）く，出力インピーダンスは（　⑥　）い。周波数帯域は（　⑦　）から高周波まで広い帯域幅を持っている。帰還をかけることにより複数の入力電圧を（　⑧　）した出力を得たり，（　⑨　）回路をつくることも可能である。

《解答群》

㋐　合成　　㋑　発振　　㋒　非反転　　㋓　アナログ

㋔　直流　　㋕　低　　㋖　高　　㋗　正負　　㋘　大きな

【24】 図は増幅器の回路図とその周波数特性である。空欄に適する語句を下の解答群から選びなさい。

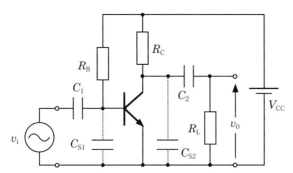

　周波数特性の横軸は（　①　），縦軸は（　②　）を表している。図の平坦部を中域といい，ⓐを（　③　），ⓑを（　④　）という。ⓐの領域での特性は回路図中の（　⑤　）の影響によるところが大きく，ⓑはトランジスタの構造によるものと配線間の（　⑥　）容量などが影響している。回路図中では（　⑦　）である。

　この増幅器の中域における増幅率は（　⑧　）倍，低域遮断周波数は（　⑨　）kHz，高域遮断周波数は（　⑩　）kHz，周波数帯域幅は（　⑪　）kHz である。

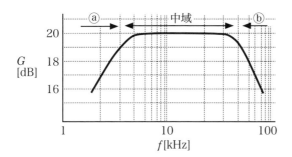

《解答群》

㋐　2　　㋑　10　　㋒　58　　㋓　60　　㋔　利得

㋕　周波数　　㋖　高域　　㋗　低域　　㋘　漂遊

㋙　C_1 と C_2　　㋚　C_{S1} と C_{S2}

【25】 図の回路においてオペアンプの出力電圧 V_O を求めなさい。

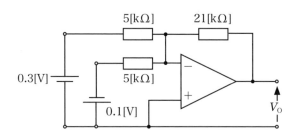

【26】 オペアンプに 20[mV] を
入力すると 1[V] が出力され
た。帰還抵抗 R_F の大きさを求
めなさい。

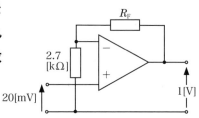

【27】 高周波増幅器の同調回路である。コイルとコンデンサの並
列回路に等価的に 120[kΩ] の抵抗が接続され，定電流源より
50[μA] の電流が供給されている。次の値を求めなさい。

(1) 同調周波数　f

(2) 回路の Q

(3) 帯域幅　B

(4) 回路に加わる電圧　V_O

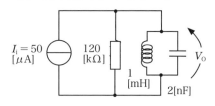

【28】 負帰還増幅器のブロック
ダイアグラムである。増幅度は
100，帰還率は 0.03 である。
40[mV] を入力した時の出力
電圧 V_O を求めなさい。

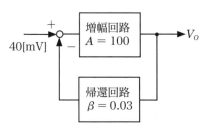

■発振回路

【29】 図は発振回路のブロック図
である。次の文を完成させなさい。

発振器は ⓐ の（　①　）回路
と ⓑ の（　②　）回路からできて
いる。図中の V_i と V_f との間には

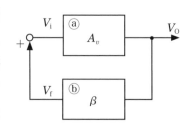

$V_f = (\quad③\quad) \times V_i$ の関係があり，発振を起こすためには V_i と V_f の位相は（　④　）で，さらに A_v と β の積は（　⑤　）以上必要である。ⓐ回路はトランジスタなどの半導体素子で，ⓑ回路の構成素子は，L と（　⑥　），C と（　⑦　）の組合わせや（　⑧　）振動子などがあげられる。発振周波数を変えるために，最近ではⓑ回路に（　⑨　）ダイオードを組み込み，その静電容量を（　⑩　）で制御する電子制御が行われている。

【30】　発振回路図を見て次の文を完成させなさい。

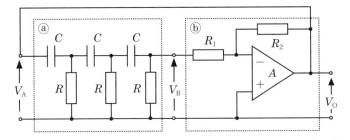

　図は（　①　）形発振回路で，出力 V_O の波形は（　②　）波である。図中ⓐは（　③　）回路で電圧 V_A と V_B の位相は（　④　）度ずれている。図中ⓑは（　⑤　）増幅回路で，ⓐとⓑの全体として（　⑥　）帰還回路となっている。この発振器の発振周波数は（　⑦　）[Hz] である。

【31】　図の発振回路の名称と発振周波数を求めなさい。ただし，C = 300[PF]，L=600[μH] とする。

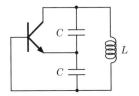

■電源回路

【32】 整流回路の文の空欄に適語を入れ完成させなさい。

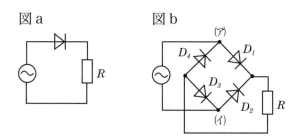

図a　　　　　　　　　　図b

　図aでは交流電圧一周期のうち正の（　①　）周期はダイオードにとって（　②　）方向電圧になるため電流が流れるが，負の期間は（　③　）方向電圧となり電流は流れない。（　④　）整流回路といわれ，主に（　⑤　）容量の電源に使われる。図bは交流電圧の全周期を利用する（　⑥　）整流回路といい，図aの回路より（　⑦　）電力を負荷に供給でき（　⑧　）の変動も少ない。図bで負荷に流れる電流の経路は次のとおりである。

正の半周期

　(ア)→（　⑨　）→ *R* →（　⑩　）→(イ)

負の半周期

　(イ)→（　⑪　）→ *R* →（　⑫　）→(ア)

【33】 実効値100[V]の交流を8[V]に降圧して整流回路に加えた。次の問いに答えなさい。

　(1)　破線の機器の名称

　(2)　直流電圧 V_{DC} の大きさ

　(3)　ダイオードにかかる最大逆電圧 V_R の大きさ

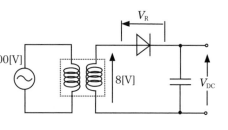

【34】 負荷 *R* に全波整流電圧がかかるように回路を完成させなさい。

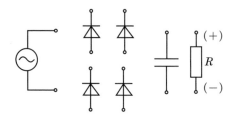

【35】 電源回路のブロック図である。解答群より最適なものを選び
表を完成させなさい。

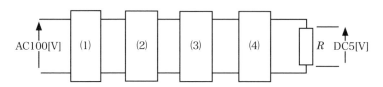

《解答群》

LED　　抵抗　　平滑　　コンデンサ　　整流

ツェナーダイオード　　変圧　　コイル　　ダイオード

変圧器　　電圧を上げる　　電圧を下げる

直流を交流にする　　脈流を滑らかにする　　交流を直流にする

	回路の名称	回路内にある機器	回路の働き
(1)	① 回路	②	
(2)	③ 回路	④	⑤
(3)	⑥ 回路	⑦	⑧
(4)	電圧安定化回路	⑨	

■各種の電子回路

【36】 正弦波交流を図の回路に加えたとき，出力される波形を㋐
～㋕の中から選びなさい。

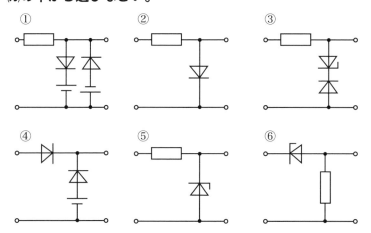

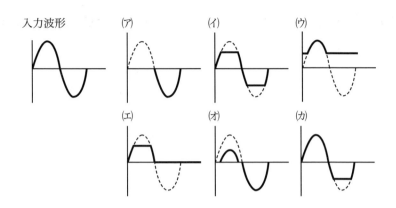

入力波形　　　(ア)　　　(イ)　　　(ウ)

(エ)　　　(オ)　　　(カ)

【37】　CR による微分・積分回路に(a), (b), (c)の波形を入力した。
それぞれの出力波形を(ア)〜(カ)の中から選びなさい。

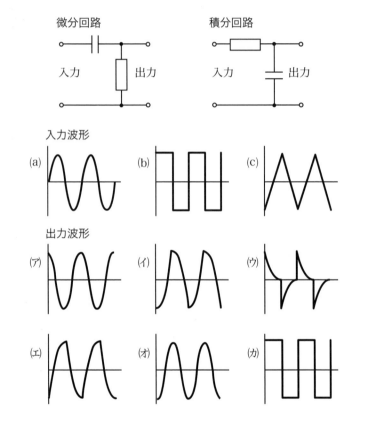

微分回路　　　　　　積分回路

入力　　出力　　　　入力　　出力

入力波形

(a)　　　(b)　　　(c)

出力波形

(ア)　　　(イ)　　　(ウ)

(エ)　　　(オ)　　　(カ)

【38】 次の図はフィルタの減衰特性である。それぞれのフィルタの
名称とその回路を記号で答えなさい。

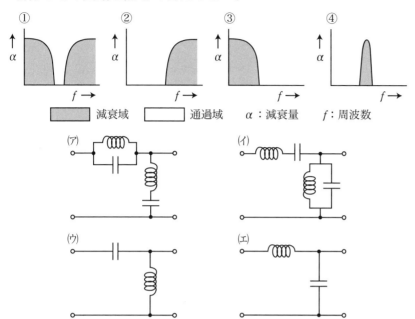

【39】 発光ダイオードがコレクタ回路に挿入された非安定マルチ
バイブレータ回路がある。コレクターエミッタ間電圧 V_0 の波形
は図のとおりである。コンデンサを通してコレクタに接続してあ
る抵抗 R_L には電圧 v_0 が加わっている。次の問いに答えなさい。

(1) パルスの周期 T を求めなさい。

(2) 発光ダイオードの点滅の様子を図に書きなさい。

(3) 負荷に加わる電圧 v_0 を図に書きなさい。

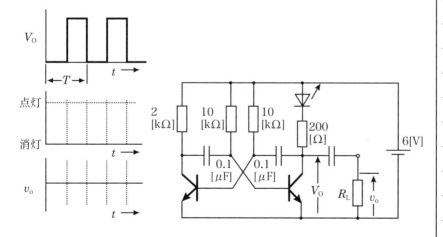

【40】 3種類のパルス発生回路がある。回路ⓐとⓑにトリガパルスを加えると V_{O1}，V_{O2} が，回路ⓒは自動的に V_{O3} の出力があった。次の文を完成させなさい。

回路ⓐは，トリガパルスのたびに出力が（　①　）するので（　②　）マルチバイブレータであることがわかる。出力パルス数は入力パルスの（　③　）になるので，多段接続することにより（　④　）周波数から（　⑤　）周波数をつくる分周器に利用できる。論理回路においてはフリップフロップ回路や（　⑥　）回路に用いる。

回路ⓑは，トリガパルスごとに（　⑦　）時間だけ出力するので（　⑧　）マルチバイブレータである。一瞬の変化を安定した（　⑨　）幅に，また長い幅のパルスを（　⑩　）パルスに変換するために用いる。

回路ⓒはトリガパルスを必要とせず，一定の周期で出力するので（　⑪　）マルチバイブレータである。（　⑫　）安定度には欠けるが，簡易パルス発振器として利用される。

《解答群》

(ア) 長い　　(イ) 非安定　　(ウ) 一定　　(エ) 周波数

(オ) 高い　　(カ) 反転　　(キ) 短い　　(ク) 記憶

(ケ) 双安定　　(コ) 単安定　　(サ) 低い　　(シ) 2分の1

【41】 図のL－C並列回路が500[kHz]から1700[kHz]の間で同調するためのコンデンサ容量を求めなさい。ただし，$L = 200[\mu H]$ とする。

【42】 交流電源に接続されている負荷（白熱電球）の電力を半導体素子で制御する図である。次の問いに答えなさい。

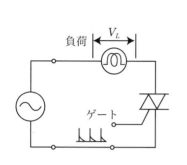
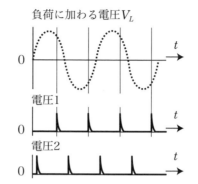

(1) 半導体の名称を答えなさい。

(2) 図の電圧1をゲートに加えたとき，負荷にかかる電圧波形を書きなさい。

(3) 電圧1にかえ電圧2をゲートに加えたとき，電球の明るさはどのように変わりますか。

■自動制御

【43】 次の系の伝達関数を求めなさい。

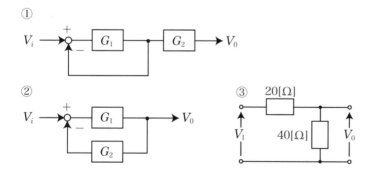

【44】 伝達関数 G_1 と G_2 からなる系で，入力電圧 0.5[V] を -2.5[V] に変換する回路がある。次の問いに答えなさい。

(1) 電圧 V_I' を求めなさい。

(2) 抵抗 R_X を求めなさい。

(3) 伝達関数 G_1 を求めなさい。

(4) 系全体の伝達関数 G を求めなさい。

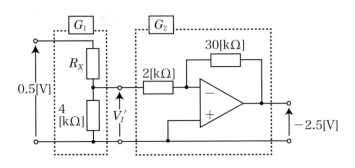

【45】 ランプの点滅を行うためのシーケンス図である。次の問いに答えなさい。

(1) 回路の名称を答えなさい。

(2) タイムチャートを完成させなさい。

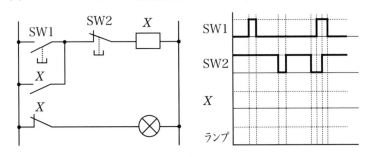

【46】 次の現象を電気量に変換できるセンサを解答群より選び記号で答えなさい。

	物理量	→	変化量	センサ名
(1)	光	→	電流	
(2)	光	→	抵抗	
(3)	変位	→	抵抗	
(4)	磁気	→	電圧	
(5)	圧力	→	電圧	
(6)	熱	→	電圧	
(7)	熱	→	抵抗	

《解答群》

(ア) ひずみゲージ　　(イ) サーミスタ　　(ウ) 太陽電池

(エ) ホール素子　　(オ) 熱電対　　(カ) 光導電セル

(キ) 圧電素子

電子分野　チェックリスト

☐ n形半導体の多数キャリアは＜ *1* ＞，少数キャリアは＜ *2* ＞である。製造時に混ぜる不純物は＜ *3* ＞（P）やアンチモンなど＜ *4* ＞価の材料である。

☐ ダイオードは＜ *5* ＞接合構造をもち，電流の流れやすい方向を＜ *6* ＞，流れにくい方向を＜ *7* ＞という。

☐ 整流方式には＜ *8* ＞整流と＜ *9* ＞整流がある。

☐ トランジスタのエミッタ電流は＜ *10* ＞電流＋＜ *11* ＞電流である。

☐ 2SA は pnp・高周波用，2SB は＜ *12* ＞，2SC は＜ *13* ＞である。2SD は何か。2SF，2SH，2SJ，2SK などを調べてみよう。

☐ I_B が一定のときの $V_{CE} - I_C$ を出力特性，V_{CE} のときの $I_B - I_C$ を＜ *14* ＞特性，V_{CE} のときの $V_{BE} - I_B$ を＜ *15* ＞特性という。電圧帰還特性を調べてみよう。

☐ トランジスタ交流増幅回路を直流についてのみ考える直流回路に変換するとき，＜ *16* ＞とその先の回路をすべて＜ *17* ＞。

☐ トランジスタ交流増幅回路を交流についてのみ考える交流回路に変換するとき，＜ *18* ＞と直流＜ *19* ＞を＜ *20* ＞する。

☐ バイアス点は電圧と電流で示され，入力側は V_{BE} と＜ *21* ＞，出力側は＜ *22* ＞と＜ *23* ＞である。

☐ トランジスタの温度上昇を防ぐため＜ *24* ＞への取り付けや，冷却用＜ *25* ＞による強制空冷などの方法がとられる。（大型機では水冷式もある。）

☐ 電流帰還バイアス回路において，バイアス電圧を＜ *26* ＞させるために用いるコンデンサを特に＜ *27* ＞コンデンサという。

☐ バイパスコンデンサが必要とする静電容量の大きさは加わる周波数によって変わり，低いときは＜ *28* ＞，高くなると＜ *29* ＞で同じ働きをする。

☐ 増幅回路で入力と出力が正比例しなくなる点を＜ *30* ＞ポイントといい，出力波形が＜ *31* ＞始める。入出力が正比例しなくなる理由を調べてみよう。

☐ 電子回路における帰還には，発振器のときの＜ *32* ＞帰還と増幅回路の特性改善を目的とした＜ *33* ＞帰還がある。後者をとくに＜ *34* ＞増幅回路という。

☐ 演算増幅器は OP アンプともいわれ，多くは＜ *35* ＞回路（IC）で供給される。

☐ 演算増幅器の特徴は＜ *36* ＞入力，＜ *37* ＞入力インピーダンス，＜ *38* ＞出力インピーダンスである。周波数特性，イマジナリショート等の事項も調べよう。

☐ 逆相増幅器の増幅度は $\dfrac{＜ 39 ＞抵抗}{＜ 40 ＞抵抗}$ であらわされ，入出力信号の位相は＜ *41* ＞になるので，正のときは負，負のときは正の出力となる。

☐ 同相増幅器で入力抵抗と帰還抵抗が同じ値のとき増幅度は＜ *42* ＞である。

☐ 電力増幅回路は＜ *43* ＞を駆動するようなとき使用する。バイアスとしては＜ *44* ＞級，＜ *45* ＞級などを使う。他に AB 級，C 級，D 級など多数ある。

☐ 変調の種類に＜ *46* ＞変調（AM），＜ *47* ＞変調（FM）などがある。ほかに信号で搬送波の位相を変える位相変調，パルスの幅を変えるパルス幅変調がある。

☐ 発振回路には高周波に適した＜ *48* ＞発振回路，低周波に適した＜ *49* ＞発振回路がある。さらに変動の少ない基準周波数発振用に＜ *50* ＞発振回路がある。

☐ 電源回路は負荷の変動に＜ *51* ＞で応答できるよう＜ *52* ＞のコンデンサと低出力インピーダンスになるよう設計されている。

1. 電子	*2.* 正孔
3. リン	*4.* 5
5. pn	*6.* 順方向
7. 逆方向	
8. 半波	*9.* 全波
10. ベース	*11.* コレクタ
12. pnp・低周波用	
13. npn・高周波用	
14. 電流伝達	
15. 入力	
16. コンデンサ	
17. 取り去る	
18. コンデンサ	*19.* 電源
20. 短絡	
21. I_B	
22. V_{CE}	*23.* I_C
24. ヒートシンク	
25. ファン	
26. 安定	
27. バイパス	
28. 大容量	*29.* 小容量
30. クリップ	
31. ひずみ	
32. 正	
33. 負	*34.* NFB
35. 集積	
36. 差動	*37.* 高
38. 低	
39. 帰還	*40.* 入力
41. 逆相	
42. 2	
43. スピーカ	
44. A	*45.* B
46. 振幅	*47.* 周波数
48. LC	*49.* RC
50. 水晶	
51. 短時間	*52.* 大容量

4 情報分野

○情報分野は，情報に関するハードウェア，ソフトウェア両面の基礎的・基本的なことがらを理解し，情報化社会で活用できる能力を養うことを目的としています。

○内容は，「２進数，10進数，16進数の変換」，「基本的な論理回路と論理式」，「コンピュータの各装置のはたらき」，「流れ図」などからなっています。

○ハードウェア，ソフトウェアの基礎的・基本的事項の出題が多くなっています。就職試験突破の第一歩のために頑張ろう。

重要事項の整理

1　情報の表し方

コンピュータによる情報処理に10進法を用いると四則演算の組合せ数がきわめて多くなり，電子回路の構成が複雑になるので，大部分のコンピュータは２進法を採用している

10進数・２進数・16進数等の対応

10進数	2進数	16進数	2進化10進数
0	0	0	0000
1	1	1	0001
2	10	2	0010
3	11	3	0011
4	100	4	0100
5	101	5	0101
6	110	6	0110
7	111	7	0111
8	1000	8	1000
9	1001	9	1001
10	1010	A	0001 0000
11	1011	B	0001 0001
12	1100	C	0001 0010
13	1101	D	0001 0011
14	1110	E	0001 0100
15	1111	F	0001 0101
16	10000	10	0001 0110

(1)　２進数

２を基数として０と１だけで数を表したもので，２以上になると，けた上がりする数。

(2)　16進数

２進数は，けた数が多くなり，取扱いが不便であるから，８進数や16進数などが用いられる。

16進数は16を基数とする表し方で，10進数の10, 11, 12, 13, 14, 15をA, B, C, D, E, Fで表す。

(3)　２進化10進数

10進数の各けたを４ビットずつ使って表したもの。BCD符号ともいう。

(4)　ビット

情報を表すための最小単位となるもの。１ビットは２進数の１けたに相当し，２つの状態を表す方法として，スイッチまたはリレーのオン・オフ，ランプの点灯・消灯などの方法が用いられる。

(5)　バイト

８ビットでデータを表す単位で，最大256個の組合せができ，数字，英字，カナ文字，記号などを表現することができる。

2 基本論理回路

コンピュータ内では，2進数の0と1を電気信号の2つの状態に対応させる。このような2値の範囲内で考えた代数をブール代数（論理代数）といい，論理代数を回路で表現したものを論理回路という。論理回路は，NOT（否定論理回路）と AND（論理積回路）または NOT（否定論理回路）と OR（論理和回路）の基本論理回路の組合せで構成される。

① AND 回路（論理積回路）

図記号（論理記号）

論理式　$F = A \cdot B$

入力		出力
A	B	F
0	0	0
0	1	0
1	0	0
1	1	1

② OR 回路（論理和回路）

図記号（論理記号）

論理式　$F = A + B$

入力		出力
A	B	F
0	0	0
0	1	1
1	0	1
1	1	1

③ NOT 回路（否定論理回路）

図記号（論理記号）

論理式　$F = \bar{A}$

入力	出力
A	F
0	1
1	0

④ NAND回路（否定論理積回路）

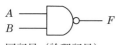

図記号（論理記号）

論理式　$F = \overline{A \cdot B}$

入力		出力
A	B	F
0	0	1
0	1	1
1	0	1
1	1	0

⑤ NOR回路（否定論理和回路）

図記号（論理記号）

論理式　$F = \overline{A + B}$

入力		出力
A	B	F
0	0	1
0	1	0
1	0	0
1	1	0

⑥ EX－OR回路（排他的論理和回路）

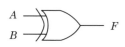

図記号（論理記号）

論理式　$F = A \cdot \bar{B} + \bar{A} \cdot B$

入力		出力
A	B	F
0	0	0
0	1	1
1	0	1
1	1	0

（注）ド・モルガンの定理より

$$\overline{A + B} = \bar{A} \cdot \bar{B}, \qquad \overline{A \cdot B} = \bar{A} + \bar{B}$$

3 加算回路

2進数の四則演算は基本的には加算回路を用いる。

(1) 半加算回路（half adder, HA）

半加算回路は，2進数1けたの加算を行う回路である。

入力		出力	
A	B	S	C
0	0	0	0
0	1	1	0
1	0	1	0
1	1	0	1

論理式

$S = \bar{A} \cdot B + A \cdot \bar{B}$

（下位桁の和）

$C = A \cdot B$

（桁上げ）

$S = \bar{A} \cdot B + A \cdot \bar{B}$　だけの論理回路を排他的論理和回路という。

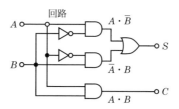

(2) 全加算回路（full adder, FA）

2けた以上の加算で，桁上げ C_i が入力として加えられる回路である。

入力			出力	
A	B	C_i	S	C_o
0	0	0	0	0
0	0	1	1	0
0	1	0	1	0
0	1	1	0	1
1	0	0	1	0
1	0	1	0	1
1	1	0	0	1
1	1	1	1	1

一般の加算器は全加算器を n 個組み合わせて n 桁2進数の加算が並列にできるようになっている。

4 レジスタ（置数器）

レジスタは情報を一時的に記憶するために用いられる。フリップフロップ回路（1ビットのデータ記憶素子）をいくつか組み合わせて数ビットのデータを記憶し，必要なときのデータの読出し，メモリとのデータのやり取り，演算などに使用される。

カだめし

さあやってみよう！

典型問題1
2進数の最下桁（LSD）
が2^0，次の桁が2^1…と2
のべき乗を合計する。

【典型問題1】　2進数を 10101010 $_{(2)}$ について，次の問いに答えなさい。

(1)　10進数を求めなさい。

(2)　8進数を求めなさい。

(3)　16進数を求めなさい。

解　答

(1)　10101010 $_{(2)}$
$= 1 \times 2^7 + 0 \times 2^6 + 1 \times 2^5 + 0 \times 2^4 + 1 \times 2^3 + 0 \times 2^2 + 1 \times 2^1 + 0 \times 2^0$
$= 128 + 32 + 8 + 2 = 170$

(2)　10101010 $_{(2)}$ を下位から3けたずつ区切る。010 101 010 $_{(2)}$ $= 252$ $_{(8)}$

(3)　10101010 $_{(2)}$ を下位から4けたずつ区切る。1010 1010 $_{(2)}$ $=$ AA $_{(16)}$

典型問題2
10進数を2で割り，最初
の余りが2進数の最下位
桁，最後の余りが最上位
桁となる。

【典型問題2】　10進数 25 の2進数を求めなさい。

解　答

余り

$2) \underline{25}$
$2) \underline{12} \cdots 1$　　（LSD，最下位桁）
$2) \underline{\ 6} \cdots 0$
$2) \underline{\ 3} \cdots 0$　　　　　　　　$25 = 11001$ $_{(2)}$
$2) \underline{\ 1} \cdots 1$
$\ \ \ \ 0 \cdots 1$　　（MSD，最上位桁）

典型問題3
論理回路には，一般的に
MIL記号が用いられてい
る。

【典型問題3】　論理積，論理和，否定の真理値表，論理記号，論理式を書きなさい。

解　答

入力		出力	
A	B	論理積（AND）	論理和（OR）
0	0	0	0
0	1	0	1
1	0	0	1
1	1	1	1
論理記号			
論理式		$F = A \cdot B$	$F = A + B$

入力	出力
A	否定（NOT）
0	1
1	0
論理記号	
論理式	$F = \bar{A}$

【典型問題4】 次の式はド・モルガンの定理である。⑴⑵に答えなさい。

① $F=\overline{A \cdot B}=$ （　　　　　）　　② $F=\overline{A+B}=$ （　　　　　）

⑴ 式を完成させなさい。

⑵ 真理値表をつくり，式が成立することを証明しなさい。また，その論理記号を書き，論理回路名を答えなさい。

解　答

⑴　①　$F=\overline{A \cdot B}=\bar{A}+\bar{B}$　　②　$F=\overline{A+B}=\bar{A}\cdot\bar{B}$

⑵

入力		出力			
A	B	$\overline{A \cdot B}$	$\bar{A}+\bar{B}$	$\overline{A+B}$	$\bar{A}\cdot\bar{B}$
0	0	1	1	1	1
0	1	1	1	0	0
1	0	1	1	0	0
1	1	0	0	0	0
論理記号					
論理回路名		NAND		NOR	

【典型問題5】 次の①から⑩は，入力，出力，記憶，演算，制御のどの装置にあたるかを答えなさい。

①　アキュムレータ　　②　XY プロッタ　　③　キーボード

④　プリンタ　　　　　⑤　命令アドレスレジスタ

⑥　ROM　　　　　　　⑦　加算器　　⑧　命令デコーダ

⑨　補数器　　　　　　⑩　マウス

解　答

①　演算　　②　出力　　③　入力　　④　出力　　⑤　制御　　⑥　記憶

⑦　演算　　⑧　制御　　⑨　演算　　⑩　入力

ここがポイント！

典型問題6
流れ図の記号をよく理解
して答えること。

【典型問題6】 次の情報処理用流れ図記号の示す意味を下の解答群
から選び，記号を書きなさい。

(1) ― (　　　) (2) ― (　　　) (3) ― (　　　) (4) ― (　　　) (5) ― (　　　)

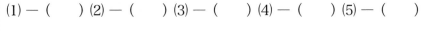

(6) ― (　　　) (7) ― (　　　) (8) ― (　　　) (9) ― (　　　) (10) ― (　　　)

《解答群》

ア．結合子　　イ．準備　　ウ．入出力　　エ．流れ線

オ．判断　　カ．表示　　キ．処理　　ク．手操作入力

ケ．端子　　コ．書類

解　答

(1) ―ウ　　(2) ―ケ　　(3) ―キ　　(4) ―ア　　(5) ―オ　　(6) ―コ

(7) ―ク　　(8) ―カ　　(9) ―イ　　(10) ―エ

実戦就職問題

■ 2進数・8進数・10進数・16進数

【1】 次の10進数を2進数に，2進数を10進数に変換しなさい。

(1) 98 (2) 7.875 (3) $10101_{(2)}$ (4) $110.011_{(2)}$

> **ヒント!** (1)10進数を2で割り，最初の余りが2進数の最下位桁，最後の余りが最上位桁となる。
> (2)10進数の整数部と小数部とに分けて計算を行い，変換する。

【2】 次の10進数を8進数に，8進数を10進数に変換しなさい。

(1) 457 (2) $56_{(8)}$

> **ヒント!** (1)10進数から8進数への変換は8で割って，余りを並べて求める。
> (2)8進数を10進数に変換するには，8進数の最下位桁(LSD)から 8^0, 8^1, 8^2 ……と8のべき乗を掛けて変換する。

【3】 次の10進数を16進数に，16進数を10進数に変換しなさい。

(1) 255 (2) $8CB_{(16)}$

> **ヒント!** (1)10進数を16進数に変換するには16で割って，余りを並べて求める。
> (2)16進数を10進数に変換するには，16進数の最下位桁 (LSD)から 16^0, 16^1, 16^2 ……と16のべき乗を掛けて変換する。

【4】 8進数156を8ビットの2進数に変換し，MSD，LSDを求めなさい。またその2進数を10進数に変換しなさい。

【5】 29＋15の計算を2進数で行い，結果を2進数で表しなさい。

【6】 次の論理演算を行いなさい。ただし，XORは排他的論理和である。

(1)		1010	(2)		0011	(3)		1010
AND)		1100	OR)		1000	XOR)		1111

【7】 10進数168と10進数50をそれぞれ2バイトの2進数に変換し，論理積，論理和，排他的論理和を2進数で答えなさい。

【8】 10進数89を2進化10進数に変換しなさい。また，89を2進数に変換し，2の補数を求めなさい。

 2進化10進数は10進数の各桁を2進数4ビットで表す。2の補数は，2進数の各ビットの1と0を反対にし，LSDに1を加えて求める。

■論理回路

【9】 〔図1〕の正論理回路の入力 *A*，*B* に，〔図2〕の波形を加えたとき，出力 *F* の波形を〔図2〕に記入しなさい。また，この論理回路名を答えなさい。

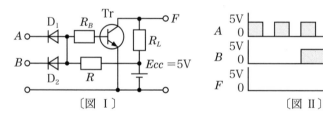

〔図 Ⅰ〕　　　　〔図 Ⅱ〕

 回路の後部は否定回路が接続されている。

【10】 次の論理回路について，問いに答えなさい。

(1) 真理値表を完成させなさい。

(2) 論理式を書きなさい。

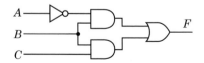

A	*B*	*C*	*F*
0	0	0	
0	0	1	
0	1	0	
0	1	1	
1	0	0	
1	0	1	
1	1	0	
1	1	1	

各論理記号ごとに入出力関係を調べて考える。

【11】 次の正論理回路について，問いに答えなさい。

(1) 真理値表を完成させなさい。

(2) 論理式を書きなさい。

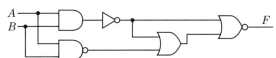

A	B	F
0	0	
0	1	
1	0	
1	1	

【12】 真理値表が示す論理回路を，AND，OR，NOT 記号を用いて表しなさい。

A	B	F
0	0	0
0	1	1
1	0	1
1	1	0

 出力 $F = \bar{A} \cdot B + A \cdot \bar{B}$ の論理式である。

【13】 次の論理回路について，問いに答えなさい。

(1) 各ゲート①，②，③，④の出力の論理式を書きなさい。

(2) 真理値表を完成させなさい。

(3) 論理回路名を書きなさい。

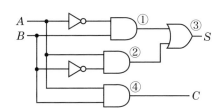

入力		出力	
A	B	S	C
0	0		
0	1		
1	0		
1	1		

【14】 次の論理回路で，初期値 $Q = 0$, $\overline{Q} = 1$ のとき真理値表を完成させなさい。

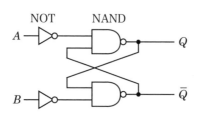

入力		出力	
A	B	Q	$\overline{Q}$
/	/	0	1
1	0		
0	0		
0	1		

 RSフリップフロップ回路である。

【15】 $F = (X + Y) \cdot (\overline{X \cdot Y})$ の論理式の論理回路を，論理記号を用いてかきなさい。

 「+」は OR，「・」は AND で構成すればよい。

■ハードウェア

【16】 次の問いに答えなさい。

(1) 10進数を2進数に変換する回路名を答えなさい。

(2) 2進数を10進数に変換する回路名を答えなさい。

(3) 1バイトのデータを転送するとき，1ビットずつ順次転送する方式を答えなさい。

(4) 1バイトのデータを転送するとき，全ビットを同時に転送する方式を答えなさい。

(5) 1バイトのシフトレジスタに必要なフリップフロップの個数を答えなさい。

(6) 利用者が読み出しと書き込みのできるメモリの名称を答えなさい。

(7) 読み出し専用のメモリの名称を答えなさい。

 (1)2進符号に変換する。 (2)2進符号を10進符号に復号する。 (3)・(4)直並列で考える。 (5)1ビット記憶するには，何個のフリップフロップが必要かを考える。 (6)・(7) random access memory と read only memory を考える。

【17】 次の文に相当するレジスタ名を答えなさい。

(1) 逐次制御を行うため，次の読み出しをすべき命令の番地を記憶するレジスタ。

(2) 演算などの結果を蓄えるレジスタ。

(3) 記憶装置から読み出された命令を受けとり，それを実行するために一時記憶するレジスタ。

(4) 演算用レジスタとしての働きもするが，指標レジスタの働きもするレジスタ。

 汎用レジスタを含めた，レジスタの働きを考えればよい。

【18】 次の文の（　　）にあてはまる語句を答えなさい。

(1) （　　）はアナログ信号をディジタル信号に変換するものである。

(2) （　　）はディジタル信号をアナログ信号に変換するもので，外部機器の制御に用いられる。

(3) コンピュータのデータを外部に送る，また，外部からコンピュータに送られて来たデータを受け取るため一時的に記憶するメモリ領域を（　　）という。

【19】 次の文の（　　）にあてはまるコンピュータの装置名を入れなさい。

コンピュータで演算などを処理する場合，プログラムを作り，そのプログラムを（　①　）から入力し，（　②　）に格納される。このプログラムは（　③　）によって遂次取り出し解読され，各装置に動作命令が出される。この動作命令によってデータは（　④　）に呼び出され，演算などが行われる。その結果は，必要があれば（　⑤　）に送られ外部に取り出される。

 入力装置，記憶装置，演算装置，制御装置，出力装置の働きを考えて答える。制御装置は各装置を制御する装置である。

【20】 次の文の（　　）にあてはまる語句を答えなさい。

(1)　（　　）パルスによって一定の時間間隔で同期コンピュータの論理回路を動作させる。

(2)　入力パルスが入るごとに一つずつ増加するカウンタを（　　）カウンタという。

(3)　入力パルスが入るごとに一つずつ減っていくカウンタを（　　）カウンタという。

■プログラミング

【21】　次の流れ図は，1 から 10 までの合計を求め印字するものである。①〜③にあてはまる語句を入れなさい。

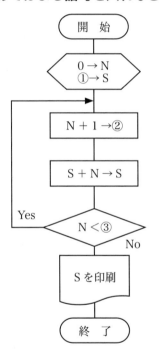

　合計の記憶場所の初期値を 0 にする必要がある。

【22】　次の流れ図は，N個のデータ（正の値）を入力し，最大値
　　　MAX を求め印字するものである。流れ図の①～③にあてはまる
　　　語句を入れなさい。

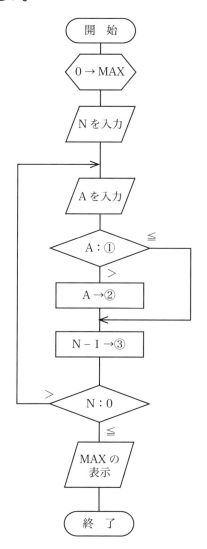

　　　　　　はじめに，データの中の最小値より小さな値（この問題の場合は
　　　0）を最大値の記憶場所（MAX）に入れる必要がある。

情報分野　チェックリスト

- [ ] 0と1だけで数を表したもので，2以上になるとけた上がりする数は＜*1*＞である。
- [ ] ＜*2*＞は2進数の1けたに相当し，2つの状態を表す方法としてスイッチのオン・オフなどの方法が用いられる。
- [ ] MSBとは＜*3*＞のことであり，LSBとは＜*4*＞のことである。
- [ ] 1バイトは＜*5*＞ビットである。
- [ ] ＜*6*＞は0から9までの10種類の記号を用いる。
- [ ] 10進数の10，11，12，13，14，15は，16進数ではそれぞれ＜*7*＞，＜*8*＞，＜*9*＞，＜*10*＞，＜*11*＞，＜*12*＞を用いる。
- [ ] 論理記号 ⎓ は＜*13*＞を表す。
- [ ] ⎓ は＜*14*＞を表す。
- [ ] 論理記号 ⎓ は＜*15*＞を表す。
- [ ] NAND回路の論理式は＜*16*＞である。
- [ ] NOR回路の論理式は＜*17*＞である。
- [ ] 論理式 $F = A \cdot B + B$ を簡単にすると，＜*18*＞である。
- [ ] 論理式 $F = A \cdot (A + B)$ を簡単にすると，＜*19*＞である。
- [ ] 論理式 $F = A \cdot \bar{B} + B$ を簡単にすると，＜*20*＞である。
- [ ] シフトレジスタは，何個かの＜*21*＞を接続したものである。
- [ ] ＜*22*＞とは，読み出し専用メモリのことである。
- [ ] ＜*23*＞とはProgrammable ROMの略で，書き込み可能なROMなことである。
- [ ] ＜*24*＞とは，ランダムアクセスメモリの略である。
- [ ] コンピュータの五大機能とは，＜*25*＞，＜*26*＞，＜*27*＞，＜*28*＞，＜*29*＞である。
- [ ] ＜*30*＞とは，データなどを一時的に記憶する装置である。
- [ ] アキュムレータは演算結果を入れたり，データを一時的に保存するレジスタで＜*31*＞の中にある。
- [ ] ＜*32*＞によって一定の時間間隔で同期コンピュータの論理回路等を動作させる。
- [ ] 補数器とは減算を＜*33*＞で行えるようにするために補数に直す回路である。
- [ ] 次の2進数0110の2の補数は，＜*34*＞である。
- [ ] 次の2進数1101の2の補数は，＜*35*＞である。
- [ ] 次の2進数101.101を10進数に変換すると＜*36*＞である。
- [ ] 次の2進数110.11を10進数に変換すると＜*37*＞である。
- [ ] 次の2つの2進数，10011と11001を加算すると，＜*38*＞である。
- [ ] 2進数，11100 − 1001を計算すると，＜*39*＞である。
- [ ] 次の2進数を乗算すると，1001 × 1111　＝＜*40*＞である。
- [ ] 次の流れ図の名称は(1)＜*41*＞，(2)＜*42*＞，(3)＜*43*＞，(4)＜*44*＞である。
  (1)　　　(2)　　　(3)　　　(4)

1. 2進数	
2. 1ビット	
3. 最上位桁ビット	
4. 最下位桁ビット	
5. 8	
6. 10進数	
7. A	8. B
9. C	10. D
11. E	
12. F	13. AND（論理積）
14. OR（論理和）	
15. NOT（否定）	
16. $F = \overline{A \cdot B}$	
17. $F = \overline{A + B}$	
18. B	
19. A	
20. A + B	
21. フリップフロップ	
22. ROM	
23. PROM	
24. RAM	
25. 制御	26. 演算
27. 記憶	28. 入力
29. 出力	30. レジスタ
31. 演算装置	
32. クロックパルス	
33. 加算器	
34. 1010	
35. 0011	
36. 5.625	
37. 6.75	
38. 101100	
39. 10011	
40. 10000111	
41. 準備	42. 処理
43. 入出力	44. 判断

総合問題

○これまで電気基礎，電力分野，電子分野，情報分野などについて，重要事項の整理，力だめし，実戦就職問題を繰り返し学習しましたが，ここでは，就職試験の特徴である一つの問題の中に各分野の要素が盛り込まれている問題をとりあげました。

○問題の程度は，基礎的知識の有無を確かめるものが中心ですが，範囲が広く，自分の不得意な分野の問題ではまごつくこともあるかもしれません。問題を「正誤問題」，「語群選択問題」のように出題形式別に分類しましたので，模擬テストのつもりで入念かつ迅速に解いてください。

力 だ め し
さ あ や っ て み よ う ！

【典型問題１】 例にならって，次の量を１で表す接頭語をつけた単位で書きなさい。

例　10^9Hz （1GHz）

(1)　$10^6 \Omega$ （　　　　　）　　(2)　10^3V （　　　　　）

(3)　10^{-3}A （　　　　　）　　(4)　10^{-6}F （　　　　　）

(5)　10^{-9}m （　　　　　）　　(6)　10^{-12}F （　　　　　）

ここがポイント！

典型問題1
10の整数乗倍の単位につける文字を接頭語という。

解　答

(1) $1M\Omega$　　(2) 1kV　　(3) 1mA　　(4) $1\mu F$　　(5) 1nm　　(6) 1pF

【典型問題２】 例にならって，単位記号と単位の名称を書きなさい。

量	単位記号	名　称
例　電　圧	（　V　）	（ボルト）
(1)　磁　束	（　　）	（　　　）
(2)　インダクタンス	（　　）	（　　　）

ここがポイント！

(3)　電　荷　　　　　　（　　　）（　　　）

(4)　無効電力　　　　　（　　　）（　　　）

(5)　角周波数　　　　　（　　　）（　　　）

(6)　照　度　　　　　　（　　　）（　　　）

(7)　静電容量　　　　　（　　　）（　　　）

(8)　コンダクタンス　　（　　　）（　　　）

(9)　磁束密度　　　　　（　　　）（　　　）

(10)　インピーダンス　　（　　　）（　　　）

解　答

(1)　Wb，ウェーバ　　(2)　H，ヘンリー　　(3)　C，クーロン

(4)　var，バール　　　(5)　rad/s，ラジアン毎秒　(6)　lx，ルクス

(7)　F，ファラド　　　(8)　S，ジーメンス　　(9)　T，テスラ

(10)　Ω，オーム

実戦就職問題

■正誤問題

【1】 次の説明文について，正しいものには○印，誤っているものには×印をつけなさい。

(1) 1000[kHz] の搬送波を 1 ～ 10[kHz] の信号波で変調したら，991 ～ 1009[kHz] の周波数の範囲をもつ。

(2) pn 接合のダイオードは p → n に電流がよく流れる。

(3) トランジスタは B － E 間を順方向，C － B 間も順方向にバイアスをかけて使用する。

(4) テレビジョンにおいて，飛び越し走査はちらつきを生じにくくするためである。

(5) A 級増幅は電源効率がもっともよい。

 (1)周波数分布は搬送波周波数±信号周波数で表される。

【2】 次の文で正しいものには○印，誤っているものには×印をつけなさい。

(1) 平行な導体で同方向に電流を流したとき，働く力は吸引力である。

(2) 単相電力を測定する場合，3 台の電圧計では測定できない。

(3) 永久磁石可動コイル形の計器は，直流，交流両方とも測定できる。

(4) 変圧器 3 台で△結線しているとき，1 台故障しても電気を供給できる。

(5) 単相三線式につけるバランサは，同一鉄心上に同方向に巻かれた巻線の中央からタップを出し，巻数比を 1：1 にした単巻変庄器である。

(6) 蛍光灯は直流電圧では点灯できない。

【3】 次の文で正しいものには○印，誤っているものには×印をつけなさい。

(1) 空調・衛生設備で用いられるファンやポンプの負荷トルクは回転数の2乗に比例する。

(2) かご形誘導電動機の速度制御は容易である。

(3) 金属発熱材料に必要な特質は，耐熱性に富んでいること，酸化，溶融，軟化が小さいことである。

(4) 抵抗加熱はアーク熱を利用したものである。

(5) 抵抗材料は，適当な抵抗率をもち，温度係数が大きいことである。

【4】 次の文で正しいものに○印をつけなさい。

(1) メタルハライドランプは，発光源の中に金属ハロゲン化合物を加え，効率と演色性を改善したものである。

(2) 振幅変調方式では，S/N改善のために，プリエンファシス，ディエンファシスが使われる。

(3) シーケンス制御は，フィードバック制御の一種である。

(4) 電車用モータには直流分巻電動機が使用される。

(5) アルカリ蓄電池にはサルフェーションがない。

 (1)メタルハライドランプは，高圧水銀ランプの一種。

【5】 光ファイバ通信に関して，まちがっているものに○印をつけなさい。

(1) 損失が非常に小さい。

(2) 電磁波の影響を受けない。

(3) 電力の伝送ができる。

(4) 通信容量が大きい。

(5) 光源としては半導体レーザが使われ，発光ダイオードはほとんど使われない。

(6) 受光素子として，PINフォトダイオード，アバランシェフォトダイオードが使われている。

 いろいろな出題形式があるので，まちがえないように気をつけること。この問題は「まちがっているものに○印」である。

■語群選択問題

【6】 A群にもっとも関係の深いものをB群より選び，（　　）の中にその記号を入れなさい。

〔A　群〕

(1) 三相誘導電動機　（　　）
(2) LED　（　　）
(3) ペルチェ効果　（　　）
(4) 進相コンデンサ　（　　）
(5) PCM　（　　）
(6) IC　（　　）
(7) スーパーヘテロダイン　（　　）
(8) サーボモータ　（　　）
(9) SCR　（　　）
(10) インバータ　（　　）

〔B　群〕

(a) 受信機
(b) TTL
(c) ロボット
(d) 逆変換回路
(e) 電力制御
(f) 発光ダイオード
(g) 回転磁界
(h) 電子冷凍
(i) 衛星放送
(j) 力率改善

ヒント！
(5) PCM はパルス符号変調と呼ばれ，衛星放送等に使われている。
(6) IC は Integrated Circuit の略。
(b) TTL は Transistor-Transistor Logic の略で，IC の一種。

【7】 A群の語句に対して関係の深い語句をB群から選び，（　　）の中にその記号を入れなさい。

〔A　群〕

(1) アモルファス　（　　）
(2) OFケーブル　（　　）
(3) 光通信　（　　）
(4) ホログラフィー　（　　）
(5) 圧電気　（　　）

〔B　群〕

(a) 圧力油槽
(b) ロッシェル塩
(c) 太陽電池
(d) 石英ガラス
(e) レーザ

ヒント！
(1)アモルファスは非結晶状態の半導体で，太陽電池の材料となる。
(4)ホログラフィーとは，レーザを利用した立体写真を表す。
(d)石英ガラスは光ファイバの材料である。

【8】 次の文は何の説明か下の解答群から選びなさい。

(1) 2種類の金属をつないで2接点に温度差を与えると，電流が流れる。（　　）

(2) 2種類の金属をつないで2接点を通して電流を流すと，電流

の方向によって，発熱・冷却が起こる。（　　　）

(3) 一方のコイルに流れる電流を変化させると，他方のコイルに電圧が発生する。（　　　）

(4) 導体が磁界中を運動すると，電圧が発生する。（　　　）

(5) 電極間に加える電圧を 0 から次第に高くしていきある電圧になると，絶縁物を傷めてしまい導通状態になる。（　　　）

(6) 絶縁物を電極の間におさめ，高電圧を加えると，微小な電流が流れる。（　　　）

(7) 導体内部の電流密度は表面に近いほど密になり抵抗が増加する。この現象は周波数が高いほど著しい。（　　　）

(8) スイッチなど，その部分には，ある種の抵抗がある。その接触状態によって決まる抵抗のこと。（　　　）

(9) ある種の結晶体に圧力を加えると，電圧が発生する。（　　　）

(10) 液状導体に電流を流すと，その中心に向かって収縮する。（　　　）

《解答群》

(ｱ) 絶縁破壊　　(ｲ) 相互誘導　　(ｳ) 電磁誘導

(ｴ) 漏れ電流　　(ｵ) ペルチェ効果　　(ｶ) ゼーベック効果

(ｷ) ピンチ効果　　(ｸ) 表皮効果　　(ｹ) ピエゾ効果

(ｺ) 接触抵抗

【9】　次の問いに対し，正しい答えを選び番号で答えなさい。

(1) 図の回路で，未知抵抗 $R_x[\Omega]$ は，次のどの式から求められるか。

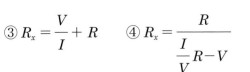

① $R_x = \dfrac{V}{I} - R$　　② $R_x = \dfrac{VR}{IR-V}$

③ $R_x = \dfrac{V}{I} + R$　　④ $R_x = \dfrac{R}{\dfrac{I}{V}R-V}$

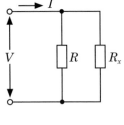

(2) 磁気回路の断面積 A，長さ l，比透磁率 μ_r，真空透磁率 μ_0 のとき，磁気抵抗 $[\mathrm{H}^{-1}]$ は，次のどの式から求められるか。

① $R_m = \dfrac{l}{\mu_r \mu_0 A}$　　② $R_m = \dfrac{\mu_r \mu_0 l}{A}$

③ $R_m = \dfrac{A}{\mu_r \mu_0 l}$ ④ $R_m = \dfrac{\mu_r \mu_0 A}{l}$

(3) コンデンサ C に電圧 V で電気量 Q を充電したとき，コンデンサに蓄えられるエネルギー [J] は，次のどの式から求められるか。

① $\dfrac{1}{2} QV^2$ ② $2QV^2$ ③ $2QV$ ④ $\dfrac{1}{2} QV$

 (1) R に流れる電流は $\dfrac{V}{R}$，R_x に流れる電流は $\dfrac{V}{R_x}$，それらの和は I となる。

【10】 次の問いに対する答えのうち，正しいものを 1 つ選んで○印をつけなさい。

(1) 電界の強さの単位は，

  (a) V   (b) V/m   (c) H/m   (d) A/m   (e) A

(2) 正弦波形の実効値は，最大値を E_m とすると，

  (a) $\sqrt{3} E_m$ (b) $\sqrt{2} E_m$ (c) E_m (d) $\dfrac{E_m}{\sqrt{3}}$

  (e) $\dfrac{E_m}{\sqrt{2}}$

(3) 抵抗 R と誘導リアクタンス X の直列回路のインピーダンスを Z （記号法）で表すと，

  (a) $R + X$ (b) $R - X$ (c) $R + jX$ (d) $R - jX$

  (e) $j (R + X)$

(4) 同じ起電力 E[V] の乾電池 3 個を並列にしたときの電圧 [V] は，

  (a) $2E$ (b) $\dfrac{E}{3}$ (c) E (d) $1.5E$ (e) $3E$

(5) 100[V]，500[W] の電熱器の抵抗 [Ω] は，

  (a) 0.2   (b) 5   (c) 20   (d) 50   (e) 200

【11】 次の問いについて，正しいものを選び○印をつけなさい。

(1) 回路計（テスタ）で測定できないものは，

  (a) 電 力   (b) 抵 抗   (c) 直流電流   (d) 交流電圧

  (e) 直流電圧

(2) 計器用変流器の交流比が 15 のとき，二次側に 3[A] 流れた
ときの線路電流は，

    (a)　5A　　(b)　45A　　(c)　0.2A　　(d)　30A

    (e)　0.02A

(3) ホイートストンブリッジで測定するものは，

    (a)　抵抗とインダクタンス　　(b)　静電容量

    (c)　インダクタンス　　　　　(d)　抵　抗

    (e)　抵抗と静電容量

(4) 二電力計法によって三相電力を測定する接続は，

    (a)　　　　　(b)　　　　　(c)　　　　　(d)　　　　　(e)

(5) 単相交流回路の力率を求めるのに必要な測定器の組合わせは，

    (a)　電圧計・電流計・周波計

    (b)　電圧計・電流計・電力計

    (c)　電圧計・周波計・電力計

    (d)　電流計・周波計・電力計

ヒント！ (2)一次側電流値＝変流比×二次側電流値

【12】 次の文は，サイリスタの基本動作を表したものである。図を見て文中の（　　）の中に適当な語句を下から選び入れなさい。

アノード　　　カソード
A　　　K
G　ゲート

(1) オフ状態からオン状態にするには，（　①　）に（　②　）方向電圧を加え，（　③　）に適当な大きさの電流を流さなければならない。

(2) オン状態になると（　④　）電圧が（　⑤　）でも，（　⑥　）に正方向電圧が加えられていれば，オン状態が続く。

(3) オン状態からオフ状態にするためには，（　⑦　）の電圧を

（　⑧　）にするか逆方向の電圧を加える。

(a)　0　　(b)　逆　　(c)　正　　(d)　アノード

(e)　カソード　　　　(f)　ゲート

■完成問題

【13】　次の文の空白に，あてはまる語句を記入しなさい。

(1)　2つの電荷に働く（　　　）は，両電荷の積に（　　　）し，距離の2乗に（　　　）する。これを（　　　）の法則という。

(2)　下図の回路で電流を流すと（　　　）の方向に動く。これを（　　　）の法則という。

(3)　導体の抵抗は（　　　）に比例し，（　　　）に反比例する。

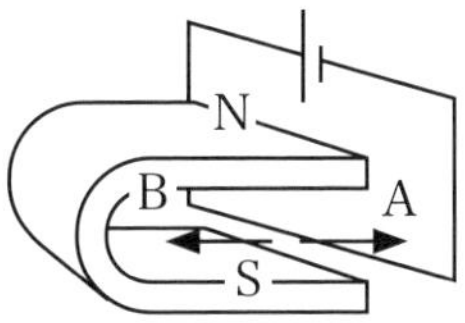

【14】　次の文の空白に，あてはまる語句を記入しなさい。

(1)　〔図Ⅰ〕は，（　　　）の電圧－電流特性である。

(2)　〔図Ⅱ〕は（　　　）のシンボルで，①は（　　　），②は（　　　），③は（　　　）である。

(3)　〔図Ⅲ〕において，A，B，CからそれぞれOに向かって流れる電流をI_1, I_2, I_3とすると，$I_1 + I_2 + I_3 = 0$となる。この法則を（　　　）という。

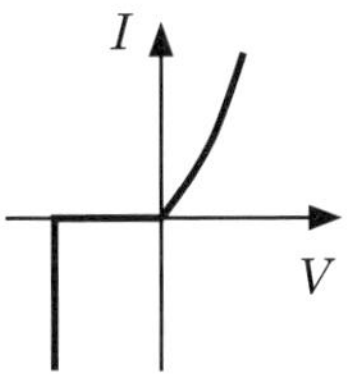

〔図Ⅰ〕 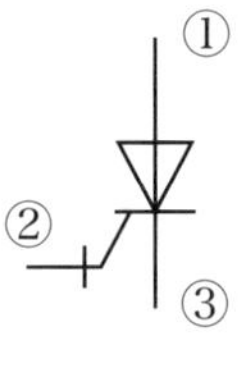　　　　　〔図Ⅱ〕 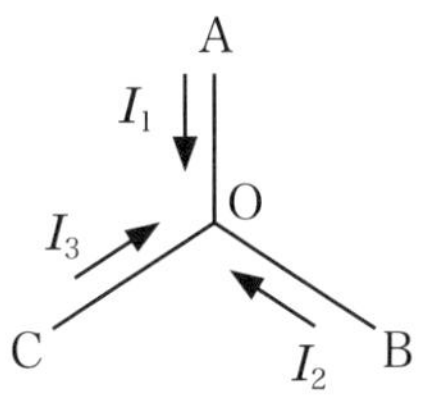　　　　　〔図Ⅲ〕

ヒント！　　各半導体素子の電極名を整理しておくこと。

【15】 次の空欄にもっとも適当と思われる語句を入れなさい。

(1) ラジオ放送の周波数は（ ① ）帯，テレビジョン放送は（ ② ）帯と（ ③ ）帯で，マイクロウェーブは（ ④ ）帯で（ ⑤ ）と同じような性質をもつ。

(2) 半導体は主に温度が上昇すると（ ⑥ ）は下がる。

(3) 1[mW] を基準にすると 1[W] は（ ⑦ ）[dB] である。

(4) h_{FE} を求める式は $\dfrac{(\ ⑧\ )}{(\ ⑨\ )}$ である。

(5) 電離層には地上からの高さの低いほうから，それぞれ（ ⑩ ）層，（ ⑪ ）層，（ ⑫ ）層があり，夜間になると（ ⑬ ）層は消滅する。電波が電離層に進入すると（ ⑭ ），（ ⑮ ），反射の作用をうける。

> **ヒント！**
> (1)ラジオ放送（535 ～ 1605[kHz]），テレビジョン放送（90 ～ 222[MHz] と 470 ～ 770[MHz]）
> (2)電力の場合は対数をとって 10 倍すること。
> (4) h_{FE} はトランジスタの直流電流増幅率

【16】 次の文の（　　）の中に適当な答えを記入しなさい。

(1) 電圧利得が－ 3[dB] のとき，電圧増幅度は（ ① ）である。

(2) コイルの Q は，抵抗を $R[\Omega]$，リアクタンスを $\omega L[\Omega]$ とすれば（ ② ）で表される。

(3) 光信号で信号を伝送すると，（ ③ ）を増加することができる。

(4) 図のヒステリシス曲線でOaを（ ④ ），Obを（ ⑤ ）という。

【17】 次の文中の（　　）の中に，あてはまる数値を入れなさい。

(1) 1 バイトは（　　）ビットである。

(2) 4 ビットでは最大（　　）コードの種類が表現できる。

(3) 100[MHz] は（　　）[Hz] である。

(4) 可聴周波数は（　　）[Hz] から（　　）[Hz] である。

(5)　16 進数 CF は，2 進数では（　　　　）である。

【18】　次の各記述の（　　　　）の中にあてはまる語句を入れなさい。

(1)　AM 変調とは，周波数一定の搬送波の（　　　　）を信号波の大きさによって変化させる変調である。

(2)　FM 変調とは，周波数一定の搬送波の（　　　　）を信号波の大きさによって変化させる変調である。

(3)　PM 変調とは，搬送波の（　　　　）を信号波の大きさによって変化させる変調である。

【19】　次の文を読んで，（　　　　）の中に適当な語句を入れなさい。

(1)　I [cd] の点光源から距離 r 離れた点における照度 E は，I に（　　　）し，r の（　　　）に（　　　）する。

(2)　電力のデシベル表示は（　　　）・log（電力 / 基準電力）の式で表すことができる。

(3)　10 進法の 37 は，2 進法に変換すると（　　　）となり，また 16 進法に変換すると（　　　）となる。

(4)　導体に電流を流すと，（　　　）の法則によって発生する磁界の方向が決まる。

(5)　コイルに毎秒 1[A] の電流を流したところ，1[V] の誘導電圧があった。このコイルの自己インダクタンスは（　　　）[H]である。

■計算問題

【20】　594[kHz] の搬送波を，3[kHz] の信号波で振幅変調を行ったところ，図のような振幅変調波が得られた。次の問いに答えなさい。

$$I_0 = 2[V] \qquad I_S = 1[V]$$

(1)　変調度はいくらですか。

(2)　下側波帯，上側波帯の周波数を求めなさい。

(3) 占有周波数帯域を求めなさい。

(4) 周波数 594[kHz] の 1 波長の長さを求めなさい。

 (1)変調度＝信号波の振幅 / 搬送波の振幅　　(4)波長＝光の速度 / 周波数

総合問題　チェックリスト

☐ 　金属や半導体をある状態において製造すると，結晶配列が全く無秩序になったものが得られる。結晶配列が無秩序な状態を＜ *1* ＞とよぶ。太陽電池，光センサ，CCD，VTR の録画ヘッドなどとして広く利用されている。

1. アモルファス

☐ 　＜ *2* ＞は，直流から交流へ電力変換する装置で，大別して並列形，直列形，単管形の 3 種がある。

2. インバータ

☐ 　多相に配置されたコイルのそれぞれに多相電流を流すと，定速度で回転する磁界を生ずる。これを＜ *3* ＞という。また，単相電流では交番磁界となる。

3. 回転磁界

☐ 　ある波動の周波数とその物体または電気回路などの固有振動数が一致したときに起こる現象を＜ *4* ＞という。

4. 共振

☐ 　＜ *5* ＞とは，ある物質に光をあてると，外部に電子を放出したり，接触面に起電力を発生したり，絶縁物などの電気抵抗を変化させたりする現象をいう。

5. 光電効果

☐ 　コンデンサ始動誘導電動機は，単相誘導電動機の一種で，始動トルクを生じさせるため，補助巻線に＜ *6* ＞を入れて位相を 90°進めたもの。

6. コンデンサ

☐ 　サーミスタは，＜ *7* ＞によって抵抗値が著しく変わる抵抗体で，これを利用していろいろな測定器や制御器が作られている。

7. 温度

☐ 　＜ *8* ＞制御とは，あらかじめ定められた順序に従って，制御の各段階を逐次すすめていく開回路形の自動制御である。自動販売機などはその代表例である。

8. シーケンス

☐ 　コンピュータの五大装置の 1 つである＜ *9* ＞は，CPU の一部であり，働きは主メモリに格納された命令コードを読み出し，解読し，その結果にもとづいて，実行に必要な制御信号を各装置へ送る。

9. 制御装置

☐ 　＜ *10* ＞とは，A，B2 つの違う金属を接合して電気回路を作り，接合点 T_1，T_2 に温度差があると，電圧を発生する現象をいう。

10. ゼーベック効果

☐ 　鉄損は，機器の鉄心内に磁束を生じ，これが交番するために失われるエネルギーで，＜ *11* ＞とヒステリシス損を含む損失をいう。

11. うず電流損

☐ 　＜ *12* ＞とは，磁化されている物質の磁束密度 B と磁化力 H との比。真空の透磁率は，$4\pi \times 10^{-7}$[H/m]。空気中や非磁性体の値は真空の値にほとんど等しい。

12. 透磁率

☐ 　＜ *13* ＞とは，導体に交流電流が流れるとき，電流による交番磁束のためにできる起電力の作用により，導体内部の電流密度は表面に近いほど密になる現象をいう。この傾向は＜ *14* ＞が高いほど著しい。

13. 表皮効果

14. 周波数

☐ 　＜ *15* ＞とは，2 種の金属線を輪にして，その 2 つの接続点を通して電流を流すと，電流の方向によって熱の吸収または発生が起こる現象をいう。

15. ペルチェ効果

☐ 　変調には，AM（振幅変調），FM（周波数変調），＜ *16* ＞（位相変調）の 3 種類がある。

16. PM

☐ 　電荷結合素子のことを英略字 3 文字で＜ *17* ＞という。ビデオカメラ，ディジタルカメラなどに広く利用されている。

17. CCD

☐ 　＜ *18* ＞（IC:Integrated Circuit）は，シリコンウエハ（数ミリ）の上に，トランジスタ，抵抗などの電子部品を組み込んだ回路をいう。

18. 集積回路

☐ 　＜ *19* ＞は，企業内，地域内のような限られた区域内に設置されたコンピュータ，端末機器などを結合した情報通信ネットワークのことである。

19. LAN

一般教科

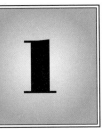 数　　　学

○数学は，数量，図形などに関する基礎的な概念や，原理・法則の理解を深め，数学的な表現や処理の仕方についての能力を高めることを目的としています。

○その内容は，「数と式」，「関数」，「図形」，「確率・統計」からなっています。

○小学校の算数から高校で学習した数学まで，基本となる公式を覚え，電卓などを使わずに計算する習慣を身につけておくことが大切です。

重要事項の整理

1. 式の計算

(1) 乗法公式

$$m(a+b) = ma+mb$$
$$(a \pm b)^2 = a^2 \pm 2ab + b^2$$
$$(a+b)(a-b) = a^2 - b^2$$
$$(x+a)(x+b) = x^2 + (a+b)x + ab$$
$$(ax+b)(cx+d) = acx^2 + (ad+bc)x + bd$$
$$(a \pm b)^3 = a^3 \pm 3a^2b + 3ab^2 \pm b^3$$
$$(a \pm b)(a^2 \mp ab + b^2) = a^3 \pm b^3$$

(2) 因数分解

① 共通因数をくくり出す。

② 乗法公式の逆を用いる。

(3) 指数法則

$$a^m \times a^n = a^{m+n} \quad (a^m)^n = a^{mn} \quad a^{-n} = \frac{1}{a^n}$$

$$\left(\frac{a}{b}\right)^n = \frac{a^n}{b^n} \quad a^m \div a^n = a^{m-n} \quad a^0 = 1$$

(4) 平方根の計算 $(a>0, b>0)$

$$\sqrt{a^2 b} = a\sqrt{b}$$
$$\sqrt{a} \times \sqrt{b} = \sqrt{ab}$$
$$\frac{\sqrt{a}}{\sqrt{b}} = \sqrt{\frac{a}{b}}$$

(5) 分母の有理化 $(a>0, b>0)$

$$\frac{m}{\sqrt{a}} = \frac{m\sqrt{a}}{\sqrt{a} \times \sqrt{a}} = \frac{m\sqrt{a}}{a}$$

(6) 対数計算の公式 $(a, b, M, N は 1 でない正の実数)$

$$\log_a MN = \log_a M + \log_a N$$

$$\log_a \frac{M}{N} = \log_a M - \log_a N$$

$$\log_a M^n = n\log_a M$$

$$\log_a M = \frac{\log_b M}{\log_b a} (底の変換公式)$$

$$\log_a a = 1, \qquad \log_a 1 = 0$$

2. 方程式と不等式

(1) 2次方程式 $ax^2 + bx + c = 0 \ (a \neq 0)$

① 解の公式　$x = \dfrac{-b \pm \sqrt{b^2 - 4ac}}{2a}$

② 判別式　$D = b^2 - 4ac$

　$D > 0 \ \Leftrightarrow$　異なる2つの実数解をもつ。

　$D = 0 \ \Leftrightarrow$　重解をもつ。

　$D < 0 \ \Leftrightarrow$　異なる2つの虚数解をもつ。

③ 解と係数の関係（2つの解を α, β とする）

　$ax^2 + bx + c = a(x-\alpha)(x-\beta)$

　$\alpha + \beta = -\dfrac{b}{a} \quad \alpha\beta = \dfrac{c}{a}$

(2) 2次不等式

　不等号の向きと，判別式 D の大きさに注意する。

(3) 高次方程式・不等式

　因数定理を用いる。

3. 関数とグラフ

(1) 直線の方程式と1次関数

　①$(0, b)$ を通り，傾きaの直線　→　$y = ax + b$

　②2直線の交点$y = ax + b$と$y = a'x + b'$の交点の座標は，2つの式の連立方程式の解である。

　③2直線の位置関係$y = ax + b$と$y = a'x + b'$で

　　2直線が平行であるとき，$a = a'$　$b \neq b'$

　　2直線が垂直であるとき，$a \cdot a' = -1$

(2) 2次関数とグラフ

　①$y = ax^2$ 頂点は原点$(0, 0)$と軸はy

　②$y = ax^2 + bx + c$（一般形），$y = a(x - p)^2 + q$

　　頂点の座標(p, q)

4. 三角関数

(1) 諸公式

$$\tan\theta = \frac{\sin\theta}{\cos\theta}, \ \sin^2\theta + \cos^2\theta = 1, \ 1 + \tan^2\theta = \frac{1}{\cos^2\theta}$$

(2) 三角関数の性質

$\sin(-\theta) = -\sin\theta$

$\cos(-\theta) = \cos\theta$

$\tan(-\theta) = -\tan\theta$

$\sin(90° \pm \theta) = \cos\theta$

$\cos(90° \pm \theta) = \mp\sin\theta$

$\tan(90° \pm \theta) = \mp\cot\theta$

$\sin(180° \pm \theta) = \mp\sin\theta$

$\cos(180° \pm \theta) = -\cos\theta$

$\tan(180° \pm \theta) = \pm\tan\theta$

(3) 特別な角度の三角関数

$$\sin30° = \frac{1}{2}, \quad \cos30° = \frac{\sqrt{3}}{2}, \quad \tan30° = \frac{1}{\sqrt{3}},$$

$$\sin45° = \cos45° = \frac{1}{\sqrt{2}}, \quad \tan45° = 1,$$

$$\sin60° = \frac{\sqrt{3}}{2}, \quad \cos60° = \frac{1}{2}, \quad \tan60° = \sqrt{3}$$

(4) 加法定理

$\sin(\alpha \pm \beta) = \sin\alpha\cos\beta \pm \cos\alpha\sin\beta$

$\cos(\alpha \pm \beta) = \cos\alpha\cos\beta \mp \sin\alpha\sin\beta$

$\tan(\alpha \pm \beta) = \dfrac{\tan\alpha \pm \tan\beta}{1 \mp \tan\alpha\tan\beta}$

（複合同順）

5. 図　　形

(1) 直線でできた図形の性質

　①平行線と角

　　$l \parallel m$ならば

　　㋐同位角は等しい　$\angle a = \angle b$，

　　㋑錯角は等しい　$\angle c = \angle d$,

　　㋒同側内角の和は$180°$　$\angle e + \angle f = 180°$

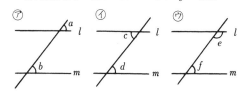

　②三角形の内角

　　内角の和は$180°$となる。

　③n角形の内角・外角の和

　　内角の和　$180° \times (n - 2)$

　　外角の和　$360°$

　④n角形の対角線

　　1つの頂点からひける対角線の数　$(n - 3)$本

　⑤平行線と線分の比

　　中点連結定理

(2) 円に関する性質

　①円周角と中心角

　　○等しい長さの弧に対する円周角は等しい。

　　○同じ弧に対する中心角は円周角の2倍である。

　　○直径に対する円周角は$90°$である。

　②円と接線

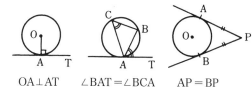

　　$OA \perp AT$　　$\angle BAT = \angle BCA$　　$AP = BP$

(3) 面積・体積の公式

　①面積の公式

　　三角形　$S = \dfrac{1}{2}ah$　　　　平行四辺形　$S = ah$

　　台形　$S = \dfrac{1}{2}(a + b)h$　　　円　$S = \pi r^2$

　　球　$S = 4\pi r^2$

　②体積の公式

　　柱　$V = Sh$　　　　すい　$V = \dfrac{1}{3}Sh$

　　球　$V = \dfrac{4}{3}\pi r^3$

　③三平方の定理

　　$a^2 + b^2 = c^2$

6. 順列と組合せ，確率・統計

(1) 場合の数（和の法則・積の法則）

$$\text{(2)} \quad \text{①順列}_nP_r = \frac{n!}{(n-r)!} \quad \text{②組合せ}_nC_r = \frac{n!}{r!(n-r)!}$$

$$\text{(3)} \quad \text{確率}P(A) = \frac{a}{n}$$

a：Aの起こる場合の数

n：起こり得るすべての場合の数

(4) 統計 ①平均値 ②標準偏差

力だめし

さあやってみよう！

ここがポイント！

典型問題1

1次方程式は移項することで左辺にxを含む項，右辺に含まない項をもっていき解く。

2次方程式は因数分解を用いる解き方と，解の公式を用いる解き方とがある。

【典型問題1】 次の方程式を解きなさい。

(1) $4x - 7 = 2x + 29$

(2) $x^2 + 3x = 0$

(3) $x^2 - 4x + 18 = 4$

解答 (1)両辺を移項して，$2x = 36$ $\therefore x = 18$

(2)左辺を因数分解して，$x(x + 3) = 0$ $\therefore x = 0, -3$

(3)右辺を左辺に移項して，$x^2 - 4x + 14 = 0$

解の公式を用いて，

$$= \frac{-(-4) \pm \sqrt{(-4)^2 - 4 \times 1 \times 14}}{2 \times 1} = \frac{4 \pm \sqrt{16 - 56}}{2} = \frac{4 \pm \sqrt{40}\,i}{2} = \frac{4 \pm 2\sqrt{10}\,i}{2}$$

$$= 2 \pm \sqrt{10}\,i$$

典型問題2

2つの関数の交点の座標は，連立方程式をつくり，それを解いて求める。

座標間の距離は三平方の定理を用いる。

【典型問題2】 図のように2次関数$y = x^2$と1次関数$y = x + 6$のグラフが2点A，Bで交わっているとき，次の値を求めなさい。

(1) A，Bの座標

(2) 線分ABの長さ

(3) △OAPと△OBPの面積比

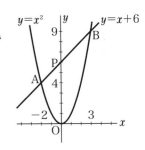

解答 (1)$y = x^2 \cdots$①と$y = x + 6 \cdots$②について，連立方程式を解く。

①を②に代入して，$x^2 = x + 6$ $x^2 - x - 6 = 0$

因数分解して $(x + 2)(x - 3) = 0$ $\therefore x = -2, 3$

$x = -2$のとき$y = 4$，$x = 3$のとき$y = 9$

$\therefore$A$(-2, 4)$ B$(3, 9)$

(2)ABは三平方の定理より，$AB = \sqrt{\{3-(-2)\}^2 + (9-4)^2} = \sqrt{25+25} = \sqrt{50} = 5\sqrt{2}$

(3)$\triangle OAP$と$\triangle OBP$は底辺をOPとすると，底辺は共通だから，面積比は高さの比と等しくなる。$\triangle OAP$の高さは2，$\triangle OBP$の高さは3　∴$\triangle OAP : \triangle OBP = 2:3$

ここがポイント！

【典型問題3】 次の図形に示される斜線部分の面積を求めなさい。（円周率はπとする）

(1) 一辺が10の正方形ABCDで，A，Cを中心として半径10の円をかいたとき。

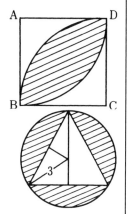

(2) 半径が3の円に内接する正三角形をかいたとき。

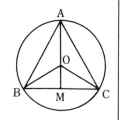

典型問題3
円の面積は$S = \pi r^2$。1辺の長さがaである正三角形について，高さ$h = \dfrac{\sqrt{3}}{2}a$

｜解　答｜ (1)扇形ABDと扇形CBDの面積をたしたものから正方形の面積をひいたものが斜線部分の面積となる。

$$\pi \times 10^2 \times \frac{1}{4} \times 2 - 10 \times 10 = 50\pi - 100$$

(2)$AO = BO = CO = 3$(半径)

$OM = \dfrac{1}{2}AO = \dfrac{3}{2}$　∴$AM = AO + OM = 3 + \dfrac{3}{2} = \dfrac{9}{2}$

$AB = BC = CA = \dfrac{2}{\sqrt{3}} AM = \dfrac{2}{\sqrt{3}} \times \dfrac{9}{2} = \dfrac{9 \times \sqrt{3}}{3} = 3\sqrt{3}$

正三角形の面積は，$3\sqrt{3} \times \dfrac{9}{2} \times \dfrac{1}{2} = \dfrac{27\sqrt{3}}{4}$

よって斜線部分の面積は，$\pi \times 3^2 - \dfrac{27\sqrt{3}}{4} = 9\pi - \dfrac{27\sqrt{3}}{4}$

【典型問題4】 8％の食塩水120gに水を加え，3％の食塩水にするには，何gの水を加えればよいですか。

典型問題4
$\dfrac{食塩水}{の濃度} = \dfrac{食塩の量}{食塩水の量} \times 100$(％)

｜解　答｜ 加える水の量をxgとすると，$3 = \dfrac{120 \times 0.08}{120 + x} \times 100$

$3 \times (120 + x) = 120 \times 0.08 \times 100$

$3 \times 120 + 3x = 120 \times 0.08 \times 100$

$3 \times 120 + 3x = 960$　$360 + 3x = 960$　$3x = 600$　∴$x = \dfrac{600}{3} = 200$

答　200g

実戦就職問題

■数と式の計算

【1】 次の計算をしなさい。

(1) $(-2)^3 \div (-4) \times 2 - (-4)$

(2) $\dfrac{1}{3} + \dfrac{1}{5} + 0.4$

(3) $\dfrac{1}{12} + \dfrac{4}{7} \times \dfrac{35}{6} - 0.25$

(4) $\dfrac{\dfrac{1}{5}}{\dfrac{1}{2} + \dfrac{1}{3}}$

(5) $\sqrt{81} - 2\sqrt{8}$

(6) $2\sqrt{3} \times 3\sqrt{2} + 3\sqrt{6}$

(7) $\left(3\sqrt{5} - 2\sqrt{3}\right)^2$

(8) $\dfrac{1}{\sqrt{3} + 1} + \dfrac{1}{\sqrt{3} - 1}$

(9) $\left(-\dfrac{1}{2} x^2 y\right)^3 \div \left(-\dfrac{1}{4} x^2 y\right)^2 \times 3xy^2$

(10) $\dfrac{x+2}{x^2 - x} + \dfrac{2x+1}{x^2 - 3x + 2} - \dfrac{x-3}{x^2 - 2x}$

ヒント! (1) $(-2)^3 = (-2) \times (-2) \times (-2)$　　(2) 0.4を分数に直して通分する。
(7) $(a-b)^2 = a^2 - 2ab + b^2$　　(8) 通分する。
(10) まず，それぞれの分母を因数分解する。

【2】 □の中に適当な数字を入れて，次の計算を完成しなさい。

$$
\begin{array}{r}
\square\,1\,\square \\
\times\ 3\,\square\,2 \\
\hline
\square\,3\,\square \\
3\,\square\,2\,\square \\
\square\,2\,\square\,5 \\
\hline
1\,\square\,8\,\square\,3\,0 \\
\end{array}
$$

1種類の数字しか入らない□から埋めていく。

【3】 2進数の1101は10進数ではいくつですか。

【4】 次の式を簡単にしなさい。

(1) $\sqrt{11+6\sqrt{2}} =$

(2) $\dfrac{i-1}{2-3i} =$

(3) $\dfrac{t-1}{t-\dfrac{2}{t+1}} =$

(4) $(6x^3y^2 - 4xy^3) \div 2xy^2 =$

(5) $\dfrac{c+a}{(a-b)(b-c)} + \dfrac{a+b}{(b-c)(c-a)} + \dfrac{b+c}{(c-a)(a-b)} =$

 (1) $\sqrt{a+2\sqrt{ab}+b} = \sqrt{a}+\sqrt{b}$ 　(2) $i^2 = -1$，分母と共役な複素数を分母と分子に掛ける。　(3) $t+1$ を分母と分子に掛ける。

【5】 $x:y=3:4$ のとき $\dfrac{x^2-y^2}{x^2+y^2}$ の値を求めなさい。

 $\dfrac{x}{3} = \dfrac{y}{4} = k$ とおくと，$x=3k,\ y=4k$

■因数分解

【6】 次の式を因数分解しなさい。

(1) $ax^2 - x^2 - a + 1$

(2) $a(x-y) + b(y-x)$

(3) $a^2 - 6ab + 9b^2$

(4) $4x^2 - 1$

(5) $2x^2 + 5x - 3$

(6) $3x^2 + 7xy - 20y^2$

(7) $a^2 + 3ab + 2b^2 + ac + bc$

(8) $x^3 + 5x^2 - 2x - 24$

(9) $8x^3 + 27y^3$

(10) $2x^2 - 5xy - 3y^2 + x + 11y - 6$

ヒント! (8)因数定理を用いて1つの解を見つけ因数分解する。$(x-2)$ が因数である。　(9) $a^3+b^3=(a+b)(a^2-ab+b^2)$

■方程式

【7】 次の方程式を解きなさい。

(1) $\begin{cases} 2x+3y=11 \\ 6x+3y=27 \end{cases}$

(2) $\begin{cases} x+y+z=2 \\ x-y+z=7 \\ x+y-z=10 \end{cases}$

(3) $\begin{cases} x+y=3 \\ x^2+y^2=17 \end{cases}$

(4) $\begin{cases} \dfrac{5}{x}+\dfrac{3}{y}=2 \\[2mm] \dfrac{15}{x}+\dfrac{6}{y}=3 \end{cases}$

(5) $x-5=\sqrt{x-5}$

ヒント! (1) 2つの直線の交点。　(3) 円と直線の交点。　(4) $\dfrac{1}{x}=X,\ \dfrac{1}{y}=Y$ とおく。　(5) $x-5\geqq 0$ かつ $(x-5)^2=x-5$ と同値。

【8】 2次方程式 $3x^2-5x+1=0$ の解を $\alpha,\ \beta$ とするとき，次の式の値を求めなさい。

(1) $\alpha+\beta$

(2) $\alpha\beta$

(3) $\alpha^2+\beta^2$

(4) $\alpha^3+\beta^3$

ヒント! 2次方程式 $ax^2+bx+c=0$ の解を $\alpha,\ \beta$ とすると，$\alpha+\beta=-\dfrac{b}{a}$，$\alpha\beta=\dfrac{c}{a}$ となる。

【9】 A地点からB地点を往復した。行きは5km/h，帰りは3km/hの速さで歩き，4時間かかった。AB間の距離を求めなさい。

ヒント! 距離＝時間×速さ

【10】 ある仕事をAが30日で，Bが20日で，Cが15日で仕上げるという。そのとき，AとBがそれぞれ8日間仕事をしたとすれば，Cが何日仕事をすれば仕上がりますか。

【11】 子ども達に柿を分配するのに，1人に5個ずつ配ると10個あまり，7個ずつ配ると最後の1人には2個足りなくなる。子どもの人数と柿の個数を求めなさい。

【12】 前日の売上げ個数がA部品とB部品あわせて820個であった。今日は前日より合計で72個の売上げ増で，内訳はA部品が8％，B部品が10％の増加であったという。今日のA部品とB部品の売上げ個数を求めなさい。

 前日のA部品，B部品の売上げ個数をそれぞれx個，y個として解く。

【13】 縦40m，横50mの土地がある。一区画の面積が252m^{2}ですべて等しいものとする。右図のように土地の中に幅の等しい道路をつけた場合，道路の幅を求めなさい。

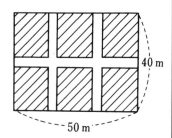
40 m
50 m

 道路の幅をxmとして方程式をたてる。

【14】 長辺と短辺の差が5cmの長方形の四隅を3cm×3cmずつ切り離し，ふたのない箱を作ったら容量は72cm^{3}だった。長方形の長辺と短辺の長さを求めなさい。

 図をかいてみる。

■不 等 式

【15】 次の不等式を解きなさい。

(1) $-3x+2<5$

(2) $x>3+\dfrac{x}{2}$

(3) $|2x+5|<7$

(4) $2x^2 + 4x - 1 > 0$

(5) $-4x^2 - 4x + 3 \leqq 0$

(6) $x + 2 \geqq \dfrac{6}{x+1}$

(7) $\sqrt{x+1} < 3 - x$

(8) $\begin{cases} 2x - 3 > x - 1 \cdots ① \\ x + 5 > 4x - 4 \cdots ② \end{cases}$

(9) $\begin{cases} x^2 - 7x + 10 < 0 \cdots ① \\ x^2 - 3x - 4 > 0 \ \cdots ② \end{cases}$

(10) $(x + 2)(x - 1)(x - 4) > 0$

ヒント！ (8)(9)連立不等式は，2式でそれぞれ求められた答えの共通範囲。

■関数とグラフ

【16】 次の条件を満たす直線の方程式を求めなさい。

(1) 点$(2, 0)$を通り，傾き3の直線

(2) 2点$(4, 5)$，$(1, 7)$を通る直線

(3) 点$(2, 1)$を通り，$3y = x - 4$に平行な直線

(4) 点$(-2, 1)$を通り，$2x - y - 5 = 0$に垂直な直線

ヒント！ (3) 2直線 $l: y = mx + n$, $l': y = m'x + n'$ において，$l /\!/ l' \Leftrightarrow m = m'$
(4) $mm' \neq 0$のとき，2直線 $l: y = mx + n$, $l': y = m'x + n'$ において，$l \perp l' \Leftrightarrow mm' = -1$

【17】 右図を見て，次の各問いに答えなさい。

(1) 直線Aの方程式

(2) 直線Bの方程式

(3) 直線Cの方程式

(4) 直線Aと直線Bの交点の座標

(5) 直線Aと直線Cの交点の座標

(6) 三直線によってつくられる三角形の面積

【18】 $y = 2x^2 + 5x - 3$について次の各問いに答えなさい。

(1) x軸と交わる点の座標

(2) $y = x + 3$との交点の座標

【19】 $y = 2x^2 - 4x - 1$ について次の各問いに答えなさい。

(1) 頂点の座標

(2) 原点に対して対称な方程式

(3) x軸の正の方向に4, y軸の負の方向に3だけ平行移動した方程式

ヒント! $y = a(x-p)^2 + q$ の形に変形して考える。頂点の座標は(p, q)となる。

【20】 次の条件を満たす2次関数をおのおの求めなさい。

(1) 頂点が$(-1, -2)$で，点$(-2, 1)$を通る

(2) 3点$(0, 1)$, $(1, 0)$, $(-1, 6)$を通る

ヒント! (1) $y = a(x-p)^2 + q$ の頂点の座標は(p, q)である。

【21】 次の曲線とx軸とで囲まれた部分の面積を求めなさい。

(1) $y = 2 + x - x^2$

(2) $y = 2(x - 2)(x - 1)$

(3) $y = x^3 - 2x^2 - x + 2$

ヒント! 図示してみる。そして，積分を用いて求める。

【22】 $y = ax^2 + bx + 2a^2$ で $x = 1$ のとき最大値1である。次の各問いに答えなさい。

(1) a, bの値を求めなさい。

(2) $2 \leqq x \leqq 4$ で最小値，最大値を求めなさい。

【23】 $y = 2x^3 + 3x^2 - 12x + 1$ の極大値および極小値を求めなさい。

ヒント! 微分して増減を調べる。

【24】 次の条件を満たす円の方程式を求めなさい。

(1) 原点を中心とする半径1の円

(2) 点$(4, -3)$を中心とし，原点を通る円

(3) 点$(-3, 2)$を中心とする半径$\sqrt{3}$の円

(4) 2点$(3, 4)$, $(5, -2)$を結ぶ線分を直径とする円

ヒント! 中心 (x_1, y_1)，半径 r の円の方程式は $(x-x_1)^2+(y-y_1)^2=r^2$

【25】 次の各図の斜線部の領域は，それぞれどのような不等式で表されるか求めなさい。

(1)

$y=-x$

境界を含む

(2)

境界を含まない

ヒント! (1) $y=f(x)$ のグラフより，$y>f(x)$ は上側の領域を，$y<f(x)$ は下側の領域を示す。 (2) $(x-a)^2+(y-b)^2<r^2$ は円の内部を示す。

【26】 次のグラフを表す式を求めなさい。

(1)

(2)

(3)

(4)

ヒント! (3)無理関数のグラフ。 (4)三角関数のグラフ。

■三角関数

【27】 次の値を求めなさい。

(1) $\tan 45°$ (2) $\cos 135°$ (3) $\sin 660°$

(4) $\tan(-300°)$ (5) $\sin 45°\cos 60°+\cos 45°\sin 60°$

ヒント! $30°60°90°$ の直角三角形と $45°45°90°$ の直角三角形の三角比は暗記しておくこと。

【28】　$0 \leqq \theta \leqq 90°$のとき，$\sin\theta = \dfrac{3}{5}$すると，$\cos\theta$を求めなさい。

 $\sin^2\theta + \cos^2\theta = 1$の公式を用いる。$\theta$の大きさに注意する。

【29】　$\tan\theta = \dfrac{1}{2}$のとき，$\sin\theta \times \cos\theta$を求めなさい。

【30】　$\sin\theta + \cos\theta = \sqrt{2}$のとき，$\sin\theta \times \cos\theta$を求めなさい。

【31】　次の式の値を求めなさい

(1)　$\cos75°\sin15°$　　　　(2)　$\cos75° - \cos15°$

 (1)積和公式 $\cos\alpha\sin\beta = \dfrac{1}{2}\{\sin(\alpha+\beta) - \sin(\alpha-\beta)\}$

(2) 和積公式 $\cos A - \cos B = -2\sin\dfrac{A+B}{2}\sin\dfrac{A-B}{2}$

【32】　次の各グラフの式を求めなさい。

(1) 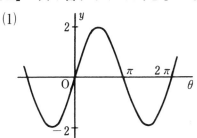　　　(2)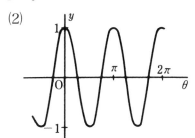

【33】　次の三角関数の値を求めなさい。

(1)　$\sin\dfrac{\pi}{6}$　(2)　$\cos\dfrac{2}{3}\pi$　(3)　$\tan\dfrac{5}{4}\pi$

 $180°$はπラジアン。

【34】　次の三角関数の値を求めなさい。

(1)　$\cos75°$　(2)　$\sin15°$　(3)　$\tan105°$

 加法定理を用いる。

■数　列

【35】 次の数列の（　　　）に適する数を求めなさい。

(1) 3, 5, 8, 12, （　　　）, 23, ‥‥

(2) 2, -1, $\dfrac{1}{2}$, （　　　）, $\dfrac{1}{8}$, $-\dfrac{1}{16}$, ‥‥

(3) 1, 4, （　　　）, 16, 25, ‥‥

(4) -10, -2, 6, 14, （　　　）, 30, ‥‥

(5) $\sqrt{2}$, 2, $2\sqrt{2}$, （　　　）, $4\sqrt{2}$, ‥‥

 (1)差が, 2, 3, 4, ‥‥‥　　(2)公比が$-\dfrac{1}{2}$　　(3)n^2　　(4)公差が8

(5)公比が$\sqrt{2}$

【36】 第4項が1，第17項が40である等差数列の第30項を求めなさい。

 初項がa，公差がdの等差数列の一般項$a_n=a+(n-1)d$

【37】初項が3，公比が2のとき，等比数列の和が1533だった。何項目で1533になるか求めなさい。

 初項がa，公比がrの等比数列の初項から第n項までの和は $S_n=\dfrac{a(r^n-1)}{r-1}$

【38】 次の和を求めなさい。

(1) $\displaystyle\sum_{k=1}^{n}(5-6k)$　　　　(2) $\displaystyle\sum_{k=1}^{n}(3k^2-2k+5)$

 (1)$\displaystyle\sum_{k=1}^{n}k=\dfrac{n(n+1)}{2}$　　(2)$\displaystyle\sum_{k=1}^{n}k^2=\dfrac{n(n+1)(2n+1)}{6}$

■ベクトル

【39】 図において，$\overrightarrow{\mathrm{AB}}=\vec{a}$，$\overrightarrow{\mathrm{BC}}=\vec{b}$とするとき，次の各問いに答えなさい。

(1) $\overrightarrow{\mathrm{CD}}$を$\vec{a}$, $\vec{b}$を用いて表しなさい。

(2) $\overrightarrow{\mathrm{CE}}$を$\vec{a}$, $\vec{b}$を用いて表しなさい。

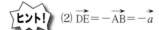 (2)$\overrightarrow{\mathrm{DE}}=-\overrightarrow{\mathrm{AB}}=-\vec{a}$

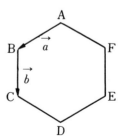

【40】　$\overrightarrow{OA} = (2, -3)$, $\overrightarrow{OB} = (-2, 1)$, $\overrightarrow{OC} = (6, 17)$ であるとき，$\overrightarrow{OC}$を$\overrightarrow{OA}$，$\overrightarrow{OB}$で表しなさい。

 $\vec{c} = k\vec{a} + l\vec{b}$

【41】　2つのベクトル $\vec{a} = (1, \sqrt{3})$, $\vec{b} = (\sqrt{3}+1, \sqrt{3}-1)$ があるとき，次の各問いに答えなさい。

(1)　$\vec{a}$と$\vec{b}$の内積を求めなさい。

(2)　$\vec{a}$と$\vec{b}$のなす角 θ を求めなさい。

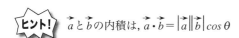 $\vec{a}$と$\vec{b}$の内積は，$\vec{a} \cdot \vec{b} = |\vec{a}||\vec{b}|\cos\theta$

■対数・行列・極限値

【42】　次の各式の値を求めなさい。

(1)　$\log_3 \dfrac{1}{81}$

(2)　$\log_2 \dfrac{1}{2} + \log_2 8 + \log_3 9$

(3)　$\log_3(4-\sqrt{7}) + \log_3(4+\sqrt{7})$

ヒント！ (3) $\log_a m + \log_a n = \log_a mn$

【43】　$\log_{10} 2 = 0.3010$, $\log_{10} 3 = 0.4771$ とするとき，次の値を求めなさい。

(1)　$\log_2 1$

(2)　$\log_{10} 6$

(3)　$\log_{10} 8^2$

(4)　$\log_{10} 0.2$

ヒント！ (1) $\log_n 1 = 0$　　(2) $\log_a m + \log_a n = \log_a mn$　　(3) $\log_a m^n = n\log_a m$

(4) $\log_a \dfrac{m}{n} = \log_a m - \log_a n$　　$\log_a a = 1$

【44】　$A = \begin{pmatrix} 1 & 2 \\ 3 & 4 \end{pmatrix}$ のとき逆行列A^{-1}を求めなさい。

ヒント！ $A = \begin{pmatrix} a & b \\ c & d \end{pmatrix}$ の逆行列$A^{-1} = \dfrac{1}{ad-bc}\begin{pmatrix} d & -b \\ -c & a \end{pmatrix}$

【45】 次の極限値を求めなさい。

(1) $\displaystyle\lim_{x \to -1}(2x-1)^2(x^2-x+1)$

(2) $\displaystyle\lim_{x \to 1}\frac{x^3-1}{x-1}$

(3) $\displaystyle\lim_{x \to \infty}(\sqrt{x^2-4}-x)$

【46】 次の等式が成り立つように定数 a, b の値を定めなさい。

$$\lim_{x \to 2}\frac{2x^2+ax+b}{x^2-x-2}=\frac{5}{3}$$

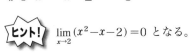 $\displaystyle\lim_{x \to 2}(x^2-x-2)=0$ となる。

■図　形

【47】 次に示す図形の斜線部の面積を求めなさい。ただし，円周率は π とする。

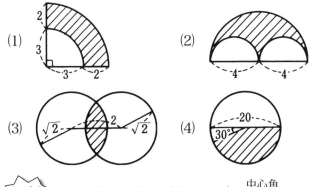

(1)

(2)

(3)

(4)

 扇形の面積は，半径×半径×円周率×$\dfrac{中心角}{360°}$

【48】 右図の展開図の辺ABは，組み立てた場合，どの辺につくことになりますか。

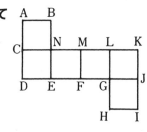

【49】 右図に示す円すいの体積を求めなさい。

ただし，円周率は π とする。

 円すいの体積は，底面積×高さ×$\dfrac{1}{3}$

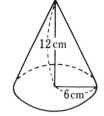

【50】 右図において，DA と DC の長さ
を求めなさい。

 相似な三角形を見つけ，対応する辺
の比を求める。

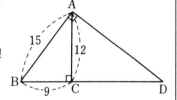

【51】 右図の円すいの展開図において，
∠AOB の大きさを求めなさい。

 円すいの底面の周の長さは AB に等
しい。すなわち $\overset{\frown}{\text{AB}} = 4\pi$。また，弧
の長さと中心角は比例するから，
∠AOB が求まる。

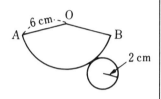

【52】 右図のように，正方形 ABCD にお
いて，CD の中点を M とし，AD，BM を
延長して，その交点を E とする。C と E
を結ぶとき，次の問い答えなさい。

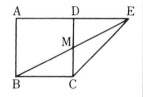

(1) 四角形 ABMD の面積は △CEM の面積の何倍ですか。

(2) AB＝$a$cm であるとき，△BCE の面積を a で表しなさい。

 (1)相似な図形の性質を利用する。AD＝DE である。

(2)△CEM，△MED，△BCM の面積は等しく □ABCD の $\dfrac{1}{4}$ で $\dfrac{a^2}{4}$

■確率・統計

【53】 男5人，女3人の計8人の中から3人の委員を選ぶとき，次
の各確率を求めなさい。

(1) 男ばかり3人が選ばれる確率

(2) 男1人，女2人が選ばれる確率

ヒント！ 組合せの考えによる。

【54】 2つのサイコロを同時に投げたとき，同じ目の出る確率を求めなさい。

【55】 4問でできたテストがある。1問目10点，2問目10点，3問目10点，4問目20点であるとき次の問いに答えなさい。

点数	0	10	20	30	40	50
人数	3	5	9	6	3	9

(1) このクラスの平均は何点ですか。

(2) 4問目ができた人は少なくとも何人いますか。

ヒント! 4問目のみ20点であることに注意する。

【56】 A，B，C，D，4人の平均身長は171cmで，AはDより8cm高く，BはAとDの平均身長より5cm高く，CはDより7cm高い。このとき，4人のうちで一番背の高い人は誰ですか。また，一番低い人の身長を求めなさい。

ヒント! A, B, C, Dの身長をそれぞれAcm, Bcm, Ccm, Dcmとすると，$A = D + 8$, $B = \dfrac{A+D}{2} + 5$よりBはDより9cm高い。一番高いのはB，一番低いのはDである。

数　学　チェックリスト

☐ $(x+2y)^2$ を展開すると〈　*1*　〉である。

☐ $25x^2-9y^2$ を因数分解すると，〈　*2*　〉である。

☐ $(-2)^4=$〈　*3*　〉となり，$-2^4=$〈　*4*　〉となる。

☐ $\dfrac{\sqrt{2}}{\sqrt{3}-2}$ の分母を有理化すると，〈　*5*　〉となる。

☐ 12と15の最小公倍数は〈　*6*　〉であり，また最大公約数は〈　*7*　〉である。

☐ $\log_a 1=$〈　*8*　〉である。

☐ 時速180kmは秒速〈　*9*　〉mである。

☐ 2次方程式 $ax^2+bx+c=0$ の解の公式は，〈　*10*　〉である。

☐ $3x+6=9$ が成り立つとき，x の値は〈　*11*　〉である。

☐ $x^2+3x+2=0$ を解くと x の値は2つあり，〈　*12*　〉と〈　*13*　〉である。

☐ 2次方程式が重解をもつときは，判別式の D の値が〈　*14*　〉となるときである。

☐ $-x^2+3x-2>0$ を解くと，〈　*15*　〉である。

☐ $\begin{cases} 2x+1\geqq 5 \\ x+2<6 \end{cases}$ を解くと，〈　*16*　〉である。

☐ 1次関数 $y=ax+b$ のグラフは，$a>0$ のとき〈　*17*　〉上がりの直線となる。

☐ 傾きが2である直線に垂直な直線の傾きは〈　*18*　〉である。

☐ $y=x^2-2x+3$ のグラフは $y=x^2$ のグラフを x 軸方向に〈　*19*　〉，y 軸方向に〈　*20*　〉だけ平行移動したものである。

☐ $\tan\theta=\dfrac{\langle\ \ *21*\ \ \rangle}{\cos\theta}$ である。

☐ $\sin 45°$ の値は〈　*22*　〉であり，$\tan 60°$ の値は〈　*23*　〉である。

☐ $90°$ は〈　*24*　〉ラジアンである。

☐ 中心 $(1,2)$，半径 $\sqrt{3}$ の円の方程式は，〈　*25*　〉である。

☐ 底辺が5cm，高さが4cmの三角形の面積は〈　*26*　〉cm^2 である。

☐ 半径3cmの球の表面積は〈　*27*　〉cm^2 である。

☐ 相似な図形において，長さが2倍であれば面積は〈　*28*　〉，また体積は〈　*29*　〉倍になる。

☐ 2つのサイコロを同時に振って出た目の和が10になる確率は〈　*30*　〉である。

☐ A，B，Cの3人の点数がそれぞれ84，63，72点のとき，3人の平均点は〈　*31*　〉点である。

☐ 速さは距離÷〈　*32*　〉で求められる。

☐ 600円の品物に5％の消費税がかけられているとき，支払う金額は〈　*33*　〉円である。

☐ 3％の食塩水200gには〈　*34*　〉gの食塩が含まれている。

☐ 五角形の内角の和は〈　*35*　〉°であり，また対角線の総数は〈　*36*　〉本になる。

1. $x^2+4xy+4y^2$

2. $(5x+3y)(5x-3y)$

3. 16

4. -16

5. $-\sqrt{6}-2\sqrt{2}$

6. 60

7. 3

8. 0

9. 50

10. $x=\dfrac{-b\pm\sqrt{b^2-4ac}}{2a}$

11. 1

12. -2

13. -1

14. 0

15. $1<x<2$

16. $2\leqq x<4$

17. 右

18. $-\dfrac{1}{2}$

19. $+1$

20. $+2$

21. $\sin\theta$

22. $\dfrac{1}{\sqrt{2}}$

23. $\sqrt{3}$

24. $\dfrac{\pi}{2}$

25. $(x-1)^2+(y-2)^2=3$

26. 10

27. 36π

28. 4

29. 8

30. $\dfrac{1}{12}$

31. 73

32. 時間

33. 630

34. 6

35. 540

36. 5

理　　科

○第1に物理，次に化学に重点をおき，基本的内容の理解と実際に問題を解く力の養成を
　目的としています。そのため，「重要事項の整理」・「力だめし」の例題は，各分野とも
　基本的な事項を中心にまとめてあります。
○生物は，とくによく出題される人体に関する内容を扱いました。なお，電気関係のところは
　ここでは詳しく取り上げていないので，専門教科のページでよく勉強することが大切です。

重要事項の整理

1.物理

(1)　速度・加速度

①等速運動；$s = vt$

②平均の速さ；$v = \dfrac{s_2 - s_1}{t_2 - t_1} = \dfrac{\varDelta s}{\varDelta t}$

③瞬間の速さ；$v = \lim\limits_{\varDelta t \to 0} \dfrac{\varDelta s}{\varDelta t}$

④速度；速さと向きをもつベクトルで合成や分解
　ができる。$\vec{v} = \vec{v_x} + \vec{v_y}$

⑤加速度；$a = \dfrac{v_2 - v_1}{t_2 - t_1} = \dfrac{\varDelta v}{\varDelta t}$

⑥等加速度運動；$v = v_0 + at$　　$s = v_0 t + \dfrac{1}{2} at^2$

　　$v^2 - v_0{}^2 = 2as$

(2)　運動…力は変形や速度変化の原因

①運動の第1法則…慣性の法則
　運動の第2法則…運動の法則
　運動の第3法則…作用・反作用の法則

②自由落下；加速度 g の等加速度運動；

　　$v = gt$　　　　$s = \dfrac{1}{2} gt^2$　　$g = 9.8[\text{m/s}^2]$

③真上に投げ上げ；$v = v_0 - gt$　　$s = v_0 t - \dfrac{1}{2} gt^2$

④水平方向投げ出し；水平方向には速度 v_0 の等
　速度，鉛直方向には加速度 g の等加速度運動を

する。

⑤最大静止摩擦力…$F = \mu N$，動摩擦力…$F' = \mu' N$

(3)　仕事，エネルギー，熱

①仕事；$W = Fs$，仕事率；$P = \dfrac{W}{t}$

②運動エネルギー；$U_K = \dfrac{1}{2} mv^2$

③重力による位置エネルギー；$U_p = mgh$

④弾性力によるエネルギー；$U_p = \dfrac{1}{2} kx^2$

⑤力学的エネルギー保存の法則；
　　$U = U_p + U_k = $ 一定

⑥熱量：$Q = mc(t - t_0)$ [cal]

⑦熱の仕事当量；$W = JQ$　　$J = 4.2[\text{J/cal}]$

⑧エネルギー保存の法則

2.化学

(1)　物質の分類

①物質 {

純物質 {

単体……1種類の元素からなる物
　　　　質（水素，酸素など）

化合物…2種以上の元素が化学結合して
　　　　いる物質（水，二酸化炭素など）

混合物…2種以上の純物質が混っているもの。
　　　　（物理的方法で分離することができ
　　　　る。食塩水など）

②同素体……同じ元素の単体で性質の異なるもの（ダイヤモンドと黒鉛など）。

(2)　原子の構造

①原子 { 原子核 { 陽子……正の電荷をもつ / 中性子…電荷をもたない } / 電子……負の電荷 }

②原子番号＝陽子の数＝電子の数

③質量数＝陽子の数＋中性子の数

④同位体……原子番号は同じで質量数が異なる原子（同じ元素に属し，質量が異なる）。

⑤イオン { 陽イオン……電子を失って正に帯電 / 陰イオン……電子を得て負に帯電 }

(3)　物質量（モル）

①原子量；^{12}C を 12 としたときの各元素の原子の相対質量。

②分子量，式量；構成原子の原子量の総和。

③アボガドロ定数；6.0×10^{23}

④物質量（モル数）；原子・分子・イオンなどの量を[mol]を単位として個数で表した量。

⑤1[mol]の気体の体積；標準状態（0℃，1気圧）では気体の種類によらず22.4[L]

(4)　溶液の濃度

①質量パーセント濃度[%] ＝ $\dfrac{溶質の質量}{溶液（溶媒＋溶質）の質量} \times 100$

②モル濃度[mol/L] ＝ $\dfrac{溶質の物質量[mol]}{溶液の体積[L]}$

(5)　化学反応式のつくり方

①反応物（左辺）→生成物（右辺）

②係数は両辺の各原子の数が等しくなるようにつける。量的関係は次のようになる。

	N_2	＋	$3H_2$	→	$2NH_3$
分子数	1[個]		3[個]		2[個]
物質量	1[mol]		3[mol]		2[mol]
質量	28[g]		3×2[g]		2×17[g]
体積比	1	:	3	:	2
(0℃, 1気圧で22.4[L])		67.2[L]		44.8[L]	

3.生物

(1)　細胞の構造

細胞 { 原形質 { 核 / 細胞質 { ミトコンドリア / 葉緑体，細胞膜など } } / 後形質；細胞壁，貯蔵物質，老廃物 }

(2)　遺伝（メンデルの遺伝の法則）

①優性の法則；対立形質をもつ両親の間にできた雑種第一代（F_1）には，対立形質のうち優性な方だけが現れる。

②分離の法則；生殖細胞をつくるとき，対立遺伝子が分離して別々の配偶子に入るため，雑種第二代（F_2）では優性形質のほかに劣性形質も現れて，その比が3：1となる。

③独立の法則；2対の対立遺伝子による遺伝で，各対立遺伝子が互いに独立して遺伝すること。そのため，F_2の表現型の比は，両方優性：一方が優性：他方が優性：両方劣性が9：3：3：1となる。

(3)　ヒトの体のしくみと働き

①消化と吸収；食物は消化分解され吸収される。

②血液の成分と働き；赤血球，白血球，血小板，血しょう

③血液循環；心臓の構造，動脈と静脈

④吸収と排出；肺の働き，腎臓の働き

⑤感覚器と神経系；中枢神経の働き

4.地学

(1)　地球の構造……地表より，地殻，マントル，外核，内核。

(2)　岩石……①火成岩；マグマが冷えて固まったもの。

②堆積岩；堆石物が固まったもので，地層をつくる。化石を含むこともある。

③変成岩；岩石が熱や圧力で変えられたもの。

(3)　地球の運動……自転と公転を行うが，自転の軸（地軸）は公転面に対し，66.6°の傾きをもつ。

(4)　太陽系……8個の惑星とその衛星，すい星よりなる。

(5)　銀河系……直径10万光年の約1000億個の恒星の集まり。

力だめし

さあやってみよう！

ここがポイント！

典型問題1
運動方程式$F = ma$。この場合のFは重力の斜面方向の成分と摩擦力の和（向きは逆）。

$$\sin 30° = \frac{1}{2}$$

$$\cos 30° = \frac{\sqrt{3}}{2}$$

【**典型問題1**】 水平面と30°傾いた斜面を物体がすべり下りるときの加速度を求めなさい。ただし，重力加速度の大きさをg，斜面と物体との間の動摩擦係数をμ'とする。

解 答 物体の質量をm，斜面方向下向きの加速度をaとすると，次の運動方程式が成り立つ。

$$ma = mg\sin 30° - \mu' N \cdots ①$$

斜面に垂直な方向の力はつりあっているから，

$$N = mg\cos 30° \cdots ②$$

$$\sin 30° = \frac{1}{2} \quad \cos 30° = \frac{\sqrt{3}}{2}$$

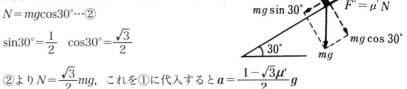

②より$N = \frac{\sqrt{3}}{2}mg$，これを①に代入すると$a = \frac{1 - \sqrt{3}\mu'}{2}g$

【**典型問題2**】 メタンCH_4を完全燃焼させると，二酸化炭素と水を生じる。原子量は$H = 1.0$，$C = 12$，$O = 16$とし，次の問いに答えなさい。

(1)この反応を化学反応式で表しなさい。

(2)メタン4.0gを完全燃焼させるのに必要な酸素は何gですか。また，そのとき生じる二酸化炭素は標準状態で何Lですか。

解 答

(1) 化学反応式

	CH_4	+	$2O_2$	→	CO_2	+	$2H_2O$
(2) 量的関係は(物質量)	1[mol]		2[mol]		1[mol]		2[mol]
(質量)	16[g]		2×32[g]		44[g]		
(標準状態の体積)					22.4[L]		
(問題では)	4[g]		x[g]		y[L]		

CH_4 16[g]とO_2 2×32[g]が反応する。

CH_4 4[g]と反応するO_2をx[g]とすると，

$$\frac{4}{16} = \frac{x}{2 \times 32}$$ よって$x = $**16[g]**

同様に，CH_4 16[g]が反応するとCO_2 22.4[L]が生じる。

CH_4 4[g]が反応して生じるCO_2をy[L]とすると，

$$\frac{4}{16} = \frac{y}{22.4}$$ よって$y = $**5.6[L]**

実戦就職問題

■物　理

【1】 30[m/s]の速さで真上に投げ上げたとき，物体が最高点に達するまでの時間とその高さを求めなさい。

 最高点では，速さvが0になる。

【2】 地上から2000[m]の上空をヘリコプターが108[km/h]で水平に飛んでいる。そこからある物体mを静かに落とした。次の問いに答えなさい。ただし，重力加速度$g = 9.8$[m/s²]とする。

⑴　落した瞬間の物体mの速度の水平成分と垂直成分はそれぞれ何[m/s]ですか。

⑵　物体mの速度の水平成分は，その後時間とともにどのように変化しますか。

⑶　物体mの速度の垂直成分は，その後時間とともにどのように変化しますか。

⑷　物体mが地上に到着するのは何秒後ですか。

 水平成分はヘリコプターと同じ。垂直成分は自由落下と同じ。単位をなおす。　$(4)s = \frac{1}{2}gt^2$

【3】 次の各図で，力がつり合い各物体は静止している。また，摩擦や滑車と糸の質量は無いものとする。A，B，Cの質量はそれぞれ何kgですか。

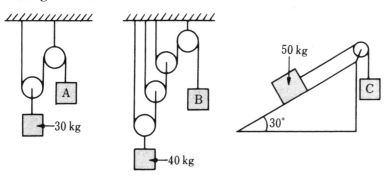

 動滑車1個につき，力は半分になる。

【4】　右図のように，動滑車と定滑車に糸をかけ，糸の一端を天井に固定した。動滑車と，糸の他の端に質量の等しいおもりAとBをそれぞれつり下げたときのAおよびBの加速度を求めなさい。ただし，糸の伸び，糸と滑車の質量は無視できるものとし，重力加速度はgとする。

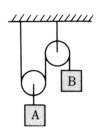

 Bの加速度はAの加速度の2倍。

【5】　下の図で，質量mの物体がAから斜面を静かにすべり始め，Bから平面を通過し，Cから斜面を登りDに達する。この間，エネルギーの損失はないものとする。高さをそれぞれh_1, h_2とすると，Bを通過するときの速さとDに達したときの速さを求めなさい。

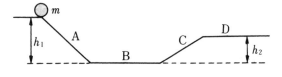

 力学的エネルギー保存の法則。$U = U_p + U_k =$一定

【6】　次の各都市に供給されている交流電流の周波数のうち，まちがっているものはどれですか。

(ア) 函館市…50[Hz]　　(イ) 新潟市…50[Hz]　　(ウ) 静岡市…50[Hz]

(エ) 山口市…60[Hz]　　(オ) 福岡市…60[Hz]　　(カ) 長野市…60[Hz]

【7】　右の回路の各抵抗の大きさは，すべて$r[\Omega]$とすると，合成抵抗Rはいくらですか。

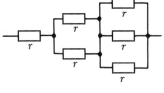

【8】　100[V]，40[W]の電球4個と，500[W]の洗濯機と90[W]のテレビを同時に並列に接続して使用するとき，流れる電流はいくらになりますか。

 並列回路のとき，流れる電流は各器具の電流の和。また，電力P，電圧V，電流$I = \dfrac{P}{V}$

【9】 次の文章の（　　　）の中に適当な語句，または数値を入れて正しい文章にしなさい。

(1)　物体がその場所を保とうとする性質は，弾性，慣性，粘性のうち（　　　）である。

(2)　地上より50[m]の高さにある質量15[kg]の物体の位置エネルギーは（　　　）[J]である。

(3)　自由落下する物体の始めの5秒間の落下距離は（　　　）[m]である。

(4)　純水1[m³]はおよそ（　　　）[kg]で，大気圧が1気圧のとき水は（　　　）[℃]で沸騰し，（　　　）[℃]で凍る。

(5)　水150[g]の温度を15[℃]から100[℃]にするには，（　　　）[kJ]の（　　　）が必要である。

(6)　プリズムに白色光を当てるとこれから出て来る光は数種の色光に分かれる。このときできる光の帯を（　　　）という。

(7)　赤色から紫色までの目に見える部分の光を可視光線というが，赤色より波長の長い光を（　　　），紫色より波長の短い光を（　　　）という。

(8)　観測者と音源が互いに近づいていくときは音が（　　　）く聞こえ，遠ざかっていくときは音が（　　　）く聞こえる。

(9)　1[μm]は（　　　）[cm]，1オングストロームは（　　　）[m]である。

(10)　kWは（　　　）の単位であり，kW・hは（　　　）の単位である。また，1[kW・h]は（　　　）[J]である。

ヒント！ (1)運動の第1法則　(2)$U_p = mgh$　(3)$s = \frac{1}{2}gt^2$　(5)$Q = m(t - t_0) \times 4.2$[J]

(8)ドップラー効果による。　(9)μは10^{-6}倍を表す。オングストロームは原子の半径などを表すとき用いる単位。　(10)1[W] = 1[J/s]

【10】 次の各法則の名前を下群より選び，記号で答えなさい。

(1)　圧力一定のとき，一定量の気体の体積は，温度が1℃上昇するごとに0℃のときの体積の$\frac{1}{273}$ずつ増加する。　（　　　）

(2)　温度一定のとき，一定量の気体の体積は圧力に反比例する。　（　　　）

(3)　導線の2点間に電圧を加えたとき，流れる電流は電圧に比例し，抵抗に反比例する。　（　　　）

(4) ばねのような弾性体に力を加え変形させるとき，力の大きさがある範囲内であれば，変形の大きさは，加えた力の大きさに比例する。　　　　　　　　　　　　（　　　）

(5) 閉じこめられた流体の一部に圧力を加えると，その圧力は流体のあらゆる部分に等しい大きさで伝わる。　　　（　　　）

(6) 流体中の物体がその流体から受ける浮力の大きさは，その流体が排除している流体の重さに等しい。　　　　（　　　）

(ｱ)アルキメデスの法則　　　　　(ｲ)オームの法則

(ｳ)シャルルの法則　　　　　　　(ｴ)パスカルの法則

(ｵ)フックの法則　　　　　　　　(ｶ)ボイルの法則

■化　　学

【11】　次の元素の元素記号を（　　　　）の中に書きなさい。

(1) 鉄（　　　　　）　　　　(2) 銅（　　　　　）

(3) アルミニウム（　　　　　）　(4) 鉛（　　　　　）

(5) スズ（　　　　）　　　　(6) マグネシウム（　　　　　）

(7) 金（　　　　）　　　　　(8) ウラン（　　　　）

(9) ケイ素（　　　　）

【12】　次の化学式で表される物質の名称を（　　　）に書きなさい。

(1) $NaCl$（　　　　　　）　　(2) NH_3（　　　　　　）

(3) $C_6H_{12}O_6$（　　　　　）　(4) H_2SO_4（　　　　　）

(5) C_2H_5OH（　　　　　）

【13】　次の文中の（　　　）に適する語句，数値を入れなさい。

(1) 原子の中心には正の電気をもった（　　）があり，これは，正の電気をもった陽子と電気をもたない（　　）からできている。また，そのまわりを負の電気をもった（　　）が運動している。

(2) 中性の原子が（　　）を失えば，（　　）に帯電した原子，すなわち（　　）になり，（　　）を得れば（　　）になる。

(3) 大理石に塩酸をかけると，発生する気体は（　　）である。

(4) （　　）とは水素イオン指数のことで，その値が（　　）より小さい水溶液は（　　）性，大きいときは（　　）性で，（　　）に等しいときに（　　）性という。

(5)　水を電気分解すると，（　　）極に水素，（　　）極に酸素が発生し，その体積比は（　　：　　）である。

(6)　一定量の気体の体積は（　　）に反比例し，（　　）に比例する。

(7)　Cl^-を含む水溶液に（　　）の水溶液を加えると白色沈殿を生ずる。

ヒント! (3)大理石の主成分は炭酸カルシウム$CaCO_3$である。　(4)水素イオン指数は酸性，塩基性の程度を表すもので，アルファベットの小文字と大文字で示す。　(6)ボイル・シャルルの法則。　(7)Cl^-の検出に用いる。$AgCl$の白色沈殿を生じる。

【14】 塩化ナトリウム（NaCl）23.4[g]を水に溶かして500[mL]にした溶液のモル濃度を求めなさい。ただし，原子量はNa＝23，Cl＝35.5とする。

【15】 二酸化炭素（CO_2）11[g]の物質量は何[mol]ですか。また，標準状態（0℃，1atm）での体積は何[L]ですか。ただし，原子量はC＝12，O＝16とする。

ヒント! 標準状態で1[mol]の気体の体積は22.4[L]。

【16】 次の金属のうち水に溶けやすいものはどれですか。○で囲みなさい。

Al　　Cu　　Mg　　K　　Cr　　Na

ヒント! アルカリ金属，アルカリ土類金属のイオン化傾向が大きいものが水に溶ける。

【17】 次の文中の（　　）の中に適する語句を入れなさい。

(1)　溶媒に溶質を溶かすには限度があり，その限度に達した溶液を（　　）という。

(2)　化合物から酸素を取り除くことを（　　）という。

(3)　フッ素，塩素，臭素，ヨウ素はともに同族元素であり，一括して（　　）という。

(4)　過酸化水素を分解して酸素を発生させるとき，二酸化マンガンを加えると，反応が速くなる。このときの二酸化マンガンのような働きをする物質を（　　）という。

【18】　次の文中の（　　　）の中より正しいものを選び○で囲みなさい。

(1)　食塩水は（①酸性，②中性，③アルカリ性）である。

(2)　pHとは（①酸・アルカリ性の程度を表す数値である。②100[g]の水に溶けることができる溶質のグラム数である。③ ^{12}C を12とした原子の相対質量である。）

(3)　炭水化物・タンパク質・アルコールなどは，成分元素として炭素を含む化合物で，一般に（①無機物，②有機物）という。

(4)　周期表のO族の元素は，いずれも化学的にきわめて不活性な気体で，まとめて（①LPガス，②ハロゲン，③希ガス）といい，アルゴン，ネオンや（④リチウム，⑤ヘリウム，⑥カリウム）があげられる。

■生　　物

【19】　次の各文に相当するものを下群より選び，記号で答えなさい。

(1)　感覚や記憶・思考の中枢

(2)　呼吸や心臓の運動の中枢

(3)　腱（けん）の反射などの中枢

(4)　運動を調節し，体の平衡を保つ中枢

　(ア)大脳　　(イ)小脳　　(ウ)延髄　　(エ)脊髄

【20】　文中の（　　　）に適する語句を入れなさい。

　　血液の成分のうち，ヘモグロビンによって酸素を運ぶ働きをするのは（　　　）であり，体内に入りこんだ細菌などを殺す働きをするのは（　　　）である。また，（　　　）は血液が体の外に出たときに凝固させる働きをする。栄養や二酸化炭素，老廃物を運ぶ液体を（　　　）という。

【21】　次の文中の（　　　）に適する語句を入れなさい。

　　ヒトが3大栄養素を口から取り入れたとき，炭水化物（デンプン）は，だ液などの働きによってまず（　　　）に分解され，さらにすい液や腸液によって分解され（　　　）になり，小腸より吸収される。タンパク質は，胃液でペプトンになり，さらにすい液，腸液によって（　　　）に分解される。脂肪は，すい液・腸液の働きにより（　　　）とグリセリンに分解される。

【22】　次の文の（　　　）の中から適する語句を選び○で囲みなさい。

(1)　ヒトの体内に入ったバクテリアを捕食するのは，（赤血球，白血球，血小板）である。

(2)　肝臓でつくられる消化に重要な液を一時蓄えておく器官は（胆のう，膀胱，十二指腸）である。

(3)　胃は食べた物を消化するために胃液によって中が（酸性，中性，アルカリ性）になっている。

(4)　血液中から尿をろ過する器官は（すい臓,肝臓,腎臓）である。

ヒント!　(3)消化管の他の部分は，中性から弱アルカリ性である。

【23】　オシロイバナの赤色（RR）と白色（rr）を交雑させると，Rとrの優劣関係が不完全なため，雑種第一代F_1は中間の桃色となる。次の組合わせで交雑させた場合，生じる表現型の比はどのようになるか答えなさい。

(1)　赤×赤　　(2)　桃×桃　　(3)　桃×赤　　(4)　桃×白

ヒント!　桃色の遺伝子型はRrである。

【24】　次の文中の（　　　）に適する語句を入れなさい。

(1)　生物が酸素を用いてグルコース（ブドウ糖）を分解しエネルギーを得るとき，分解で生じる物質は（　　　）と（　　　）である。

(2)　心臓から出る血液が通る血管を（　　　）といい，心臓へ戻る血液が通る血管を（　　　）という。

(3)　3大栄養素とは，炭水化物，脂肪と（　　　）である。

(4)　ウマ，カエル，フナ，トンボ，スズメのうち分類上別の仲間

に属するのは（　　　）である。

(5)　血液の中で酸素を運ぶものは，血しょう，白血球，赤血球の
うち（　　　）である。

ヒント！　(1)酸素呼吸，光合成の逆の反応式が書ける。

【25】　次の文の（　　　）の中から適する語句を選び○で囲みなさい。

(1)　マツやスギは，分類上（コケ類，シダ類，裸子植物，被子植物）
に属する。

(2)　細胞の中にあって酢酸カーミンなどでよく染まる球状のもの
を（核，葉緑体，中心体）といい，この中には，遺伝情報を担っ
ている（BTB，ATA，DNA）を含んでいる。

(3)　植物の成長にとって害になる物質の1つに（カリウム，リン，
銅，窒素）があげられる。

(4)　体内に入ったバクテリアを捕食するのは，（白血球，赤血球，
血小板）である。

■地　　学

【26】　次の文中の（　　　）に適する語句を入れなさい。

(1)　日食のとき，直線上に並んだ太陽，地球，月のうち，真ん中
にあるのは（　　　）である。

(2)　惑星とは（　　　）のまわりを公転する天体をいい，（　　　）
とは惑星の周囲をまわる天体をいう。

(3)　世界の時刻の基準とされている天文台は，イギリスの（
　　　）天文台である。

(4)　地球が太陽のまわりを回っている運動を地球の（　　　）と
いい，地軸を中心にして回転する運動を地球の（　　　）という。

(5)　火星，木星，金星のうち，地球より太陽に近い軌道をもつも
のは（　　　）である。

(6)　太陽のように自分で光を出す星を（　　　）という。

【27】　次の文中の（　　　）に適する語句または数値を入れなさい。

(1)　地球は1年で太陽を1周する。そのため，星座をなす星の南
中時刻は1日に約（　　　）分ずつ早くなる。

(2)　光の速さは30万[km/s]である。1光年は（　　　　）× 10 ⁽ ⁾ [km]である。

(3)　潮の満干が最も小さくなるのは，新月，半月，満月のうち，（　　　　）のときである。

(4)　台風の目に向かって吹き込む風は，北半球では（　　　　）まわりの渦巻きとなる。

(5)　暖かく湿った風が高い山を越えると，乾いた熱風となる。これを（　　　　）現象という。

ヒント! (1)1年間で24時間早くなる。　(2)1光年は光が1年間で進む距離。　(4)北半球では直進しようとする物体は右方向に曲げられる。　(5)大火の原因となることがある。

【28】 次の文の（　　　　）の中より最適なものを選び，記号で答えなさい。

(1)　マグマが冷えて固まってできた岩石を（①堆積岩，②火成岩，③変成岩）という。

(2)　花こう岩の中にある灰色でガラス質の鉱物は（①黒雲母，②長石，③石英）である。

(3)　日本の冬によく見られる，強い北西の季節風を吹かせる気圧配置を（①南高北低，②西高東低，③北高南低）型という。

理　科　チェックリスト

- □　速さ–時間線図で, グラフの接線の傾きは〈　1　〉を, 面積は〈　2　〉を表す。
- □　自由落下において, t秒後の速さは〈　3　〉の式で, t秒間の落下距離は〈　4　〉の式で求められる。
- □　重力加速度gは, およそ〈　5　〉[m/s²]である。
- □　ニュートンの運動の法則で, 第1法則は〈　6　〉といわれ, 第3法則は〈　7　〉といわれる。
- □　物体に力を加えると加速度を生じ, その大きさは力の大きさに比例し, 物体の質量に反比例する。これを式で表すと, 〈　8　〉である。
- □　運動エネルギーは〈　9　〉で, 重力による位置エネルギーは〈　10　〉で表される。
- □　水1[g]の温度を1[℃]上昇させる熱量が〈　11　〉[cal]である。
- □　比熱c, 質量mgの物質の温度をt℃だけ上昇させる熱量Qは〈　12　〉[cal]である。
- □　1[cal]の熱量に相当する仕事の量は, 〈　13　〉[J]である。
- □　固体→液体の変化を融解といい, その逆を〈　14　〉という。同様に, 液体→気体を気化, その逆を〈　15　〉, 固体→気体の変化及びその逆を〈　16　〉という。
- □　原子は原子核と〈　17　〉から成り, 原子核は, 〈　18　〉と〈　19　〉からできている。
- □　K殻, L殻, M殻は〈　20　〉。
- □　原子番号が同じで質量の異なる元素を〈　21　〉という。
- □　元素記号がHeの元素名はヘリウム, Cは〈　22　〉, Siは〈　23　〉, Cuは〈　24　〉, Znは〈　25　〉, Hgは〈　26　〉である。
- □　HClは塩酸, HNO₃は〈　27　〉, NaOHは〈　28　〉, AgClは〈　29　〉である。
- □　次の物質の式量, 分子量は, NaClは58.5, H₂Oは〈　30　〉, NH₃は〈　31　〉, H₂SO₄は〈　32　〉である。
- □　100[g]の水に食塩25[g]を溶かすと, 濃度〈　33　〉[%]の食塩水ができる。
- □　H₂O 1[mol]は18[g]であるから, 90[g]は〈　34　〉[mol]である。
- □　1.8×10^{24}個の原子は〈　35　〉[mol]であり, 標準状態で112[L]の気体は, 〈　36　〉[mol]である。
- □　細胞の中には, 核, ミトコンドリア, 葉緑体などがあるが, 植物細胞だけに見られるのは〈　37　〉である。
- □　血液中の固形成分である血球は, 白血球, 赤血球, 〈　38　〉から成る。
- □　タンパク質は消化・分解すると〈　39　〉に, デンプンは〈　40　〉に, 脂肪は脂肪酸と〈　41　〉になる。
- □　両親の血液型がA型と〈　42　〉型の場合, 子どもがO, A, B, ABのいずれにもなる可能性がある。
- □　〈　43　〉とは−273[℃]で, これより低い温度はありえないという温度。
- □　観測者に近づいてきている音源からの音が高く聞こえる現象を〈　44　〉という。
- □　地球が1年間で太陽を1周することを〈　45　〉という。
- □　〈　46　〉とは, 梅雨期に日本列島に現れる暖気団と寒気団の勢力がつりあって動かない状態の前線。

1. 加速度
2. (進行)距離
3. $v=gt$
4. $s=\frac{1}{2}gt^2$
5. 9.8
6. 慣性の法則
7. 作用反作用の法則
8. $F=ma$
9. $U_K=\frac{1}{2}mv^2$
10. $U_P=mgh$
11. 1
12. $Q=mct$
13. 4.2
14. 凝固
15. 液化
16. 昇華
17. 電子
18. 陽子
19. 中性子
20. 電子の軌道
21. 同位体
22. 炭素
23. けい素
24. 銅
25. 亜鉛
26. 水銀
27. 硝酸
28. 水酸化ナトリウム
29. 塩化銀
30. 18
31. 17
32. 98
33. 20
34. 5
35. 3
36. 5
37. 葉緑体
38. 血小板
39. アミノ酸
40. グルコース(ブドウ糖)
41. グリセリン
42. B
43. 絶対温度
44. ドップラー効果
45. 公転
46. 梅雨前線

3 国　語

○国語の勉強の比重の置き方は，ここに出題した問題数の割合に比例していると思ってよいでしょう。ただ，ここに出されている問題は，実際に出題されたものを中心にしているので，確実性を期したい人は，基礎知識の勉強をまず行ってから取り組まれるとより効果的です。

○今後マークシートなどによる出題も多くなると予想されるので，それに対処できるように新傾向の問題も用意しました。マークシートに対しては確実な知識をもって取り組まないと迷いが生ずるので注意する必要があります。とにかく繰り返し勉強してほしいと思います。

重要事項の整理

1. 漢字の読み

漢字の読みの問題が難しいのは，同じ文字でも音が異なるからである。日本語でも地方によって言葉がちがうように，漢字にも地域差・時代差があるということを銘記してもらいたい。

(1) 呉音＝最も早く日本に渡ってきた漢字音。
揚子江下流域の呉地方の音が主流のため，呉音という。

(2) 漢音＝隋・唐時代の首都長安の標準語。
今の読み方の中心。

(3) 唐音＝中国の唐末以降のものである。量は多くない。

各音による読みのちがいの例

呉音	行儀ぎょうぎ	灯明とうみょう	頭上ずじょう
漢音	行動こうどう	明白めいはく	頭髪とうはつ
唐音	行脚あんぎゃ	明国みんこく	饅頭まんじゅう

(4) これに対して日本固有の漢字もある。江戸時代の新井白石が書いた『同文通考』によると，国字81字があげられている。魚偏が24字もある。国字は音はなく訓だけである。

〔例〕

凪(なぎ)　峠(とうげ)　凩(こがらし)　笹(ささ)　躾(しつけ)

躮(せがれ)　椛(もみじ)　辻(つじ)　俤(おもかげ)　畑(はたけ)

などいろいろある。辻という字は江戸時代，合計の意味で使われていた。

(5) 次に読みを難しくしているのは熟字訓といわれるもの，いわゆるあて字である。これはごく限られた場合だけのものであるから覚えてしまう以外に方法はない。一字一字の読み方を覚えても意味がない。理屈ぬきにそう読むのだと思うのである。しかし，ただ覚えるのではなく，単語帳やカードを作ったりすることが必要だ。その際同じような語はまとめて覚えるとよい。たとえば，日時に関する読みとしては，一日・二日・二十日・昨日，今日・明日というように覚えるのである。

2. 漢字の書き取り

漢字は表意文字であり，一字一字が異なった意味を表している。したがって読みだけ覚えてもその言葉の意味を理解していないと，正しい漢字の書き取りができないことになってしまう。日ごろ常に辞書で意味を確かめて書く習慣をつけると誤字は減少する。また，パソコンや携帯電話の普及によって発音だけに頼ってしまって，とんでもない誤字を書くケースが多くなっている。機械は万能ではない。君

自身の頭で判断することを常に忘れないでおこう。

(1) 同音異字＝音読みは同じであるが，意味や使い方がちがう漢字。これは意味を覚えておくと混乱しない。

〔例〕

・験→ためす（試験は覚えたことをためす）。

・倹→むだをはぶく（倹約・節倹）。

・検→しらべる（検査・検分　もともとは書状の封印からきたという）。

・険→あらくはげしい（危険・険悪，けわしい場所という意味がもと）。

(2) 同訓異字＝訓読みが同じであっても意味のちがう漢字。意味のとりにくい場合は，そのことばの使い方を覚えてしまうことである。

〔例〕

・早いという字は時刻がまえであるという意味で使われている。速いは動きがすみやかであるという意味になる。したがって「朝早い」と「球が速い」という使いわけが可能になる。

(3) このほか，形が似ている漢字（例えば送・迭，縁・緑・録）などは，一字一字覚えるよりは熟語として覚える。送金・更迭と覚えれば，意味や，どういうときに使うかも判断がつく。要するに出題者としては，どのような誤字が書かれるかを予想しているのであり，君はこの落し穴にひっかからないように注意すべきなのである。

3.四字熟語・ことわざ・慣用句

四字熟語についても誤りの傾向は同じである。以前どこかの会社で「□肉□食」という四字熟語が出題されたとき，「焼肉定食」と解答した人がいたということが新聞で話題となった。確かに意味が通れば誤りとはいえないかもしれないが，出題者には出題者の意図した解答があるのであり，その意図に沿った答を出さない限り君の採用はありえないのである。次に四字熟語の誤りやすい例をあげる。

〔例〕

・自業（×行）自得

・危機一髪（×発）→007の映画で一発のイメージが強くなったが，ピストルで射つのではない。

・言語道（×同）断

・単（×短）刀直入

・絶体（×対）絶命

・無我夢（×霧）中→五里霧中と混同しないように。

・異口（×句）同音

このほかに数字を使った四字熟語もよく出題される。これらは必ずその熟語が作られた背景があるので，その背景を研究しておくとよい。例えば，「四苦八苦」という言葉は仏教からきたもので，四苦は生・老・病・死，八苦はこれにさらに愛別離苦・怨憎会苦・出不得苦・五陰盛苦を加えたもので，人生の意味を深く問う言葉なのである。このように考えると単に暗記するのでなく，その言葉に現れる意味を研究することは自分自身の血となり肉となるのだと思えば，単なる受験勉強とは全くちがった意味で勉強ができる。

学んだあとの君の成長はきっと会社の人事の人も評価してくれると思う。要は何事においても自分の有益な方向に頭を働かせることが肝要だと思う。君がこの本に出会ってそこまで理解してくれることを願っている。

4.文学史

もちろん，単に表面的に理解しただけでは人生経験の豊富な人々は，その君の本質をすぐに見抜いてしまう。ほんとうに自分のものとすることで君に実行してもらいたいことは，愛読書を持つことである。

古典といわれ，長く人々に愛読されてきたものには，人々の心を奪う何かが存在するのである。近代の文学もそうである。しかし，何百万部も売れた本が必ずしも名作かというとそうではない。確かにすっと頭にはいって簡単に読める本もあるが，あとでふりかえってみると何ひとつ頭に残っていないものも多い。要はたった一語でもよいから君の人生の指標となる言葉があるか否かである。たとえば，太宰治の『走れメロス』は中学校の教科書で出てきている。しかし，同じ本でも中学時代と高校時代，そして社会人となった場合にそれぞれ読んでみるとまったく新鮮な角度から読んでいる自分に気がつくであろう。とにかく読書が最良の勉強であることを君にわかってもらいたい。

力だめし

さあやってみよう！

【典型問題1】 次の漢字の読みを書きなさい。

(1) 捺印　　(2) 出納　　(3) 為替　　(4) 定款　　(5) 斡旋

解答　たった5問と思うなかれ。毎年多くの企業で必ず出題される読みである。なぜだろうか。これらは企業で日常使用される言葉なのだ。それが読めない，書けないでは社会人として失格してしまう。(1)会社にはいったら君はこの重要性をいやというほど知らされる。ハンコといえばわかるだろう。印形をおすこと，また，おした印の両方の意味がある。　(2)「シュツノウ」などと読んではいけない。だしいれの意味で，金銭または物品の収入と支出のことだ。古くは蔵人所に属し，雑事・雑具の出納を掌った職を意味した。こういうことも知っていれば君は教養ある人物と評価される。　(3)遠くの地にいる者が貸借の決済のために，お金を送付する労費・不便・危険などを免れるために手形・小切手などによって送金を処理する方法のこと。室町時代には「カワシ」と言っていた。郵便為替・銀行為替・電報為替・内国為替・外国為替の種類がある。また，為替手形・約束手形・小切手を総称してこの言葉が用いられることもある。　(4)会社などの目的・組織・業務執行などの基本規則のこと。君の受験する会社の定款がどんなものか知っておこう。　(5)世話のことといったらわかるかな。就職の斡旋は職業安定所などでもしてくれるが，君は先生の斡旋かな？

答　(1)なついん　(2)すいとう　(3)かわせ　(4)ていかん　(5)あっせん

【典型問題2】 細かい部分に気をつけて，次のカタカナの部分を漢字になおしなさい。

(1) 社内旅行のために毎月五千円ずつヨキンする。

(2) ヒンプの差が激しい国もある。

(3) センモンカにはハカセ号を持つ人が多い。

(4) ○○庁ゴヨウタシと書くお菓子はおいしい。

(5) 予算の追加をヨウセイする。

(6) 損害をホショウする。

解答　A社の入社試験で，A社の正式の社名を書かせる書き取りの試験があった。多分この問題ができなかった人は採用されなかっただろう。書き取りの問題はそれほど難問は出題されない。しかし，やさしいからといっておろそかにしてはいけない。誤字・脱字の多い文章はそれだけで君の人格を疑われる。ワープロの多くなった最近であるからこそ，とんでもない漢字を書かないようにしよう。ワープロにだって誤りはある。(1)はへんの縦画ははねないことが多いが，その例外として出した。イ・牛・木これらははねない。扌・孑・子・予などははねるので注意。　(2)はつく・つかないで注意するもの。会はくっついているが，分

ここがポイント！

典型問題1
企業に入社したらその企業でしか使用されない言葉もある。そういう言葉は事前に研究しておこう。

典型問題2
書き取りはていねいに，正確に。誤字・脱字に注意。必ず辞書を引いて書く習慣を身につけよう。

はくっつかない。はなれているのは公・沿・貧など。　(3)専門家には点と口を書いてはいけないが，博には点がある。試・式・銭・求など点のあるものも覚えよう。　(4)この字は「ゴヨウタツ」と誤読する人が多い。達の幸の部分を幸としない，幸福の幸とはちがう。　(5)月の一画めははらうが，青の五画目ははらわない。晴・清も同様。　(6)ネ（シメス）とネ（コロモ）も注意しよう。漢字は一点一画をていねいに。筆順を正しく。自己流のくずしはやめよう。日ごろから正しく書く習慣を身につけよう。

　答　(1)預金　(2)貧富　(3)専門家，博士　(4)御用達　(5)要請　(6)補償

典型問題3
まず解答群を見るまえに自分で解答しよう。そうして解答群の中で自分が確信を持った答えのある肢を見つけよう。
それが正答と思ってまちがいはない。

【典型問題3】　次の空欄内に適当な漢字1字を入れて四字の熟語を完成し，正しい組み合わせの解答を選びなさい。

(1)　支離□裂　　　　　(2)　無我□中
(3)　五里□中　　　　　(4)　□価償却
(5)　栄枯盛□　　　　　(6)　喜怒□楽

(a)分——最——十——定——装——苦
(b)滅——夢——霧——減——衰——哀
(c)滅——霧——十——定——衰——昔
(d)減——霧——夢——滅——哀——衰
(e)爆——無——無——原——水——愛

解　答　マークシート問題にも対処できるような問題方式として出題してみた。四字熟語の問題は読み・書きの次に出題が多い。それでいて，誤りが多い。ここに出題したものはもっとも出題の多いものである。(1)と(4)，(2)と(3)，(5)と(6)はそれぞれ似た漢字であるため，正確に覚えることを要求される。ところで出題する側からすれば，(a)～(e)の5つの肢のうち3つはいいかげんな組み合わせである。残りの2つの肢から正解を見つけることだ。(1)はめちゃめちゃになること。マークシートは何が何だかわからない解答とならないよう注意。　(2)は夢見る心地をいう。我を無くして夢の中と覚えよう。　(3)は夢の中ではなく霧の中。広さ五里にもわたる深い霧の中にいること。　(4)会社で決算期によく使用される。減価＝年々減らして償却すること。原価ではない。　(5)盛んになることと衰えること。(6)喜びと怒りと，哀は悲しみ，そして楽しみ。

　答　(b)

実戦就職問題

■漢字の読み

【1】 次の漢字の読みを書きなさい。

(1) 意　図　(2) 会　得　(3) 為　替　(4) 形　相

(5) 容　赦　(6) 哀　悼　(7) 精　進　(8) 風　情

(9) 土　産　(10) 時　雨　(11) 建　立　(12) 促　進

(13) 捺　印　(14) 発　足　(15) 添　付　(16) 思　惑

(17) 体　裁　(18) 所　謂　(19) 斡　旋　(20) 募　る

(21) 境　内　(22) 匿　名　(23) 絡　む　(24) 出　納

(25) 請　負

ヒント！ 典型問題1にもいくつかあった！ (9) などは熟字訓＝海女・田舎・芝生・太刀・凸凹・眼鏡などとともに，いわゆるあて字として出てくる。ほかにも日本固有の漢字「凪・凧・峠・躾・辻・俤」など読めるかな？

【2】 次の故事成語の読みを書き，右からそれぞれの意味を選び記号で答えなさい。

(1) 呉越同舟　(a) 仲の悪い人同士が，同一の場所・境遇にならびたつこと。

(2) 杞憂　(b) 学問に志すこと。

(3) 蛇足　(c) 将来のことについて，あれこれといらぬ心配をすること。

(4) 志学　(d) 70歳のこと。

(5) 古稀　(e) あっても益のない無用の長物のたとえ。

ヒント！ 故事成語の成り立ちを理解しよう。

【3】 例にならって次の読みを書きなさい。

〔例〕率先（そっせん）の率→（ひき）いる。

(1) 会釈（　　）の会→（　　）う。

(2) 帰省（　　）の省→（　　）みる。

(3) 教唆（　　）の唆→（　　）かす。

(4) 破綻（　　）の綻→（　　）びる。

178 一般教科

(5) 華奢（　　）の奢→（　　）る。

ヒント！　音と訓。これが君の頭を悩ます。こういう覚え方も1つの方法だ。

【4】　次の文章の下線部の読みを書きなさい。

　江戸の三大祭りには，山王祭・神田祭・芝明神の祭礼があります。神社の<u>境内</u>（　①　）では<u>神主</u>（　②　）によって<u>祝詞</u>（　③　）があげられ，<u>拝殿</u>（　④　）では<u>神楽</u>（　⑤　）が舞われています。まもなく，<u>稚児</u>（　⑥　）行列や<u>山車</u>（　⑦　）が町中を<u>練</u>（　⑧　）り歩き，人々はお<u>神酒</u>（　⑨　）を飲んで<u>景気</u>（　⑩　）よく<u>神輿</u>（　⑪　）をかつぎます。

　江戸時代の<u>名残</u>（　⑫　）をとどめた祭りは，<u>長閑</u>（　⑬　）な一日を人々に与えます。各家々の玄関には<u>提灯</u>（　⑭　）がつりさげられ，<u>黄昏</u>（　⑮　）時には<u>蝋燭</u>（　⑯　）の灯も入れられます。足を<u>足袋</u>（　⑰　）でつつみ，<u>下駄</u>（　⑱　）をはいた子どもたちが<u>大人</u>（　⑲　）以上に楽しそうにはしゃぎまわっています。

ヒント！　お祭りを題材に関係のある語を集めてみた。③は「しゅくし」と読むと祝いの言葉となり意味が異なる。　⑤東京に神楽坂という地名がある。⑦壇尻（だんじり）・山鉾（やまぼこ）も覚えておこう。京都の祇園会の山鉾，飛騨祭の山車は有名。　⑨般若湯（はんにゃとう）も酒。　⑭松明・行灯・雪洞・狼火なども読めるかな？⑰，⑱のほか草履・鼻緒も覚えよう。

【5】　次の熟語について，左のカッコのある漢字と同じ読みをする漢字を使ってある熟語をそれぞれ㈎〜㈅から選び，さらに選んだ熟語の読みを書きなさい。

(1)　偏（重）　㈎軽重　㈏厳重　㈅重荷

(2)　結（納）　㈎出納　㈏納豆　㈅納税

(3)　非（業）　㈎失業　㈏業苦　㈅業績

(4)　（気）配　㈎気力　㈏気質　㈅呆気

(5)　帰（依）　㈎依願　㈏依怙　㈅依頼

(6)　久（遠）　㈎遠忌　㈏遠望　㈅遠雷

(7)　（相）性　㈎相殺　㈏世相　㈅相客

(8)　勘（定）　㈎定石　㈏定款　㈅定型

(9)　（発）作　㈎発起　㈏発掘　㈅発露

これもけっこう出てきたものがある。全部読めないとお話しにならない例として出題した。これができない人はもう一度勉強の方法を反省しよう！

【6】　次の漢字は同じ字が含まれていますが，それぞれ読み方が異なります。それに注意して読みを書きなさい。

(1)　流布—流暢　　(2)　成就—就中　　(3)　老舗—店舗

(4)　反応—反古　　(5)　烏有—有為　　(6)　強情—風情

(7)　永劫—億劫　　(8)　素地—素姓　　(9)　納得—出納

(10)　割拠—証拠　　(11)　定款—定石　　(12)　吹聴—吹奏

(13)　静寂—寂寥　　(14)　所以—所謂　　(15)　憎悪—悪態

 ここでは字が同じで読みのちがうものを集めてみた。そのほか(1)流石，(5)有職・含有，(8)素人，(9)納涼・結納，(10)鼓吹，(14)所望，(15)嫌悪・悪寒・悪臭などもおさえておこう。

【7】　次にあげられているのは有名な俳句です。俳句が五・七・五の十七音で成り立っていることに注意してカッコ内の読みを書きなさい（ただし，現代かなづかいで答えること）。

(1)　初 (時雨) 猿も小蓑をほしげなり

(2)　としとへば片手出す子や (更衣)

(3)　山蟻のあからさまなり (白牡丹)

(4)　(桐一葉) 日当たりながら落ちにけり

(5)　(五月雨) をあつめてはやし最上川

(6)　(啄木鳥) や落葉をいそぐ牧の木々

(7)　とどまればあたりにふゆる (蜻蛉) かな

(8)　(鰯雲) 人に告ぐべきことならず

(9)　(糸瓜) 咲いて痰のつまりし仏かな

(10)　(紫陽花) に秋冷いたる信濃かな

 季語の中で注意するものをあげてみると，土筆・若布・百日紅・西瓜・山茶花・紅葉など，特に花の名前・鳥の名前・食物などはまとめて覚えておこう。

■漢字の書き取り

【8】　次にあげた漢字はどれも２つの異なる音をもっています。例にならって，それぞれの読み方による漢字２字の言葉をつくりな

さい。ただし，言葉をつくる場合，字の順序は問わないが，できた言葉の読み方は音読みになるようにして（　）の中に読みを書きなさい。

〔例〕率　能率（のうりつ）引率（いんそつ）

(1)　解　□□（　　）　　□□（　　）
(2)　対　□□（　　）　　□□（　　）
(3)　易　□□（　　）　　□□（　　）
(4)　遺　□□（　　）　　□□（　　）
(5)　音　□□（　　）　　□□（　　）

ヒント！　この問題はいろいろな答えがある。(1)カイ・ゲ，　(2)ツイ・タイ，　(3)エキ・イ，　(4)イ・ユイ，　(5)イン・オン

【9】　次のカタカナの部分を漢字に直しなさい。

(1)　首相のシセイ方針演説が行われた。
(2)　問題の意味をハアクしないと今後のことは決定できない。
(3)　次の項目にガイトウする者は前に出なさい。
(4)　この点に関してはシンチョウにシンギする必要がある。
(5)　交通事故による損害をホショウする。
(6)　冷害によって物価がトウキした。
(7)　栄養がケツボウして病気になった。
(8)　カンイ保険に加入する。
(9)　米の輸入問題で日本はたいへんなキョクメンに立たされた。
(10)　物事はオンビンに取りはからうことが大切だ。

ヒント！　特に政治に関係した言葉で新聞などに出てくるものに注意。所信・答申・罷免・諮問・遊説・批准・幹旋などは，読み・書き取りともに対策をたてよう。(2)ハアク＝手でしっかりにぎること。理解すること。(3)亥・効・核など区別できるかな。　(5)保証・保障・補償の使いわけに注意。(6)登記もよく出る。　(9)曲面ではない。事件のなりゆき，ありさま。(10)安穏とか穏健，穏匿などまぎらわしいものも勉強しておこう。

【10】　次の（　）に同じ音の漢字を書き入れ，熟語を完成しなさい。

(1)　(ア)　交通事故の（　　）因を調査する。
　　(イ)　皆さんお（　　）気ですか。
　　(ウ)　円高の影響で輸出量が（　　）少した。
　　(エ)　森林資（　　）を大切にしよう。
　　(オ)　憲法に（　　）論の自由の規定がある。

㈹　小さいときから（　　　）格にしつけられた。

㈼　今（　　　）在という時を大切にしよう。

⑵　㈰　危険を（　　　）す。

㈪　罪を（　　　）す。

㈫　領土を（　　　）す。

⑶　㈰　社会にはいろいろな習（　　　）がある。

㈪　毎月雑誌を（　　　）行する。

㈫　箱根は有名な（　　　）光地です。

㈬　事件の（　　　）係者が警察に呼ばれた。

㈭　一年間連載された物語もついに（　　　）結した。

㈹　この道路を（　　　）理しているのは国土交通省です。

⑷　㈰　（　　　）悪品を出さないようにきちんと検査する。

㈪　消費税も（　　　）税の一種です。

㈫　人数が多くて入場を（　　　）止された。

㈬　都会では（　　　）外感を感じる人が多い。

㈭　我が家の（　　　）父は九十歳でまだまだ元気です。

㈹　（　　　）上の魚を料理する。

㈼　数学で（　　　）数のことを学んだ。

ヒント！　ついでに覚えてほしい，同じ音で似た文字。倹・剣・険・検・験，清・晴・精・請，招・詔・紹，愉・諭・輸，暮・墓・慕・募，議・犠・儀・義，違・偉・緯，講・購・構，適・滴・摘，裁・載・栽，嬢・譲・醸。

【11】　次の「たつ」という言葉にあてはまる漢字を書き，次にその意味を下から選び，記号で答えなさい。

⑴　都市の再開発が進められ，高層ビルが<u>たつ</u>

⑵　航空機が太平洋上で消息を<u>たつ</u>

⑶　家庭科の実習で布を<u>たつ</u>

⑷　面接が終わって席を<u>たつ</u>

⑸　逃亡犯人の退路を<u>たつ</u>

⑹　就職試験の時間があっというまに<u>たつ</u>

　(a)切りはなす　　　　　(b)過ぎていくこと

　(c)立ちあがること　　　(d)なくすること

　(e)できること　　　　　(f)さえぎること

ヒント！　漢字の意味を考えたり，その漢字を使った熟語を思い出して書くとよい。

【12】 次のカタカナの漢字として正しいものを選びなさい。

(1) 真理をツイキュウする （⑦追及　④追求　⑦追究）

(2) 高校のカテイを修める （⑦過程　④課程　⑦仮定）

(3) 生命の安全をホショウする （⑦補償　④保証　⑦保障）

(4) 総会の決議に対してイギをとなえる （⑦意義　④異議　⑦威儀）

(5) 映画をカンショウする （⑦鑑賞　④感傷　⑦観賞）

(6) 統計調査のタイショウとしてあなたが選ばれました （⑦対称　④対照　⑦対象）

ヒント！ まず，解答を見ないで自分なりの答えを出すこと。(1)どこまでも，おいきわめること。　(2)ある期間に修得すべき一定の範囲のことがら。(6)称＝よびな。象＝すがた，かたち。照＝光をあてる。

【13】 例にならってそれぞれ2字の熟語となることのできる文字を中央の空欄にあてはめなさい。ただし，読みが異なる場合もあります。

(例)
```
竣 完      竣 完
  □   →    成
語 功      語 功
```

(1)
```
接 感
 □
診 手
```
(2)
```
伝 教
 □
業 戒
```
(3)
```
予 訃
 □
道 酬
```
(4)
```
陰 撮
 □
像 響
```

(5)
```
展 希
 □
郷 外
```
(6)
```
実 観
 □
地 量
```
(7)
```
拒 断
 □
筆 版
```
(8)
```
謙 空
 □
像 構
```

(9)
```
施 興
 □
進 事
```
(10)
```
鑑 常
 □
別 者
```
(11)
```
脱 引
 □
陣 官
```
(12)
```
名 翻
 □
文 詩
```

ヒント！ どれかひとつがわかればあとはそれによってあてはめてみればよい。(1)さわること。　(3)天気　(4)カメラ　(6)建物を建てる場合に必要。(7)親子の断□　(11)やめること　(12)日本語を英語に。

【14】 次の語の反対語を漢字で書きなさい。

(1) 保　守　　(2) 損　失　　(3) 縮　小　　(4) 野　党

(5) 平　等　　(6) 供　給　　(7) 積極的　　(8) 主観的

ヒント！ (1)と(4)は対で覚えよう。　(5)不平等も誤りではないが。　(7)・(8)〜的と的がつく言葉をまとめておこう。

【15】 次の組み合わせが反対語になるように □ に漢字を書きなさい。

(1)　原告／□告

(2)　優勢／□勢

(3)　否定／□定

(4)　凡人／□人

(5)　感情／□性

(6)　建設／破□

(7)　悲哀／□喜

(8)　暗黒／□明

(9)　具体／□象

(10)　上昇／下□

ヒント！　(1)裁判で使われる。　(4)ぼんにんとも読む。　(8)は読みの問題でも出るので注意。　(9)ピカソの絵を思いだそう。

【16】 次のそれぞれの組の４つの言葉の中から反対語を２つ選び出し，その番号を書きなさい。

(ア)　①韻文　　②散文　　③条文　　④国文

(イ)　①平和　　②敗戦　　③戦争　　④講和

(ウ)　①実現　　②理想　　③現実　　④理性

(エ)　①権利　　②人権　　③義務　　④義理

(オ)　①外形　　②内在　　③形式　　④内容

(カ)　①酸化　　②液化　　③復元　　④還元

(キ)　①妥協　　②受諾　　③絶交　　④拒絶

(ク)　①転勤　　②左遷　　③栄転　　④任命

(ケ)　①融解　　②凝固　　③凝視　　④誤解

(コ)　①債権　　②社債　　③債券　　④債務

ヒント！　(ア)韻文＝韻をふんだ，よいひびきを持つ文章。詩。　(カ)・(ケ)理科の問題？　(コ)法律と経済の言葉を区別しよう。

■ことわざ・慣用句

【17】 次の文中の □ に漢字，○にひらがなを１字ずつ入れ，慣用句を使った文を完成させなさい。

(1)　友人と駅で待ち合わせたが，いくら待っても来ないので，○

○○をきらした。

(2) 人を○○○□○ようないばった態度の上司はきらわれる。

(3) 君の人間性については先生が○○○□を押すよ。

(4) ラグビーの試合にどちらが勝つか□○○○○見守る。

(5) セールスにいって取りつく□もなく追いかえされた。

(6) 友人は前にけんかしたことをまだ□○もっている。

(7) 社長から□○○○○○○○ほど説諭された。

(8) A君の努力には□○□○○。

(9) 入社試験の論文を，□○□○とほめられた。

(10) そんなに○○○□ばかりたたいているときらわれるよ。

ヒント! (1)足にくることもある。　(2)体の一部。　(3)保証。　(4)息を殺すも使われる。　(6)うらんでいつまでも忘れない。　(7)ガミガミやられるとまずどこに声は届くかな？　(8)感服すること。　(9)たっしゃに文章を書く。　(10)口はわざわいのもと。

【18】 次の慣用句の意味として適当なものを選びなさい。

(1) 糠に釘　　　　　　　　(ア) こまりはてる。

(2) 枯木 (こぼく) 死灰　　　(イ) みはなす。

(3) 口さがない　　　　　　(ウ) てごたえやききめのない意味。

(4) さじをなげる　　　　　(エ) いいかげんにその場をごまかす。

(5) 歯をくいしばる　　　　(オ) 口うるさい。

(6) 手を焼く　　　　　　　(カ) 活気や情熱のないこと。

(7) 目から鼻へぬける　　　(キ) 苦しさをこらえる。

(8) 爪に火をともす　　　　(ク) ひどくけちなこと。

(9) 身につまされる　　　　(ケ) すぐれてかしこい。

(10) お茶をにごす　　　　　(コ) わが身に比べて思いやられる。

ヒント! どれも一度は目にしているもの。(2)槁木死灰（こうぼく しかい）とも書く。かれ木と，つめたくなった灰から転じた言葉。槁＝藁（わら）

【19】 次の空欄の中に適当な漢字1字を入れて4字の熟語を完成しなさい。

(1) 有為□変　　(2) 起□転結　　(3) 縦横無□

(4) 支離□裂　　(5) 新陳□謝　　(6) 馬□東風

(7) □田引水　　(8) 温故□新　　(9) □刀直入

(10) □苦八苦　　(11) 千載□遇　　(12) 危機一□

(13) 異□同音　　(14) 用意周□　　(15) 喜怒□楽

(16)　無我□中　　(17)　適材□所　　(18)　四面□歌

(19)　花鳥□月　　(20)　一□打尽　　(21)　責任転□

(22)　□心伝心　　(23)　五里□中　　(24)　一石二□

(25)　羊頭□肉　　(26)　質実□健　　(27)　暗中□索

(28)　呉越同□　　(29)　□機応変　　(30)　一□一会

ヒント!　多くの会社で出題されている。(1)はかないこと。　(4)減ではない。　(9)短ではない。　(14)倒ではない。　(15)誤字注意。　(20)綱ではない。　(21)稼ではない。　(30)最期などの期は,「ご」と読む。

【20】　空欄内に適当な漢数字を入れて熟語を完成させなさい。

(1)　□進□退　　　(2)　□人□色　　　(3)　□面楚歌

(4)　□方美人　　　(5)　終始□貫　　　(6)　□部始終

(7)　□喜□憂　　　(8)　□知半解　　　(9)　破顔□笑

(10)　□拝□拝　　　(11)　□挙両得　　　(12)　□刻□金

(13)　□寒□温　　　(14)　□変□化　　　(15)　□望□里

(16)　□人□首　　　(17)　差□別　　　(18)　□捨□入

(19)　□朝□夕　　　(20)　□日□秋　　　(21)　□束□文

ヒント!　(3)故事成語も研究せよ。　(5)・(6)読みも注意。　(8)何事もなまかじりしないこと。致ではない。　(10)おがみなおすこと。　(12)すばらしいひととき。　(13)三日寒さが続くと次の四日間はあたたかいという大陸の冬の気候。四字熟語は中国の事を表す場合が多い。　(16)和歌に関係あり。　(18)算数でならった。

■文 学 史

【21】　次の作家と作品,文学における立場の中で正しい組み合わせのものを選びなさい。

(1)　島崎藤村——自然主義——詩集『月に吠える』

(2)　二葉亭四迷——写実主義——『浮雲』

(3)　菊池寛——白樺派——『父帰る』

(4)　小林多喜二——プロレタリア文学——『太陽のない街』

(5)　島木赤彦——ホトトギス派——歌集『柿蔭集』

ヒント!　(1)若菜集は?　(3)白樺派＝武者小路実篤・志賀直哉・有島武郎など。　(4)「蟹工船」はだれ?　(5)アララギ派。

【22】 次の作者の作品をそれぞれの@〜©から選び，記号で答えなさい。

(1) 吉田兼好 (@枕草子　⑤平家物語　©徒然草)

(2) 井原西鶴 (@雨月物語　⑥好色一代男　©奥の細道)

(3) ヘミングウェイ (@武器よさらば　⑥赤と黒　©狭き門)

(4) トルストイ (@罪と罰　⑥大地　©戦争と平和)

(5) シェイクスピア (@ベニスの商人　⑥若草物語　©宝島)

ヒント! (2)好色一代女もある。 (3)アメリカの作家，『老人と海』もある。 (4)ナポレオンのロシア侵攻を題材とした長編。 (5)肉を血を流すことなく切りとれるかな？

【23】 次の作者の名を漢字になおし，それぞれの作品を(a)〜(h)から選んで記号で答えなさい。

(1) 夏目ソウセキ　　(a)奥の細道

(2) 石川タクボク　　(b)武蔵野

(3) 松尾バショウ　　(c)小説神髄

(4) 十返舎イック　　(d)邪宗門

(5) 坪内ショウヨウ　(e)こころ

(6) 森オウガイ　　　(f)悲しき玩具

(7) 国木田ドッポ　　(g)東海道中膝栗毛

(8) 北原ハクシュウ　(h)阿部一族

ヒント! 作家と文学作品（日本・海外）をまとめておこう。

【24】 次の文章の空欄にあてはまる語群の正しい組み合わせを，(1)〜(5)から選びなさい。

　明治時代の文学は口語体で書かれた最初の小説（　　）によって口火が切られ，ついでロマン主義が流行，『舞姫』の（　　），樋口一葉の（　　）などによって詩歌・小説に新風がふきこまれた。明治末期には自然主義文学の（　　）の『破戒』，知性派を代表する（　　）の『坊っちゃん』が書かれ，日本文学に深みと理性を与えた。

(1) 小説神髄——二葉亭四迷——にごりえ——北原白秋——夏目漱石

(2) 浮雲——坪内逍遙——若菜集——島崎藤村——夏目漱石

(3)　小説神髄——森鴎外——たけくらべ——島崎藤村
　　　——山本有三

(4)　浮雲——森鴎外——たけくらべ——島崎藤村——夏目漱石

(5)　浮雲——芥川龍之介——たけくらべ——志賀直哉
　　　——山本有三

ヒント！ 二葉亭四迷は言文一致体の文章と優れた心理描写とで新生面を開いた。一葉の作品はこの2つが有名。藤村は『若菜集』『夜明け前』など，ロマン主義的詩風。山本有三は『路傍の石』で有名。

【25】　次の各文は古典文学の一節である。作品名と作者を答えなさい。

(1)　月日は百代の過客にして，行きかう年も亦旅人なり。

(2)　ゆく川の流れは絶えずして，しかも，もとの水にあらず。

(3)　かく，ありし時過ぎて，世の中に，いと物はかなく……

(4)　天道もの言はずして，国土に恵み深し。人は実あって，偽り多し。

(5)　東路の道の果てよりも，なお奥つ方に生ひ出でたる人，いかばかりかはあやしかりけむを，いかに思ひ始める……

ヒント！ (1)百代(はくたい)＝永遠の。過客(くわかく)＝旅人。　(3)平安中期の日記。　(4)江戸初期の浮世草子(うきよぞうし)。　(5)平安後期の日記。

【26】　次の作品と作者を線で結びなさい。

(1)　狭き門　　　　　　(ア)紀貫之

(2)　みだれ髪　　　　　(イ)カミュ

(3)　土佐日記　　　　　(ウ)ジイド

(4)　赤と黒　　　　　　(エ)与謝野晶子

(5)　異邦人　　　　　　(オ)スタンダール

【27】　次の俳句の季語と季節を書きなさい。

(1)　いわし雲天にひろがり萩咲けり

(2)　万緑の中や吾子の歯生えそむる

(3)　朝顔につるべとられてもらひ水

(4)　荒海や佐渡に横たう天の川

(5)　長々と川一すじや雪の原

(6)　菊の香や奈良には古き仏たち

(7)　木の芽ふく十坪の庭を散歩かな

(8)　五月雨や大河を前に家二軒

(9)　わが声のふきもどさるる野分かな

⑽　春の月ふけしともなくかがやけり

ヒント! 季語は旧暦（太陰暦）で表され，現在使われている新暦（太陽暦）と約1か月ほどのずれがあるので注意。

【28】　次の漢字で略された国名を書きなさい。

(1)　加　(2)　伊　(3)　英　(4)　蘭　(5)　豪

ヒント! このほか，米＝アメリカ，仏＝フランス，印＝インド，独＝ドイツなどまとめておこう。

【29】　次の数を数えるのに用いる語を書きなさい。

(1)　一（　）の馬。

(2)　二（　）の鏡。

(3)　三（　）の舟。

(4)　一（　）の薬。

(5)　二（　）のスーツ。

(6)　七（　）の花。

(7)　一（　）のよろい。

(8)　百人一（　）。

(9)　一（　）の屏風。

⑽　一（　）の土地。

ヒント! 数の単位も要注意。

【30】　次の俳句の最初の句と残りの句を結びつけて俳句を完成しなさい。

(1)　ゆさゆさと　　　　　㋐氷踏みけり谷の道

(2)　ひやひやと　　　　　㋑雲が来るなり温泉の二階

(3)　ずんずんと　　　　　㋒からみし蔓や枯木立

(4)　もこもこと　　　　　㋓月浴びてあり夕紅葉

(5)　うすうすと　　　　　㋔引く潮うれし潮干狩

(6)　ばりばりと　　　　　㋕大枝ゆるる桜かな

(7)　ほろほろと　　　　　㋖砂吹きあぐる清水かな

(8)　きりきりと　　　　　　　　　　(ク)山吹散るか滝の音

ヒント!　いずれも情景を考えるとすぐわかる。

【31】 次の品詞の中で１つだけ異なるものがあります。その記号
を答えなさい。

(1)　(ア)大きな　　　(イ)ていねいな　　(ウ)きれいな　　(エ)静かな

(2)　(ア)この　　　　(イ)あの　　　　　(ウ)その　　　　(エ)やっと

(3)　(ア)ずいぶん　　(イ)もしもし　　　(ウ)ちっとも　　(エ)なぜ

(4)　(ア)だが　　　　(イ)しかし　　　　(ウ)そして　　　(エ)やがて

(5)　(ア)広い　　　　(イ)遠い　　　　　(ウ)たとい　　　(エ)長い

ヒント!　(1)「だ」でおきかえる。　(2)こそあど言葉。　(3)副詞と感動詞の区別。
(4)接続詞。　(5)形容詞と副詞の区別。

【32】 次の漢字で表された言葉を，別の言葉におきかえるとすれ
ばどれがよいでしょうか。

(1)　焦　燥　　(2)　些　細　　(3)　哀　愁　　(4)　束　縛

(5)　偏　見　　(6)　模　倣　　(7)　媒　介　　(8)　判　然

　(ア)まね　　　(イ)なかだち　　(ウ)はっきり　　(エ)うれい

　(オ)わずか　　(カ)あせり　　　(キ)しばる　　　(ク)かたより

ヒント!　むずかしい漢字やことわざ・慣用句をやさしい言葉におきかえたり，
逆に短い文章を漢字で表現できるようにしておこう。

国　語　チェックリスト

【漢字の読み】

- ☐ **成就**〈　1　〉なるか君の就職。
- ☐ 金つきた**為替**〈　2　〉送れ。
- ☐ 交通**渋滞**〈　3　〉イライラは事故のもと。
- ☐ 水筒を忘れても**出納**〈　4　〉簿は忘れるな。
- ☐ 肉のない**精進**〈　5　〉料理は健康食。
- ☐ 先生に**会釈**〈　6　〉をする。
- ☐ 面接で**曖昧**〈　7　〉な態度はとるな。
- ☐ 青春は**蹉跌**〈　8　〉の連続くじけるな。
- ☐ 責任を他人に**転嫁**〈　9　〉するようでは上司に認められない。
- ☐ **誤謬**〈　10　〉を恐れるな。**貪欲**〈　11　〉になれ。
- ☐ 先輩の**示唆**〈　12　〉には**謙虚**〈　13　〉に学べ。
- ☐ 経営の**刷新**〈　14　〉には，**明晰**〈　15　〉な頭脳が必要だ。

【漢字の書き取り】

- ☐ **センモンカ**〈　16　〉には点と口を出すな。**ハカセ**〈　17　〉にはよい点をあげよ。
- ☐ 後のことを善くするのが**ゼンゴサク**〈　18　〉。もう前のことにはこだわるな。
- ☐ 親切な彼女の**コウイ**〈　19　〉に，私は**コウイ**〈　20　〉を持った。
- ☐ 物を見るのが，**カンサツ**〈　21　〉，力で誘うのが**カンユウ**〈　22　〉。
- ☐ **アットウ**〈　23　〉はイ（ひと）によって倒される。
- ☐ **シュクショウ**〈　24　〉は小さくするのであって，少なくするのではない。
- ☐ **キョウチョウ**〈　25　〉は言い張るのではなく，強い調（しら）べである。
- ☐ **ジョコウ**〈　26　〉とは静かにゆっくりの徐，スピードを出して除（殺す）してはいけない。

【四字熟語】

- ☐ 体と命で絶〈　27　〉絶〈　28　〉。
- ☐ 髪の毛のおかげで**危機一**〈　29　〉助かった。
- ☐ **五里**〈　30　〉**中**，五里さきまで霧の中。
- ☐ **無我**〈　31　〉**中**，我を無くして夢の中。
- ☐ 人が集まれば**群**〈　32　〉**心理**。
- ☐ 口答しないで頭で考えるのが**口頭**〈　33　〉**問**。
- ☐ 〈　34　〉**刀直入**，単刀は短くないと入らない。
- ☐ **意味深**〈　35　〉な言葉は長く考えよ。
- ☐ かたわらに人がいないようにふるまうのが**傍若**〈　36　〉**人**，（武ではない）。
- ☐ 言語で説明する道が断たれるのが〈　37　〉**語**〈　38　〉**断**。
- ☐ 年々減らして〈　39　〉**価償却**，（原ではない）。
- ☐ 心が一つで**一**〈　40　〉**同体**，（身ではない）。
- ☐ 青い空見て〈　41　〉**天白日**。
- ☐ 日に月にたえず進歩が日〈　42　〉**月歩**。
- ☐ 名文を書いてもだめだ**大義名**〈　43　〉。
- ☐ 不和ではなく付和だと彼女いう〈　44　〉**和雷同**。
- ☐ へたな絵をほめるのが**自**〈　45　〉**自賛**？
- ☐ 故（ふる）きを温（たず）ねて**温**〈　46　〉**知新**。
- ☐ 四字熟語覚えて生きかえる**起死回**〈　47　〉。

【作家と作品】

- ☐ **『吾輩は猫である』**の作者は，〈　48　〉である。
- ☐ 沙翁とよばれるイギリスの劇作家で，**四大悲劇**など多数の戯曲を創作した人は〈　49　〉である。
- ☐ **友情**という小説を書いたのは〈　50　〉である。
- ☐ **『戦争と平和』『復活』**はトルストイ。**『罪と罰』『白痴』**の作者は〈　51　〉である。
- ☐ **鶴**を題材にしたり，日本の昔話をテーマにした作品が多い作者は〈　52　〉である。
- ☐ 原爆をテーマにした作品は多いが，**黒い雨**は〈　53　〉の代表作。

1.	じょうじゅ
2.	かわせ
3.	じゅうたい
4.	すいとう
5.	しょうじん
6.	えしゃく
7.	あいまい
8.	さてつ
9.	てんか
10.	ごびゅう
11.	どんよく
12.	しさ
13.	けんきょ
14.	さっしん
15.	めいせき
16.	専門家
17.	博士
18.	善後策
19.	行為
20.	好意
21.	観察
22.	勧誘
23.	圧倒
24.	縮小
25.	強調
26.	徐行
27. 体	28. 命
29. 髪	30. 霧
31. 夢	32. 集
33. 試	34. 単
35. 長	36. 無
37. 言	38. 道
39. 減	40. 心
41. 青	42. 進
43. 分	44. 付
45. 画	46. 故
47. 生	
48.	夏目漱石
49.	シェイクスピア
50.	武者小路実篤
51.	ドストエフスキー
52.	木下順二
53.	井伏鱒二

4 社　　会

○「社会（地理歴史・公民）」は社会生活をしていくなかで，“常識”と思われることがらへ
　の理解が求められています。
○問われる内容は，地理，歴史，公共，倫理，政治・経済など全般にわたっています。
○したがって，ここでは混乱しないように，「地理的分野」「歴史的分野」「倫理的分野」「政
　治・経済的分野」に分けて構成してありますから，それにそって勉強して下さい。
○重要事項の整理は，重要項目の表題についてのみ掲げてありますので，各自教科書など
　を参照して下さい。

重要事項の整理

1.地理的分野

(1)　地球の構成

①地形　(ア)赤道より北を北半球，南を南半球。全
　体では陸地：海洋＝3：7だが，陸地は北半球
　に多い。(イ)大陸－ユーラシア，アフリカ，オー
　ストラリア，南・北アメリカ，南極。(ウ)大洋－
　太平洋・大西洋・インド洋。

②気候　ケッペンの気候区分。日本の多くは温暖
　湿潤気候。

(2)　日　本

①自然環境　(ア)環太平洋造山帯に属し，火山が多
　い－フォッサマグナ。火山帯。　(イ)海に囲まれ
　た島国。　(ウ)四季の変化が明瞭－季節風。西高
　東低の冬型気圧配置。梅雨。台風。　(エ)山がち－
　山脈。平野。盆地。河川。湖。

②産業　(ア)農業－狭い耕地での集約型。多い兼業
　農家。稲作中心。果樹・茶などの特産物。農産
　物輸入の自由化問題。　(イ)漁業－零細漁家によ
　る沿岸・沖合漁業。大資本による遠洋漁業。養
　殖。漁港。捕鯨問題。200カイリ漁業専管水域。
　(ウ)工業－工業地帯（地域）とその特色。主要工
　業都市。　(エ)資源－鉱産資源。森林資源（木材）。
　電力（火力・水力・原子力）天然ガス。

(3)　世界の諸地域
　　主要国と首都。

2.歴史的分野

(1)　日本史

①先土器文化　岩宿遺跡。

②縄文時代　貝塚。

③弥生時代　稲作の開始。邪馬台国。吉野ケ里遺跡。

④大和時代　(ア)大和朝廷－倭の五王と稲荷山古墳
　の鉄剣。大陸文化の伝来。　(イ)古墳－前方後円墳。

⑤飛鳥時代　(ア)聖徳太子－推古天皇・蘇我氏・
　十七条憲法・遣隋使・法隆寺。　(イ)大化の改新－
　中大兄皇子・中臣鎌足。　(ウ)律令制の形成－白
　村江の戦，壬申の乱，白鳳文化。　(エ)大宝律令－
　藤原不比等，班田収授法。

⑥奈良時代　(ア)平城京－和同開珎，遣唐使。　(イ)
　律令制の動揺－三世一身法・墾田永年私財法，
　長屋王の変，道鏡。　(ウ)天平文化－『古事記』・
　『日本書紀』・『万葉集』，鎮護国家仏教（東大寺
　と国分寺・大仏），正倉院御物。

⑦平安時代　(ア)平安京－桓武天皇，三代格式，弘
　仁貞観文化・最澄・空海。　(イ)摂関政治－藤原氏，
　荘園，遣唐使廃止と国風文化・『古今和歌集』・『源

氏物語』など。武士の台頭。　(ウ)院政—白河上皇，保元・平治の乱。　(エ)平氏政権—平清盛。

⑧鎌倉時代　(ア)鎌倉幕府—源頼朝と御家人，守護・地頭。　(イ)執権政治—北条泰時，承久の乱，御成敗式目。　(ウ)元寇—モンゴル族・北条時宗。(エ)鎌倉新仏教。

⑨室町時代　(ア)南北朝時代—後醍醐天皇と建武の新政，吉野朝廷と室町幕府。　(イ)室町幕府—足利尊氏・義満，守護大名，倭寇と勘合貿易。金閣寺・銀閣寺。　(ウ)戦国時代—応仁の乱，戦国大名・下克上。

⑩織豊時代　(ア)織田信長—鉄砲戦術・畿内平定。(イ)豊臣秀吉—天下統一，太閤検地・刀狩，朝鮮出兵。　(ウ)桃山文化—南蛮文化・茶道。

⑪江戸時代　(ア)江戸幕府—徳川家康，関ヶ原の戦。　(イ)鎖国。　(ウ)文治政治と元禄文化—綱吉（犬公方），新井白石，松尾芭蕉・井原西鶴・近松門左衛門。　(エ)3大改革—享保改革〜田沼時代〜寛政改革〜化政時代〜天保改革。　(オ)化政文化—浮世絵，蘭学。　(カ)開国—ペリー・日米修好通商条約，幕末の動乱。

⑫明治時代　(ア)明治維新—王政復古，富国強兵・地租改正・殖産興業，文明開化。　(イ)自由民権運動—板垣退助・大隈重信，伊藤博文。　(ウ)立憲君主制の成立—大日本帝国憲法。　(エ)産業革命—日清戦争・日露戦争，韓国併合。

⑬大正時代　(ア)大正デモクラシー　(イ)第一次世界大戦—対華21か条要求。　(ウ)政党政治の成立—原敬，護憲運動，普通選挙と治安維持法。　(エ)恐慌—金融恐慌，関東大震災，世界恐慌。

⑭昭和時代　(ア)軍部独走とファシズム—満州事変，国際連盟脱退，二・二六事件。　(イ)第二次世界大戦—日中戦争・太平洋戦争，敗戦。　(ウ)占領と民主化—マッカーサー，農地改革・財閥解体，日本国憲法。　(エ)国際社会への復帰—東西冷戦と朝鮮戦争，サンフランシスコ条約と日米安全保障条約。　(オ)対米協調と高度成長。

(2)　欧米諸国と近現代史

①近代の幕開け　(ア)ルネサンス—ダンテ，レオナルド＝ダ＝ヴィンチ，ミケランジェロ，ガリレオ。　(イ)宗教革命—ルター，カルヴァン，プロテスタント，イエズス会。　(ウ)大航海時代—コロンブス，マゼラン。　(エ)絶対王政—エリザベス1世，ルイ14世。

②市民革命　(ア)イギリス革命—ピューリタン，ク
ロムウェル，名誉革命，権利の章典。　(イ)アメリカ独立—ボストン茶会事件，ワシントン，独立宣言。　(ウ)フランス革命—バスティーユ牢獄襲撃，人権宣言，ジャコバン派と恐怖政治，ナポレオン。

③産業革命　(ア)機械の発明—ジョン＝ケイ，ワット，スティーブンソン。　(イ)資本主義の確立—資本家と労働者。

④19世紀のヨーロッパ　(ア)ウィーン体制　(イ)1848年の革命運動　(ウ)国民主義と近代国家の成立—アメリカ南北戦争，イタリア統一，ドイツ統一，ヴィクトリア女王下のイギリス。

⑤ヨーロッパ勢力の東進　(ア)イギリスによるインド植民地化。　(イ)東南アジアの植民地化。　(ウ)アヘン戦争と太平天国。

⑥帝国主義　(ア)独占資本の成立。　(イ)労働者抑圧。　(ウ)世界分割—ファショダ事件・南ア戦争，太平洋地域の分割，日清戦争・門戸開放政策・義和団事件・日露戦争。　(エ)アジア諸国の改革—辛亥革命と清朝滅亡・孫文・中華民国，スワデーシー・スワラージ（インド）。

⑦第一次世界大戦　(ア)ヴァルカン問題—三国同盟と三国協商。　(イ)第一次大戦—サライェボ事件。(ウ)ロシア革命—レーニン・ボルシェヴィキ，ソ連の成立。

⑧戦間期　(ア)ヴェルサイユ条約，国際連盟，ドイツ＝ワイマール共和国。　(イ)アジア諸国の独立運動—蒋介石・中国共産党，ガンディー（インド），ケマル＝パシャ（トルコ）。　(ウ)世界恐慌—アメリカウォール街「暗黒の木曜日」，ニューディール政策・フランクリン＝ルーズヴェルト。　(エ)ファシズムの台頭—イタリア＝ファシスト党・ムッソリーニ，ドイツ＝ナチス党・ヒットラー，日本軍部と政党制。

⑨第二次世界大戦

⑩大戦後の世界情勢　(ア)2大陣営の対立—西側・資本主義・アメリカ，東側・社会主義・ソ連，「冷戦」，東西ドイツ・南北朝鮮の分裂。　(イ)A・A諸国の独立—1960年代は「アフリカの時代」。(ウ)国際紛争—中東戦争，ベトナム戦争など。(エ)東西対立の解消—ドイツ統一，米ソ軍縮。(オ)社会主義の崩壊—ソ連邦解体。

3.倫理的分野

(1)　古典的思想と3大宗教

①中国　(ア)諸子百家　(イ)儒家—孔子（『論語』）・孟子・荀子・朱子，家族倫理（親孝行）。　(ウ)道家—老子・荘子，無為自然。

②ギリシア　(ア)自然哲学者–タレス・ピタゴラス　(イ)3大哲人—ソクラテス（無知の知・弁証法），プラトン（イデア論），アリストテレス（「人間は社会的動物である」）。

③仏教　(ア)開祖—ゴータマ＝シッダルタ（ブッダ，シャカ）。　(イ)大乗仏教と小乗仏教—日本は大乗，東南アジアでは小乗が多い。

④キリスト教　(ア)開祖—イエス＝キリスト。　(イ)ユダヤ教から生まれる—モーゼ，旧約聖書。　(ウ)ヨーロッパ世界への展開—新約聖書，ローマ＝カトリックとギリシア正教。

⑤イスラム教　(ア)開祖—マホメット，『コーラン』。　(イ)スンナ派とシーア派—スンナ派が多勢。イランではシーア派が多い。　(ウ)西アジア・中央アジア・北アフリカに拡大。

⑵　近代の思想

①経験論　(ア)ベーコン。　(イ)自然法思想。

②合理論　(ア)デカルト・方法的懐疑。　(イ)スピノザ，ライプニッツ。

③モラリスト　パスカル。

④啓蒙思想　(ア)自然法思想（社会契約説）—ホッブズ，ロック（革命権），ルソー（主権在民）。　(イ)モンテスキュー（三権分立），ヴォルテール。

⑤功利主義　(ア)ベンサム—快楽計算。(イ)ミル—快楽の質。

⑥進化論（ダーウィン）と実証主義（コント）

⑦ドイツ理想主義　(ア)カント—人格の尊重，(イ)ヘーゲル—弁証法。

⑧社会主義　(ア)空想的社会主義—オーエン。　(イ)科学的社会主義—マルクス・エンゲルス，資本家と労働者の対立を理論化—レーニン。

⑨アジアの近代思想　(ア)孫文—三民主義，辛亥革命指導。　(イ)毛沢東—農村に基盤をおく社会主義革命，中華人民共和国成立の指導。　(ウ)ガンディー—非暴力主義，インドの独立を指導。

⑩実存主義　(ア)キルケゴール　(イ)ヤスパース，ハイデッガー　(ウ)サルトル。

4.政治・経済的分野

⑴　民主政治の基本

①社会契約説　(ア)ホッブズ　(イ)ロック　(ウ)ルソー。

②基本的人権

③国民主権

④代表制と三権分立　(ア)代表制—代議制・議会制。　(イ)三権分立—モンテスキュー，立法権・行政権・司法権。

⑵　日本国憲法

①三原則　(ア)基本的人権の保障—「公共の福祉に反しない限り」。　(イ)国民主権—象徴天皇，普通選挙制・「国会は国権の最高機関」。　(ウ)平和主義—第9条，自衛権の問題。

②政治組織　三権分立。　(ア)立法＝国会　(イ)行政＝内閣　(ウ)司法＝裁判所。

⑶　資本主義経済

①歴史的変遷　産業革命から現代まで。

②経済循環　(ア)経済主体—企業・家計・政府。　(イ)経済循環—経済主体間を財やサービスが貨幣を仲立ちをめぐること。　(ウ)生産の3要素—労働・土地・資本。

③市場と企業　(ア)市場—財・サービスが交換される場。　(イ)需要と供給—需要（買い手），供給（売り手），両者のバランスで価格が決定される，自由競争が原則。　(ウ)独占—管理価格・プライス＝リーダー，独占禁止法。　(エ)企業—公企業と私企業，合名会社・有限会社・株式会社，巨大企業（コングロマリット，多国籍企業）。

④国富と国民所得　(ア)国民総生産—GNP　(イ)国民所得—エンゲル係数。

⑤景気変動　(ア)生産超→価格下落→利潤低下→経済不活発＝不景気・不況・恐慌，⇒(イ)生産減少→需要超→価格上昇→利潤増加→経済活発化＝好景気・好況。　(ウ)物価の変動—インフレーション，デフレーション。

⑥経済政策　(ア)金融政策　(イ)財政政策。

⑷　国際経済

①貿易　(ア)保護貿易　(イ)自由貿易。

②為替　(ア)為替—国際間取引きの決済。　(イ)国際通貨体制。

③国際経済

力だめし

さあやってみよう！

【典型問題1】（地理的分野）

A. 次の文を読み，最も適当と思われる語を（　）内から選び，その記号で答えなさい。

(1) 緯度23°26′の線を（⑦ 回帰線　④ 赤道　⑦ 子午線）という。

(2) ケッペンの気候区分ではCで（⑦ 熱帯　④ 乾燥　⑦ 温帯）気候を示し，東京のような温帯多雨気候は（㋓ Af　㋔ BW　㋕ Cf）で表す。

(3) イギリスは北海道よりも北に位置するが（⑦ ラブラドル海流　④ メキシコ湾流　⑦ カリフォルニア海流）が北上してくる影響で，全般に北海道よりも暖かい。

(4) いま，北アフリカでは（⑦ サハラ　④ ゴビ　⑦ タクラマカン）砂漠の拡大が大きな問題となっている。

B. 次の国の首都を答えなさい。

(1) イギリス　　(2) イタリア　　(3) ロシア　　(4) イラク

(5) イラン　　(6) インド　　(7) 大韓民国　　(8) オーストラリア

(9) 中華人民共和国　　(10) アメリカ合衆国

解　答　A. (1)—⑦　(2)—⑦, ㋕　(3)—④　(4)—⑦
B. (1)ロンドン　(2)ローマ　(3)モスクワ　(4)バグダッド　(5)テヘラン
(6)ニューデリー　(7)ソウル　(8)キャンベラ　(9)北京　(10)ワシントン

【典型問題2】（歴史的分野）

A. 次の語句・事項と最も関係の深い人名を右から選び，記号で答えなさい。

(1) 「ブルータス，お前もか」　　㋐孫文

(2) 「それでも地球は動く」　　㋑シーザー

(3) 十七条憲法　　㋒ウィルソン

(4) 摂関政治　　㋓藤原道長

(5) 「春はあけぼの」　　㋔ガリレイ

(6) 鎖国　　㋕東条英機

(7)　自由民権運動　　　　　(キ)板垣退助

(8)　三民主義　　　　　　　(ク)聖徳太子

(9)　大東亜共栄圏　　　　　(ケ)清少納言

(10)　国際連盟　　　　　　　(コ)徳川家光

ここがポイント！

B．次の事がらは，何という事件をきっかけに，何年に始まりましたか。

(1)　フランス革命　　　(2)　アメリカ独立戦争　　　(3)　日清戦争

(4)　第一次世界大戦　　(5)　日本の戦国時代

┃**解　答**┃　A.(1)イ　(2)オ　(3)ク　(4)エ　(5)ケ　(6)コ　(7)キ　(8)ア　(9)カ　(10)ウ
B.(1)バスティーユ牢獄襲撃・1789年　(2)ボストン茶会事件・1775年　(3)東学党の乱(甲午農民戦争)・1894年　(4)サライェヴォ事件・1914年　(5)応仁の乱・1467年

【典型問題3】(倫理的分野)

次の言葉や事項と最も関連の深い人物名を答えなさい。

(1)　「人間は考える葦である」　　(2)　「人間は社会的動物である」

(3)　「自然に帰れ」　　　　　　　(4)　アラー神

(5)　「悔い改めよ」

(6)　「天は人の上に人を造らず，人の下に人を造らず」

(7)　『資本論』　　　　　　　　　(8)　無知の知

(9)　『論語』　　　　　　　　　　(10)　「我思う，故に我あり」

┃**解　答**┃　(1)パスカル　(2)アリストテレス　(3)ルソー　(4)マホメット(ムハンマド)　(5)イエス＝キリスト　(6)福沢諭吉　(7)マルクス　(8)ソクラテス　(9)孔子　(10)デカルト

典型問題3
○名言とされるものは，その人の思想内容がよく表現されている。
○著書はズバリ，その人の思想を表明しているものだから，確実におさえておこう。

ここがポイント！

典型問題4
○政治・経済分野では，最近話題となった出来事に関連したことがポイント。
○選挙制度は全般的にまとめておこう。

○経済的分野では，経済のしくみを理解している必要がある。
○なお，労働三法・労働三権は必出。

○略語は最もよく出る。要注意。

【典型問題４】（政治・経済的分野）

A．次の文章を読み，空欄に適当な数字や語を入れなさい。

(1) 参議院は（　㋐　）年ごとに議員の（　㋑　）が，衆議院は（　㋒　）年ごとに改選されるが，衆議院は解散されることがある。

(2) 所得税は直接税，酒税は（　㋓　）税である。

(3) 天皇は日本国の（　㋔　）であり，（　㋕　）の助言と承認により（　㋖　）だけを行うものと定められている。

B．次の文章の空欄に「低下」か「上昇」の語を入れ，文を完成させなさい。

生産量が需要量より（　①　）してゆくと，価格が（　②　）し，このため企業の操業率は（　③　）し，失業率が（　④　）するため，不景気になる。そうした場合，公定歩合を（　⑤　）させると，資金の貸出しが容易になるので，企業の操業がやりやすくなり，景気が回復してゆく。

C．次の各語句と最も関係の深い語を右から選びなさい。

(1) IMF 　　　㋐ 国民総生産
(2) ICBM 　　 ㋑ 大陸間弾道弾
(3) EU 　　　 ㋒ 国際通貨基金
(4) GNP 　　　㋓ ヨーロッパ連合
(5) OPEC 　　 ㋔ 石油輸出国機構

解　答　A. ㋐3　㋑半数　㋒4　㋓間接　㋔象徴　㋕内閣　㋖国事行為
B. ①上昇　②低下　③低下　④上昇　⑤低下
C. (1)—㋒　(2)—㋑　(3)—㋓　(4)—㋐　(5)—㋔

実戦就職問題

■地理的分野

【1】（　）から適切な解答を選びなさい。

⑴　三大洋とは，太平洋・大西洋・（⑦インド洋　④メキシコ湾　⑦アラビア海）のことをいう。

⑵　陸地と海の比率は，およそ（⑦3:7　④4:6　⑦2:8）である。

⑶　陸地は次のどこに多く分布していますか。（⑦赤道付近　④北半球　⑦南半球）

 ⑶北アメリカ大陸，ユーラシア大陸は北半球にある。

【2】（　）から適切な解答を選びなさい。

⑴　北米5大湖沿岸の気候帯を記号で表すと，（⑦Cw　④Df　⑦Cfa）である。

⑵　東南アジア諸国の多くは（⑦熱帯　④温帯　⑦乾燥）気候に属する。

 気候区分は，「ケッペンの気候区分」による。

【3】（　）から適切な解答を選びなさい。

⑴　三角州の代表的な川は，（⑦アマゾン川　④ドナウ川　⑦ナイル川）である。

⑵　日本は火山が多く，（⑦環太平洋火山帯　④地中海火山帯）に属している。

⑶　日本では三陸海岸，外国ではスペイン北西岸に代表される海岸を，（⑦フィヨルド海岸　④三角江　⑦リアス式海岸）という。

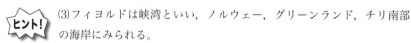 ⑶フィヨルドは峡湾といい，ノルウェー，グリーンランド，チリ南部の海岸にみられる。

【4】（　）内に適切なことばを入れなさい。

⑴　日最高気温が30℃以上の日を（　①　）といい，これに対して日最高気温が0℃未満の日を（　②　）という。また，ある地点の最低気温が25℃以上の夜を（　③　）という。

(2) 雨・雪・あられなどのように，水または氷の形で空から降ったものの量を（　④　）という。

【5】 次の都道府県名を書きなさい。

(1) 田沢湖がある。

(2) 日本三景のひとつである「厳島」がある。

(3) 「かかあ天下」と「からっ風」で有名。

ヒント! (3)県庁所在地は前橋市である。

【6】 次の各都市はどのような工業で有名ですか。その工業名を答えなさい。

(1) 佐世保・呉・神戸・横須賀・横浜

(2) 豊田・広島・横浜・日野・狭山

(3) 鹿島・君津・川崎・尼崎・室蘭

(4) 苫小牧・釧路・岩国・富士・春日井

ヒント! (3)は，新しい立地条件によって変わりつつある。

【7】 日本の水産業について，次の文章の（　）に適切なことばまたは数字を入れなさい。

(1) 日本は遠洋漁業の進展で世界の王座を維持してきたが，70年代の中ごろから（　①　）カイリ時代を迎えて，沿岸・沖合漁場の再開発を迫られている。

(2) 日本の漁港で水揚げ量が多いのは，北海道の釧路，千葉県の（　②　），（　③　）県の八戸，鳥取県の境港などである。

ヒント! (1)外国との漁業摩擦も，年々深刻化している。

【8】 （　）に国名を入れなさい。

金やダイヤモンドの産出国で，かつては人種隔離政策（アパルトヘイト）を行っていた国は（　　）である。

【9】 次の国の首都と通貨単位を書きなさい。

(1) ロシア　　(2) 中国　　(3) ノルウェー

⑷　イギリス　　　⑸　フランス

【10】　次の問いに答えなさい。

国連本部があるアメリカ合衆国の都市はどこですか。

【11】　次の国の首都を右から選び，記号で書きなさい。

⑴　カナダ	㋐	マドリード
⑵　オランダ	㋑	アムステルダム
⑶　アルゼンチン	㋒	ジャカルタ
⑷　ハンガリー	㋓	ヘルシンキ
⑸　スウェーデン	㋔	オタワ
⑹　タイ	㋕	ソウル
⑺　韓国	㋖	ブダペスト
⑻　インドネシア	㋗	ストックホルム
⑼　フィンランド	㋘	ブエノスアイレス
⑽　スペイン	㋙	バンコク

【12】　次の国の首都を書き，語群からその特産物を選びなさい。

⑴　インド　　　⑵　カナダ　　　　⑶　キューバ

⑷　マレーシア　　⑸　ブラジル

《語群》

㋐ ゴム　　㋑ コーヒー　　㋒ 綿花　　㋓ 砂糖　　㋔ 木材

ヒント！　わが国と関連深い国や主要国の首都，通貨単位，政治制度，産業など
はよく覚えておこう。

【13】　次の問いに答えなさい。

世界標準時は何という天文台で計られますか。

ヒント！　イギリスにある天文台。

【14】　次の問いに答えなさい。

喜望峰は何という大陸にありますか。

ヒント！　この大陸には，エジプト，リビア，エチオピアなどの国々がある。

■歴史的分野

【15】 次の文中の（ ）に適語を入れなさい。

(1) 日本ではじめて鋳造された貨幣の名は（　　）である。

(2) 日本にはじめて鉄砲を伝えたのは（　　）人である。

(3) 日本ではじめて武家政治を行ったのは（　　）である。

(4) 日本ではじめてひらかれた幕府は（　　）幕府である。

ヒント! (3)源氏との勢力争いに勝利したのは誰。　(4)この幕府の創始者は源頼朝である。

【16】 （ ）から適切な答えを選びなさい。

(1) 徳川家光は，（⑦奈良時代　④鎌倉時代　⑦江戸時代）の人である。

(2) 『枕草子』の作者は，（⑦紫式部　④清少納言　⑦吉田兼好）である。

(3) 『古今和歌集』は，（⑦奈良時代　④平安時代　⑦鎌倉時代）に作られた。

ヒント! (1)家光は三代将軍である。

【17】 次の(1)～(4)の用語に関係する時代を(ア)～(エ)から，人物を(a)～(d)から，それぞれ選びなさい。

(1) 刀狩　　　　　　⑦江戸時代　　　　　　ⓐ日蓮

(2) 安政の大獄　　　④室町時代　　　　　　ⓑ井伊直弼

(3) 金閣寺　　　　　⑦安土桃山時代　　　　ⓒ豊臣秀吉

(4) 立正安国論　　　㋔鎌倉時代　　　　　　ⓓ足利義満

【18】 次の問いに答えなさい。

(1) 法隆寺は何文化の時代に建てられたか。

(2) 江戸時代の17世紀半ばから18世紀初めにかけての文化を何文化というか。

(3) 安土桃山時代に特にキリスト教をとおして輸入された文化を何文化というか。

ヒント! (2)松尾芭蕉などが活躍した。

【19】 次の出来事がおこった時代を答えなさい。

(1) 日清戦争

(2) 関東大震災

(3) 二・二六事件

ヒント! この場合は平成などの元号 (時代) で答えることを意味している。

【20】 次の問いに答えなさい。

(1) アヘン戦争の結果結ばれた条約を何というか。また，この条約によって香港を植民地化した国はどこか。

(2) 日清戦争の結果結ばれた条約を何というか。

(3) 日露戦争の結果結ばれた条約を何というか。また，この条約はある国の調停によって結ばれたが，それはどこか。

ヒント! (1)中国，　(2)山口県，　(3)アメリカの一都市で結ばれた。

【21】 （ ）から適切な答えを選びなさい。

(1) 中国革命同盟会を組織した孫文は民族の独立・民権の伸長・（⑦政権の安定　④民生の安定　⑦生産の安定）をめざす三民主義を唱え，革命運動を指導した。

(2) 魯迅は中国の有名な作家であり，（⑦三国志演義　④大地　⑦阿Q正伝）などの作品がある。

(3) 中国の正式名称は，（⑦中華民国　④台湾　⑦中華人民共和国）である。

ヒント! (3)現在の国家は1949年に成立した。

【22】 次の問いに答えなさい。

(1) 中世ヨーロッパの商人・職人の集まりを何というか。

(2) (1)が特に発達した国はどこか。

ヒント! (2)アウグスブルクやフランクフルトなどの都市がある。

【23】 次のＡ・Ｂで関連の無いものはどれですか。

〔Ａ〕 〔Ｂ〕

(1) ウィリアム３世————権利の章典

(2) ２月革命————ルイ・フィリップ

(3) フランス革命————ルイ16世

(4) ７月革命————ナポレオン３世

【24】 次の語句で関係あるものを線で結びなさい。

(1) イギリス (ア)人権宣言

(2) アメリカ (イ)大憲章

(3) フランス (ウ)独立宣言

ヒント! 独立宣言を起草したのはジェファーソンである。

【25】 （ ）より関連するものを選びなさい。

(1) 『国富論』（ア アダム＝スミス　イ ルソー　ウ ロック）

(2) 『共産党宣言』（ア レーニン　イ 毛沢東　ウ マルクス）

(3) 『若きウェルテルの悩み』（ア シラー　イ ハイネ　ウ ゲーテ）

(4) 万有引力の法則（ア カント　イ パスカル　ウ ニュートン）

ヒント! (2)エンゲルスとの共著である。

【26】 第一次世界大戦について次の問いに答えなさい。

(1) 第一次世界大戦のきっかけは，ある国の皇太子夫妻がサライェヴォでセルビア人の一青年に暗殺されたことにあったが，ある国とはどこか。

(2) これは何年におこったか。

(3) 終戦に際して，パリ講和会議がひらかれたが，この時ドイツと連合国との間に結ばれた条約を何というか。また，これは何年のことか。

ヒント! (1)スイスとならぶ永世中立国である。

■倫理的分野

【27】　次の問いに答えなさい。

(1)　世界の三大宗教を書きなさい。

(2)　(1)の創始者をそれぞれ書きなさい。

(3)　三大宗教のうち，毎年復活祭の行事があるものは何ですか。

ヒント!　(3)感謝祭，クリスマスも重要な行事である。

【28】　次の名言は誰によるものか。語群のなかから選び記号で答えなさい。

(1)　「人間は考える葦である」

(2)　「汝の敵を愛せよ」

(3)　「我思う，故に我あり」

(4)　「地球は青かった」

(5)　「和を以て尊しとなす」

(6)　「老兵は死なず，ただ消えゆくのみ」

(7)　「少年よ，大志を抱け」

(8)　「最大多数の最大幸福」

(9)　「天は人の上に人を造らず，人の下に人を造らず」

(10)　「智に働けば角が立つ，情に棹させば流される」

〔語　群〕

　　⑦ 福沢諭吉　　　④ デカルト　　　⑦ 夏目漱石

　　④ クラーク　　　④ マッカーサー　⑦ パスカル

　　④ ガガーリン　　⑦ キリスト　　　⑦ ベンサム

　　③ 聖徳太子

ヒント!　(4)ソ連の人で，世界で初めて宇宙飛行をした人。　(9)慶応義塾大学の創設者。　(10)作家で，作品には『我が輩は猫である』，『坊っちゃん』などがある。

【29】　次の著者の作品を右から選び，記号で答えなさい。

(1)　モンテスキュー　　　(ア)『資本論』

(2)　ルソー　　　　　　　(イ)『法の精神』

(3)　マルクス　　　　　　(ウ)『リヴァイアサン』

(4)　ホッブズ　　　　　　(エ)『社会契約論』

【30】 古代ギリシャは多神教を信奉していたが，次の神々は何の神か。関連するものを線で結びなさい。

(1) アテネ神 　　　　(ア)芸術と太陽の神

(2) アポロン神 　　　(イ)知恵の神

(3) ヘルメス神 　　　(ウ)神々の中の神

(4) ゼウス神 　　　　(エ)通信と商業の神

【31】 現在インドでは多数派を占めるヒンドゥー教と少数派を占める宗教とが対立しているが，この少数派宗教とは何ですか。

ヒント! これは偶像とカースト制度を否定するもので，16世紀にナーナクが創始した。

■政治・経済的分野

【32】 次の各事項は，日本国憲法をまとめたものである。（　　　）に適当な語句を入れなさい。

主　　　　権：（　①　）主権。

天　　　　皇：日本国および日本国民統合の（　②　）。

軍　　　　事：戦争の放棄…戦力の不保持と（　③　）の否定。

国民の権利：（　④　）に反しない限り尊重される。

国民の義務：教育・勤労・（　⑤　）。

国　　　　会：立法権を行使する国権の（　⑥　）機関。衆議院と（　⑦　）の2院制。

内　　　　閣：行政権を行使し，（　⑧　）に対して責任を負う。

裁　判　所：司法権を行使し，（　⑨　）をもつ。

改　　　　正：国会が発議し，（　⑩　）投票によって決める。

ヒント! いずれも，国家・国民生活の基本となる事項なので，教科書などで復習しておこう。

【33】 次の文章の空欄に，最も適する語句を入れなさい。

(1) 国民の三大義務は，納税・勤労・（　　　　）。

(2) 労働基準法の規定は（　　　　）の基準である。

(3) 日本国憲法の三大基本原理は，国民主権・基本的人権の尊重・（　　　　）である。

(4) 三権分立の三権とは，立法権・（　　　　）・司法権である。

(5)　労働三法は，労働基準法・労働関係調整法・（　　　）である。

(6)　三権のうち，内閣がもつのは（　　　）である。

(7)　労働三権とは，団結権・団体行動権・（　　　）である。

ヒント!　(2)憲法第27条2項の規定によって定められた，労働基準法第1条2項に定められている。

【34】　憲法改正手続きについて，正しいものはどれですか。

(1)　各議院の総議員の4分の3以上の賛成で，国会が，これを発議し，国民に提案してその承認を経，天皇がそれを公布する。

(2)　各議院の総議員の過半数の賛成で，国会が，これを可決し，国民に公布して施行する。

(3)　各議院の総議員の3分の2以上の賛成で，国会が，これを可決し，天皇がそれを公布する。

(4)　各議院の総議員の3分の2以上の賛成で，国会が，これを発議し，国民投票によって過半数の賛成を得，天皇が公布する。

(5)　各議院の総議員の3分の2以上の賛成で，国会が，これを発議し，国民投票によって3分の2以上の賛成を得る。

ヒント!　憲法改正には，議会で3分の2以上，国民投票で過半数と覚えておく。

【35】　次の文章を読んで（　　　）内に適当な語句を入れなさい。

　国会が「国権の（　①　）であって，国の唯一の（　②　）」であると憲法に定められているのは，（　③　）者である国民を代表する国会を国政の中心に位置づけるためである。その権限は広くかつ大きく，必要に応じて証人を喚問できる（　④　）権などをもつ。こうした国会の優位のもと，内閣は，国会により（　⑤　）された内閣総理大臣に率いられ，連帯して国会に責任を負う。これを（　⑥　）制という。

　一方，裁判所には，国会や内閣の行為が憲法に適合するかどうかを判断する（　⑦　）権が認められており，このため，最高裁判所は（　⑧　）とよばれる。こうした機能を果たすためには裁判権の（　⑨　）が不可欠であり，また最高裁判所の裁判官が適格かどうかを国民が判断する（　⑩　）の制度がある。

ヒント!　国会は立法，内閣は行政，裁判所は司法の権をもつ。

【36】 次の文章を読み，（　　　）に適当な数字を入れなさい。

　　国会の本会議は，総議員の（　①　）以上の出席で成立し，年（　②　）回定期的に行われる通常国会と，いずれかの議院の総議員の（　③　）以上の要求があったときなどに召集される臨時国会などがある。通常国会は毎年（　④　）月に召集され，会期は（　⑤　）日である。

ヒント! 衆議院議員総選挙後30日以内に召集される国会を「特別国会」という。

【37】 次の各文の空欄に適当な語句を入れなさい。

(1) 同種企業が合同はしないが，生産・価格・販売について条件を協定し，利益を独占するものを（　　　）という。

(2) エンゲル係数とは，生活費中に占める（　　　）の割合をいい，生活水準の指標となるものである。

(3) 円の為替相場が1ドル120円から100円になったことは，円の対外価値が（　　　）ことである。

ヒント! (3)いわゆる円高である。

【38】 次の各文を読み，最も適当な語を入れなさい。

(1) 生産の三要素は，資本・土地・（　　　）である。

(2) 企業集中のおもな形態には，カルテル・トラスト・（　　　）の3つがある。

(3) 所得が多くなるにしたがって税率が上がる制度を（　　　）という。

(4) （　　　）銀行は，銀行券を発行し，公定歩合の調整や公開市場操作などの金融政策を行う。

(5) 円高の時には，外国から原材料などを輸入した場合，円に換算すると（　　　）く輸入したことになる。

ヒント! (3)積み重なって増えていくことを「累進」という。

【39】 左にあげた語について，最も関係の深い語を（　）内から選んで，その記号で答えなさい。

(1) 第一次産業　　（㋐商業　　㋑農林水産業　　㋒工業）

(2)　ASEAN　　　　(㋐石油輸出国機構　　㋑東南アジア諸国連合

　　　　　　　　　　㋒世界保健機関)

(3)　間接税　　　　(㋐酒税　　㋑法人税　　　㋒所得税)

(4)　エンゲル係数 (㋐飲食費　　㋑レジャー費　　　㋒住居費

　　　　　　　　　　㋓光熱費)

(5)　UNESCO　　　(㋐大陸間弾道ミサイル　　㋑北大西洋条約機構

　　　　　　　　　　㋒国際連合教育科学文化機関　㋓先進国蔵相会議)

ヒント! (2)Association of South-East Asian Nations　(5)United Nations Educational, Scientific and Cultural Organization

【40】　コンツェルンの説明として正しい文はどれか，記号で答えなさい。

(1)　同一産業の複数の企業が，価格や生産量・販路などについて協定を結ぶこと。

(2)　同一産業・業種で数社の大企業が合併して独立性を捨て，独占体を形成すること。

(3)　親会社が，株式保有を通じて，各分野の企業を子会社・孫会社(系列会社)として傘下におさめて形成する。

ヒント! 日本の旧財閥もこの形態である。

【41】　次にあげた語句に関連して正しい説明文を選び，その記号で答えなさい。

(1)　プライムレート

　　㋐外国為替取引における交換比率。

　　㋑超一流企業に対する最優遇金利。

　　㋒管理価格を設定する価格先導者。

(2)　預金準備率

　　㋐金融を引き締めるためには率を引き上げる。

　　㋑金融を引き締めるためには率を引き下げる。

　　㋒金融を緩和するためには率を引き上げる。

(3)　公定歩合

　　㋐金融引き締めには，率を引き下げる。

　　㋑金融引き締めには，率を引き上げる。

　　㋒金融緩和には，率を引き上げる。

―――――――――――
―――――――――――
―――――――――――
―――――――――――
―――――――――――

ヒント! (3)公定歩合とは日本銀行 (中央銀行) の貸出し金利のこと。

【42】 次のことばについて，簡単に説明しなさい。

(1) インフレーション

(2) エンゲル係数

ヒント! (1)なぜ物価高になるのかを通貨量との関係で説明する。

【43】 次の略語はそれぞれ何という意味か，正しいものを右から選んでその記号で答えなさい。

(1)	IAEA	(ア)ヨーロッパ連合
(2)	IMF	(イ)国際原子力機関
(3)	OPEC	(ウ)世界保健機関
(4)	WHO	(エ)国際連合
(5)	UN	(オ)国連教育科学文化機関
(6)	UNESCO	(カ)国際通貨基金
(7)	EU	(キ)大規模集積回路
(8)	LSI	(ク)石油輸出国機構

社　会　チェックリスト

【地理的分野】

- □　三大洋とは，〈　1　〉，〈　2　〉，〈　3　〉である。
- □　アジアを含む大陸を〈　4　〉という。
- □　ロンドンは，ケッペンの気候区分では〈　5　〉と表記される。
- □　世界で最も大きい湖は，〈　6　〉である。
- □　関東地方に含まれる県とその県庁所在地は，〈　7　〉，〈　8　〉，〈　9　〉，〈　10　〉，〈　11　〉，〈　12　〉である。
- □　「日本のデトロイト」と呼ばれるのは，日本三大工業地帯のうち，〈　13　〉である。
- □　ポーランドの首都は，〈　14　〉である。
- □　アメリカ中部に広がる大草原を〈　15　〉と呼ぶ。
- □　1997年にイギリスから中国に返還された商業都市は〈　16　〉である。

【歴史的分野】

- □　聖武天皇の御物が納められていることで有名な建物は〈　17　〉である。
- □　遣唐使の廃止を提案したのは，〈　18　〉である。
- □　元寇の時の執権は，〈　19　〉である。
- □　戦国時代，「種子島」といわれていた物は〈　20　〉である。
- □　『奥の細道』を著した人物は，〈　21　〉である。
- □　江戸時代末期に結ばれ，明治期を通じて不平等だとして改正に苦慮した日米間の条約を〈　22　〉という。
- □　『モナリザ』を描いて有名な，ルネサンス時代の人物は，〈　23　〉である。
- □　19世紀に「眠れる獅子」といわれ恐れられていた国は，当時〈　24　〉であった。
- □　19世紀はじめ，「世界の工場」といわれていた国は，〈　25　〉である。
- □　日露戦争を終結させた条約は，〈　26　〉である。
- □　無抵抗主義を掲げてインドを独立に導いた人物は，〈　27　〉である。

【倫理的分野】

- □　儒学の創立者は，〈　28　〉である。
- □　「無知の知」を説いたギリシャの哲学者は，〈　29　〉である。
- □　タイは，大乗仏教か，小乗仏教か。〈　30　〉である。
- □　イスラム教の経典は〈　31　〉である。
- □　「知は力なり」と言ったイギリス経験論の祖は〈　32　〉である。
- □　ベンサムの説く功利主義を端的に示すことばは，〈　33　〉である。
- □　社会主義を科学的に理論づけたのは〈　34　〉である。

【政治・経済的分野】

- □　基本的人権は〈　35　〉，〈　36　〉，〈　37　〉などがある。
- □　労働三権とは，〈　38　〉，〈　39　〉，〈　40　〉である。
- □　日本国憲法の三原則は，〈　41　〉，〈　42　〉，〈　43　〉である。
- □　資本主義の原則をアダム＝スミスは〈　44　〉と言った。
- □　通貨量が多いために起きる物価高を〈　45　〉という。
- □　国際市場において，円の相対的価値が理想とされる水準よりも高い状態を〈　46　〉といい，一般に〈　47　〉産業が打撃を受ける。
- □　東南アジア諸国連合の略称は〈　48　〉，欧州連合の略称は，〈　49　〉である。
- □　先進工業諸国による開発途上国援助のための機構を〈　50　〉という。

1. 太平洋
2. 大西洋
3. インド洋
4. ユーラシア大陸
5. Cfb
6. カスピ海
7. 埼玉県－さいたま市
8. 群馬県－前橋市
9. 栃木県－宇都宮市
10. 茨城県－水戸市
11. 千葉県－千葉市
12. 神奈川県－横浜市
13. 中京工業地帯
14. ワルシャワ
15. プレーリー
16. 香港
17. 正倉院
18. 菅原道真
19. 北条時宗
20. 鉄砲(火縄銃)
21. 松尾芭蕉
22. 日米修好通商条約
23. レオナルド＝ダ＝ビンチ
24. 清王朝
25. イギリス
26. ポーツマス条約
27. マハトマ＝ガンジー
28. 孔子
29. ソクラテス
30. 小乗仏教(上座部仏教)
31. コーラン
32. フランシス＝ベーコン
33. 最大多数の最大幸福
34. マルクス
35. 自由権
36. 平等権
37. 社会権
38. 団結権
39. 団体交渉権
40. 団体行動権(争議権)
41. 国民主権
42. 基本的人権の尊重
43. 平和主義
44. 神の見えざる手
45. インフレーション
46. 円高
47. 輸出
48. ASEAN
49. EU
50. 経済協力開発機構 (OECD)

5 英　　語

○就職試験の英語に関する問題は，実に多岐にわたっています。中には，依然と昔ながらの高度な文法知識を試すものも見られますが，最近では，科学技術の進展とあいまって，テクノロジーに関する語いの問題や，会話表現力を問う問題も多くなってきています。

○全般的に見ますと，中学校1年から高校2年ぐらいまでの基礎的文法や語いに関する問題が主流を占めています。皆さんの一番の苦手とする文法，とりわけ出題頻度の高い，関係詞，仮定法，話法，受動態，不定詞の基礎はマスターしておきましょう。

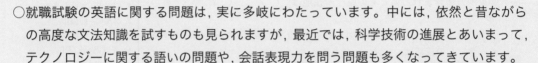

重要事項の整理

1.関係詞の穴うめ問題の攻略法

(1) （　）の前の単語を見る

　イ．それが人である。

　ロ．それが人以外である。

　ハ．only, first, all, 最上級がついている。

　ニ．名詞らしきものがない。

(2) （　）以降の文において，（　）は

　a. 主語の働きをしていると考えられる。

　b. 目的語の働きをしていると考えられる。

　c. 主語でも目的語でもない。

　上の(1)と(2)において，

　イとaの組合せ…関係代名詞はwho

　イとb　〃　…　〃　　　　whom

　イとc　〃　…　〃　　　　whose

　ロとa　〃　…　〃　　　　which

　ロとb　〃　…　〃　　　　which

　ロとc　〃　…　〃　　　　whose

　ハの時……文句なしに，関係代名詞はthat

　ニの時……　〃　…　〃　　　　what

(3) （　）の前の単語が

　あ…場所を表している…関係副詞はwhere

　い…時　　〃　　…　〃　　when

　う…方法　〃　　…　〃　　how

　え…理由（reason）〃…　〃　　why

2.仮定法問題の解き方

(1) **現在**の事実に反する仮定を行うときは，Ifの中の時制は過去にし，次の構文をとる。

　If＋主語＋動詞（過去）＋…，主語＋助動詞の過去＋原形〜＋（もし…であれば，〜なのに）

　（注）ただし，Ifの中のbe動詞は，主語に関係なくwereとなる。

(2) 過去の事実に反する仮定を行うときは，Ifの中の時制は過去完了（had＋過去分詞）にし，次の構文をとる。

　If＋主語＋had＋動詞の過去分詞＋…，主語＋助動詞の過去＋have＋動詞の過去分詞〜

次の例を参考にするとよい。

If I had a typewriter, I（will type）it myself…①

If you had arrived more earlier, you（will get）a seat…②

①の（　）内はどのような形になるか？　前の文のIfの中が過去形だから，当然このパターンの次にくるのは助動詞の過去＋原形ということがわかる。したがって，would typeとなる。

②の（　）内はどうか？　前の文のIfの中がhad＋動詞の過去分詞だから，当然このパターンの次にくるのは，助動詞の過去＋have＋動詞の過去分詞となる。

したがってwould have gotten.

なお, I wish, やas ifの次には, 動詞の過去形, 過去完了形とも, いずれも用いられる。

3. 話　　法

次の点を再確認しておこう。

⑴ "　　"の前の動詞が過去であれば（said, said to〜）

→必ず時制の一致をおこす。

　つまり, "　　"の中の動詞が**現在**であれば**過去形**とする。"　　"の中の動詞が**過去**であれば**過去完了形**とする。ただし, 助動詞があればそれを過去形とする。

　（注）時制の一致をおこさない, 真理, 歴史上の事実の場合もあるので気をつけよう。

⑵ "　　"の中の人称代名詞は, 伝達者の立場から見て適切にかえる。

⑶〈ⅰ〉"　　"の中が平叙文のとき

said to〜→told〜にして"　　"をとり, thatでつなげる。

ex）He said to her, "I will go with you."

　→He told her that he would go with her.

〈ⅱ〉"　　"の中が命令文のとき

said to〜→told〜にして"　　"をとり, to＋動詞の原形でつなげる（Don'tのときは, not toでつなげる）。

ex）She said to me, "Clean out your room."

　→She told me to clean out my room.

ex）The teacher said, "Don't speak in Japanese."

　→The teacher told not to speak in Japanese.

〈ⅲ〉"　　"の中が疑問詞のある疑問文のとき

said to〜→asked〜にして"　　"をとり, 疑問詞を接続の語として使い, 語順を主語＋動詞にする。

ex）I said to her, "When did you read the book?"

　→I asked her when she had read the book.

〈ⅳ〉"　　"の中が疑問詞のない疑問文のとき

said to〜→asked〜にして, "　　"をとり, 接続の語としてif（whether）を入れ, 語順を主語＋動詞にする。

ex）He said to me, "Do you know the truth?"

　→He asked me if I knew the truth.

⑷ 特に注意しなければならないものは, 時・場所を表す語句も変えるということである。

this→that, here→there, now→then, today→that day, tomorrow→the next day, yesterday→the day before, last night→the night before, ago→before

4. 受動態

次の点を確認しておこう。

⑴ 基本パターン

主語＋**動詞**＋目的語＋…（能動態）

→目的語＋be動詞＋**動詞**の過去分詞＋…＋by主語（受け身）（もちろん, 目的語, 主語が人称代名詞のときは, 形もかわるし, 新たに主語となったものと元の文の時制にbe動詞をあわせることが必要である。）

⑵ 主語＋助動詞＋**動詞**＋目的語＋…

→目的語＋助動詞＋**be＋動詞**の過去分詞＋…＋by主語

⑶ Who＋動詞＋目的語

→By whom＋be動詞＋目的語＋**動詞**の過去分詞

⑷ 主語＋知覚動詞＋目的語＋**動詞**の原形

→目的語＋be動詞＋知覚動詞＋to＋動詞の原形

ex）① He wrote a letter to her.

　　→A letter was written to her by him.

　② You must do your homework.

　　→Your homework must be done（by you）.

　③ Who discovered America?

　　→By whom was America discovered?

　④ We saw him dash out of the store.

　　→He was seen to dash out of the store（by us）.

5. 不定詞の用法

⑴ to不定詞…名詞用法「こと」, 形容詞用法「べき」, 副詞的用法「〜のために」「〜して」「〜するとは」と訳すことができる。

⑵ 原形不定詞（toなしの不定詞）…知覚動詞構文や, had betterや, 使役動詞（have, make）＋目的詞（人）＋…の次には, 原形不定詞がくる。

力だめし

さあやってみよう！

ここがポイント！

典型問題1

⑴ (b)のような先行詞が特別の場合と，(d)のように先行詞がない場合に注意。

⑵ ⓐIf＋過去＋…，…助動詞の過去＋原形＋…，というパターンと，ⓑIf＋過去完了＋…，…助動詞の過去＋現在完了＋…というパターンの2つがポイント。

⑶ S＋V＋O→O＋Vのpp＋…＋by Sが基本パターン。ただし，(b)の例文は，丸覚えしよう。また，(c)のように受け身になるとto不定詞となるものに気をつけよう。(d)はby＋Sとならなく，by以外の前置詞を使うもので要注意。

⑷ 不定詞は①名詞，②形容詞，③副詞用法とがある。①は「～すること」，②は「～すべき」，③は「～するために」〈目的〉，「～して」〈結果〉と訳すことができる。

【典型問題1】

⑴　次の文の（　）に適切な関係代名詞を選び，記号で答えなさい。

(a)　I know a boy （　　　） father is a doctor.

(b)　She is the most beautiful girl （　　　） I have ever met.

(c)　The house （　　　） we live in stands on a hill.

(d)　Tell me （　　　） you saw in London.

　　㋐which　㋑whose　㋒what　㋓that　㋔who

⑵　次の文の（　）の中から適当な語を選び，記号で答えなさい。

(a)　If he were rich, he　（㋐could,　㋑can,　㋒will）　buy the house.

(b)　If she　（㋐sees,　㋑saw,　㋒had seen）　me, she might have spoken to me.

(c)　I wish I （㋐can,　㋑could,　㋒will）　fly to you.

(d)　You talk （㋐as if,　㋑as,　㋒like）　you were a boss.

(e)　If it　（㋐is,　㋑was,　㋒were）　not for your help, I should fail.

⑶　次の文を受け身の文に書きかえなさい。

(a)　You must do the work at once.

(b)　Who invented the radio?

(c)　We saw a stranger go into the house.

(d)　English interests me very much.

⑷　次の下線部の不定詞の用法を答えなさい。

(a)　He is not a man <u>to</u> be relied upon.

(b)　It is wrong <u>to</u> tell a lie.

(c)　She went to town <u>to</u> buy her dress.

解答　(1)(a)—イ　(b)—エ　(c)—ア　(d)—ウ

(2)(a)—ア　(b)—ウ　(c)—イ　(d)—ア　(e)—ウ

(3)(a) The work must be done at once.　〔by youはつけなくてもよい〕

　(b) By whom was the radio invented?

　(c) A stranger was seen to go into the house.　〔by usはつけなくてもよい〕

　(d) I am interested in English very much.　〔by Englishではない〕

(4)(a) 形容詞用法　(b) 名詞用法　(c) 副詞用法

【典型問題2】

⑴　次の語を英語で書きなさい。

(a)　エンジン　　　　　　(b)　コンピュータ

(c)　テクノロジー　　　　(d)　通信

⑵　次の語を（　）内の指示に従って書きかえなさい。

(a)　import（反意語）　　　(b)　danger（形容詞）

(c)　true（名詞形）

⑶　次の英語のことわざの意味を書きなさい。

(a)　It is no use crying over spilt milk.

(b)　The early bird catches the worm.

解答　(1)(a) engine　(b) computer　(c) technology　(d) communication

(2)(a) export　(b) dangerous　(c) truth

(3)(a) 覆水盆にかえらず　(b) 早起きは三文の得

ここがポイント！

典型問題2

⑴～⑶とも，解法のテクニックはない。ふだんから，日本語となった英単語に気をつけ，代表的な英語のことわざについて勉強しておくことが肝要。

実戦就職問題

■関係代名詞・関係副詞

【1】　次の（　）内に適当な関係代名詞を記入しなさい。

(1)　He listens to（　　）people say.

(2)　The river（　　）flows through London is the Thames.

(3)　She is a singer（　　）I like best.

(4)　This is all（　　）I know.

> **ヒント!** (4)先行詞がallの時は…。

【2】　次の（　）内に入る適当な関係副詞を下から選び, 記号で答えなさい。

(1)　This is the village（　　）I was born.

(2)　Please tell me the way（　　）I can run this machine.

(3)　Nobody knows the reason（　　）he got angry.

(4)　The time will come（　　）we can travel to the moon.

　　(ア)when　　(イ)where　　(ウ)how　　(エ)why

> **ヒント!** (4)（　）の先行詞は, The timeである。

【3】　次の文を和訳しなさい。

(1)　Don't put off till tomorrow what you can do today.

(2)　The place where we used to play is no longer a park.

(3)　The earth on which we live is round like a ball.

> **ヒント!** (2)used to play—よく遊んだものだ〔過去の習慣〕。no longer…—もはや…でない。

■仮　定　法

【4】　次の文の（　）内から正しいものを選び, 記号で答えなさい。

(1)　He talks as if he（(ア)know, (イ)knew, (ウ)has known）everything.

(2)　If I were a bit taller, I（㋐ will, ㋑ would）be loved by her.

(3)　If I（㋐ have, ㋑ had, ㋒ had had）enough money, I could have bought it.

ヒント！ (3)もし私が十分なお金をもっていたなら。

【5】　次の文の（　）内に適語を入れなさい。

(1)　I wish I（　　　）speak English very well.

(2)　（　　　）（　　　）your help, I should have failed.

(3)　What（　　　）you do, if you were in my place?

ヒント！ (2)もしあなたの援助がなかったなら…。

【6】　次の文を仮定法を用いて書きかえなさい。

(1)　As I don't know his address, I can not write to him.

(2)　I am sorry that I can not speak French.

(3)　I didn't go there because it was very cold.

ヒント！ (2)I'm sorry⇄I wish…のパターン。

【7】　次の文を和訳しなさい。

(1)　If you would like to see it, I could send it to you.

(2)　If you had not helped me, I could not have succeeded.

(3)　He is, as it were, a walking dictionary.

ヒント！ (3)as it were—いわば。

【8】　次の文を英訳しなさい。

(1)　若いうちに英語を勉強しておけばよかった。

(2)　お金があれば，自動車を買うのだが。

(3)　太陽がなければ私たちは生きていけない。

ヒント！ (1)若いうちに—when I was young　(3)～がなければ—If it were not for～

■時制の一致と話法

【9】 次の文の話法をかえなさい。

(1) Bob said to me, "I will take you to the zoo."

(2) They said to her, "We believe you."

(3) She said to me, "Leave me alone."

(4) Mother said to us, "Please wash the dishes."

(5) Bill said to me, "I bought you a present two days ago."

(6) He said to me, "Are you ready?"

(7) The policeman said to me, "When did you arrive here?"

(8) She told me that her uncle was coming the next day.

(9) He asked me what I thought of it.

(10) She told me that she would see me there.

 (5)ago (直接話法) →before (間接話法)。 (8)〜(10)は，間接話法に書きかえるもの。

■受 け 身

【10】 次の日本文の意味に合うように（ ）に適語を入れなさい。

(1) その山は雪でおおわれていた。

　　The mountain was covered (　　) snow.

(2) 彼は，この町の皆んなに知られている。

　　He is known (　　) all the people in this town.

(3) 私たちは，そのニュースに驚いた。

　　We were surprised (　　) the news.

(4) 彼は，そのプレゼントをもらって喜んだ。

　　He was pleased (　　) the present.

(5) 彼女は，その結果に満足している。

　　She is satisfied (　　) the result.

 すべて，受動態における重要表現である。

【11】 次の文の態をかえなさい。

(1) You must keep your teeth clean.

(2) Everybody respects him.

(3) The bus ran over a dog.

(4)　English is spoken in Canada.

(5)　By whom was the glass broken?

(6)　A stranger spoke to me in the street.

(7)　We felt the floor shake.

(8)　People call the boy "Taro."

ヒント!　(3)ran overを1つの動詞とみなす。　(6)spoke toを1つの動詞とみなす。
(7)知覚動詞構文であるので，shakeはto shakeとなる。　(8)目的語は
the boyである。

【12】　次の文を和訳しなさい。

(1)　In spring, the trees are filled with new life, and the earth
　　is warmed by the rays of the sun.

(2)　He is said to be a famous engineer.

ヒント!　(1)the rays of the sun─太陽光線。　(2)be said to ～⇄they say ～─～
だといわれている。

【13】　次の文を英訳しなさい。

(1)　彼はあなたの説明に満足した。

(2)　あなたはどんな本に興味をお持ちですか。

■不 定 詞

【14】　次の文中の（　）の中から適当な語を選びなさい。

(1)　It is very kind (㋐for, ㋑of, ㋒about) you to help me.

(2)　My mother told me (㋐not to, ㋑to not, ㋒not) do so.

(3)　You had better (㋐to get, ㋑get, ㋒to getting) up early in
　　the morning.

ヒント!　(1)人の性格を表すときは，forは使えない。　(2)～しないように。
(3)had betterの次は原形。

【15】　次の文を（　）内の指示に従って書きかえなさい。

(1)　This book is so difficult that I can not read it. (too～toで)

(2)　This river is too wide to swim across. (so～thatで)

ヒント!　(1)too～toでは,元の文のthat内の動詞の目的語を削り,(2)so～thatでは,
元の文のto以下の動詞に目的語をつける。

【16】 次の文を英訳しなさい。

(1) 彼は1日に30分英語を勉強することにしています。

(2) 君にこの手紙を投かんしてもらいたい。

(3) 本当のことをいうと，彼女は昨日一睡もしていなかった。

ヒント！ (1)～することにしている―make it a rule to～。 (3)本当のことをいうと―to tell the truth。

■動 名 詞

【17】 次の文の（ ）内から適当なものを選びなさい。

(1) Would you mind (⑦speak, ⑦speaking, ⑦to speak) more slowly?

(2) I can not help (⑦laugh, ⑦laughing, ⑦laughed) to hear the story.

(3) He tried to give up (⑦smoke, ⑦smoking, ⑦to smoke), but he couldn't.

ヒント！ (1)Would you mind～ ing―～して下さいませんか。 (2)cannot help ～ing＝cannot but＋原形―～せざるを得ない。

【18】 次の文中の下線部の誤りを正しなさい。

(1) I am fond of <u>to read books</u>.

(2) We are busy <u>to do our homework</u>.

【19】 次の各組の文が同じ意味になるよう（ ）の中に適語を入なさい。

(1) As soon as she heard the news, she turned pale.

　＝(　) (　) the news, she turned pale.

(2) It is impossible to know what may happen next.

　＝There (　) (　) (　) what may happen next.

(3) I like making dolls.

　＝I (　) (　) (　) making dolls.

ヒント！ (1)as soon as＋…V＋…＝On＋V ing。 (2)It is impossible to～＝There is no～ing。 (3)likeの3語の熟語は？

【20】 次の文を和訳しなさい。

(1) I am used to getting up early.

(2) As soon as we finished eating, we began to watch TV.

(3) Kyoto is worth visiting.

(4) I remember seeing him once.

ヒント! (1)be used to〜ing—〜することに慣れている。　(3)worth〜ingの意味は？　(4)remember〜ing—〜したことを覚えている（過去のこと）。

【21】 次の文を英訳しなさい。

(1) 私は公園を散歩したいような気がします。

(2) この小説は読む価値があります。

ヒント! (1)〜したい気がする—feel like〜ingを使う。

■分　　詞

【22】 次の各組の文が同じ意味になるよう（　）の中に適語を入れなさい。

(1) Opening the door, he found a stranger in the room.

　＝（　　）（　　）（　　）the door, he found a stranger in the room.

(2) Being ill, I stayed at home.

　＝（　　）I（　　）ill, I stayed at home.

(3) Turning to the left, you will find the office.

　＝（　　）（　　）turn to the left, you will find the office.

(4) It being rainy, we will give up our game.

　＝（　　）it（　　）rainy, we will give up our game.

ヒント! 分詞構文(1)時, (2)原因, (3)条件, (4)原因（主節と従属節の主語が違うので，分詞構文ではItが残っているのに注意。）

【23】 次の文中の下線部の誤りを正しなさい。

(1) I had my watch repair.

　（私は時計を直してもらった。）

(2) When did you have this suit make?

　（いつ, このスーツを作ってもらいましたか。）

(3) She <u>had me carried</u> her baggage.

（彼女は，私に彼女の荷物を運ばせた。）

ヒント! have＋物＋過去分詞，have＋人＋原形動詞。人・物に～させる（してもらう）。

【24】 次の文を和訳しなさい。

(1) I could not make myself understood in English.

(2) I received a letter written in English.

(3) Generally speaking, boys like making a model plane.

(4) Walking a street, I ran across him.

ヒント! (1)make oneself understood—意志疎通ができる。(3)generally speaking—一般的にいえば。

【25】 次の文を英訳しなさい。

(1) 私はサイフを盗まれました。

(2) 湖の上でスケートをしている少女は誰ですか。

ヒント! (1)have＋目＋過去分詞を使う。サイフ—purse。

■完了時制

【26】 次の文の下線部の誤りを正しなさい。

(1) <u>I have gone to America</u> last year.

(2) When <u>have you returned</u>?

(3) <u>It is raining</u> since yesterday morning.

ヒント! (1)過去と明確に示す語と現在完了は一緒に用いない。　(2)When…の中では，現在完了は使わない。

【27】 次の文を和訳しなさい。

(1) I have been thinking over what you said about democracy and freedom.

(2) Mary has been playing tennis since this morning.

ヒント! (1)what—関係代名詞, democracy—民主主義, freedom—自由。

【28】　次の文を英訳しなさい。

⑴　あなたは東京へ行ったことがありますか。

⑵　私は友人を見送りに駅へ行って来たところです。

⑶　私は大阪に 10 年間住んでいます。

> **ヒント!** ⑵〜を見送る―see〜off

■助 動 詞

【29】　次の文の（　）に適当な助動詞を入れなさい。

⑴　He（　　）be a fool to do such a thing.

⑵　He works hard so that he（　　）succeed.

⑶　The news（　　）not be true.

　　そのニュースは本当のはずがない。

⑷　（　　）I cut some bread for you?

　　パンを切ってあげましょうか。

⑸　（　　）you pass me the salt?

　　塩をとってくれませんか。

> **ヒント!** ⑵so that may…―…するために。

【30】　次の文を和訳しなさい。

⑴　We can not be too careful about our health.

⑵　Would you like to drink?

⑶　I used to visit the museum every Sunday.

> **ヒント!** ⑴cannot…too〜―いくら…しても〜しすぎることはない。　⑶used to〜＝would〜―よく〜したものだ。

【31】　次の文を英訳しなさい。

⑴　あなたの辞書をお借りできますか。

⑵　彼女をここに呼んで，あなたを手伝わせましょうか。

> **ヒント!** ⑴借りる…この場合はuseを使う。　⑵話者の意志を表すshallを使ってShall Iで始める。

■比　　較

【32】　次の文の（　）の中に適当な語を入れなさい。

(1)　This box is about three (　　) (　　) heavy as that one.

(2)　(　　) do you like (　　), baseball or tennis?

(3)　Walk (　　) fast (　　) you can.

(4)　I prefer summer (　　) winter.

 (1)（　）times as～as…—…の（　）倍の～（倍数詞構文）。　(3)できる
だけ速くの意味にする。　(4)preferのときは，thanは使えない。

【33】　次の各組の文が同じ内容を表すように（　）に適語を入れなさい。

(1)　Mt. Fuji is higher than (　　) (　　) mountain in Japan.

　　＝Mt. Fuji is (　　) (　　) mountain in Japan.

(2)　I can skate better than my brother.

　　＝My brother (　　) skate (　　) (　　) as I.

(3)　He is five years older than my brother.

　　＝He is older than my brother (　　) five years.

 (3)比較の差を表す前置詞は？

【34】　次の文を和訳しなさい。

(1)　The more we have, the more we want.

(2)　Nothing is so important as health.

 (1)the＋比較級₁…the＋比較級₂—すればするほど増々～だ。
(2)Nothing is so～as…—…ほど～のものはない。

【35】　次の文を英訳しなさい。

(1)　早ければ早いほどよい。

(2)　秋は，読書にもスポーツにも最も良い季節です。

■接　続　詞

【36】　次の文の（　）の中に適当な語を入れなさい。

(1)　Study hard, (　　) you will fail.

(2)　It will not be long (　　) he comes back.

(3)　Start at once, (　　) you will be in time.

(4)　Dark (　　) it was, we found our way back.

(5)　(　　) it rains, I will go on a picnic. (雨が降っても)

ヒント! (1)〜しなさい，そうしなければ。　(2)It will not be long (　) は，熟語でまもなく。　(3)〜しなさい，そうすれば。　(4)Though it was dark と同じ意味にする。

【37】　次の文の下線部の誤りを正しなさい。

(1)　Which do you like better, <u>tea and coffee</u>?

(2)　You must learn <u>not only mathematics and English</u>.

(3)　Make haste, <u>or you will be in time for the train</u>.

ヒント! (2)〜のみならず…も。

【38】　次の文を和訳しなさい。

(1)　No sooner had I entered the room than I found him.

(2)　The birds sang so sweetly that the children used to stop their games in order to listen to them.

ヒント! (1)as soon as〜と同義。　(2)so〜that…—とても〜なので…, in order to〜—〜するために。

【39】　次の文を，so thatを使って英訳しなさい。

(1)　彼は，その電車に間に合うように速く歩いた。

(2)　彼女は，一生懸命勉強したのでその試験に合格した。

■前 置 詞

【40】　次の文の (　) に適当な前置詞を入れなさい。

(1)　School begins (　　) eight thirty.

(2)　Write your name (　　) black ink.

(3)　I bought this book (　　) 500 yen.

(4)　She was born (　　) May 5.

(5)　We went to aunt's house (　　) bus.

(6)　His character is different (　　) yours.

(7)　The ground is covered (　　) snow.

(8)　She is young (　　) her age.

(9)　Thank you (　　) your kind invitation.

(10)　Wine is made (　　) grapes.

(11)　This desk is made (　　) wood.

(12)　London was famous (　　) its fog .

(13)　I am going to the station (　　) foot.

(14)　He called (　　) his uncle's.

(15)　Cut this paper (　　) a knife.

(16)　Milk is made (　　) butter.

ヒント!　(1)fromは使えない。　(2)黒インキで。　(3)500円でこの本を買った。　(8)年齢のわりには。　(10)原料。　(11)材料。　(13)徒歩で。　(14)〜を訪問する(場所)，人を訪問するときはcall on。　(15)道具を使うときの前置詞は。(16)製品。

■慣用表現

【41】　次の英文の (　) に，下の日本文を参考にして，適当な前置詞を入れなさい。

(1)　Illness prevented me (　　) going on the trip.

　　…が人の〜を妨げる。

(2)　Life is compared (　　) a voyage.

　　〜にたとえられる。

(3)　I informed him (　　) the accident.

　　…に〜を知らせる。

(4)　He was tired (　　) studying.

　　〜にあきる。

(5)　Somebody robbed me (　　) my CD player.

　　〜を盗む。

(6)　You remind me (　　) your father.

　　…に〜を思い出させる。

(7)　He lived in England (　　) 1910 (　　) 1920.

　　〜から〜まで。

(8)　I just heard (　　) her yesterday.

　　便りがある。

(9)　This bottle is full (　　) water.

〜でいっぱいだ。

⑽He is far (　　) happy.

決して〜どころではない。

【42】　次の下線部の意味を書きなさい。（動詞を中心とした熟語）

(1)　The boy <u>takes after</u> his father.

(2)　I can't <u>make out</u> what you said.

(3)　I can't <u>put up with</u> the tooth ache.

(4)　The baseball game was <u>put off</u>.

(5)　We have to <u>look after</u> the dog.

■会話表現

【43】　次の会話文を英語に直しなさい

(1)　「いらっしゃいませ，何かご用ですか。」（店員）

(2)　「それは，おいくらですか。」（客）

(3)　「初めまして，お会いできてうれしいです。」（初対面のあいさつ）

(4)　「どうもありがとうございました。」「どういたしまして。」（礼と返答のしかた）

(5)　「もしもし，こちらは鈴木です。」（電話での会話）

【44】　次の口語表現を和訳しなさい。

(1)　Please make yourself at home.

(2)　Please help yourself to this cake.

(3)　Remember me to your father.

(4)　I beg your pardon?

(5)　Will you do me a favor?

ヒント！ (4)相手の言ったことが聞きとれなかったときに使う。

■ことわざ

【45】　次のことわざの意味を日本語で書きなさい。

(1)　Rome was not built in a day.

_ _ _ _ _ _ _ _ _ _

_ _ _ _ _ _ _ _ _ _

_ _ _ _ _ _ _ _ _ _

_ _ _ _ _ _ _ _ _ _

_ _ _ _ _ _ _ _ _ _

_ _ _ _ _ _ _ _ _ _

_ _ _ _ _ _ _ _ _ _

_ _ _ _ _ _ _ _ _ _

_ _ _ _ _ _ _ _ _ _

_ _ _ _ _ _ _ _ _ _

_ _ _ _ _ _ _ _ _ _

_ _ _ _ _ _ _ _ _ _

_ _ _ _ _ _ _ _ _ _

_ _ _ _ _ _ _ _ _ _

_ _ _ _ _ _ _ _ _ _

_ _ _ _ _ _ _ _ _ _

_ _ _ _ _ _ _ _ _ _

_ _ _ _ _ _ _ _ _ _

_ _ _ _ _ _ _ _ _ _

_ _ _ _ _ _ _ _ _ _

_ _ _ _ _ _ _ _ _ _

_ _ _ _ _ _ _ _ _ _

_ _ _ _ _ _ _ _ _ _

_ _ _ _ _ _ _ _ _ _

_ _ _ _ _ _ _ _ _ _

_ _ _ _ _ _ _ _ _ _

(2)　When in Rome, do as the Romans do.

(3)　It never rains but it pours.

(4)　Out of sight, out of mind.

(5)　Strike while the iron is hot.

(6)　Birds of a feather flock together.

(7)　Time flies like an arrow.

(8)　Seeing is believing.

(9)　A drowning man will catch at a straw.

(10)　A rolling stone gathers no moss.

(11)　All work and no play makes Jack a dull boy.

(12)　Where there is a will, there is a way.

(13)　Two heads are better than one.

(14)　There is no accounting for tastes.

(15)　Slow and steady wins the race.

■掲示用語

【46】 次の掲示文に合う日本語の意味を右から選び，記号で答えなさい。

(1) Safety Zone	(a)	出口
(2) Keep Left	(b)	予約済み
(3) Reserved	(c)	工事中
(4) Hands Off	(d)	安全地帯
(5) Under Construction	(e)	手をふれるべからず
(6) Off Limits	(f)	ペンキぬりたて
(7) Exit	(g)	出入禁止
(8) Wet Paint	(h)	左側通行

■単語・派生語

【47】 次の単語を英語で書きなさい。

(1) ラジオ	(2) レストラン	(3) 会社
(4) テレビ	(5) 電話	(6) 新聞
(7) ソフトウェア	(8) ビジネス	(9) エネルギー

(10)　スイッチ　　　　　(11)　水曜日　　　　　(12)　2月

(13)　機械　　　　　　　(14)　技術者　　　　　(15)　データ

【48】　次の名詞の複数形を書きなさい。

(1)　child　　　　　　　(2)　tooth　　　　　　(3)　leaf

(4)　sheep　　　　　　(5)　knife

【49】　次の動詞の過去形・過去分詞形を書きなさい。

(1)　take — (　　　) — (　　　)　(2)　begin — (　　　) — (　　　)

(3)　find — (　　　) — (　　　)　(4)　know — (　　　) — (　　　)

(5)　eat — (　　　) — (　　　)　(6)　write — (　　　) — (　　　)

【50】　次の単語の日本語の意味を書きなさい。

(1)　invention　　　　　(2)　add　　　　　　　(3)　leisure

(4)　word processor　　(5)　salary

【51】　次の日本語に合う英語の略字を書きなさい。

(1)　国民総生産

(2)　石油輸出国機構

(3)　ヨーロッパ連合

(4)　国際労働機関

(5)　日本工業規格

【52】　次の語を（　）の指示に従って書きかえなさい。

(1)　hot（反対語）　　　　　(2)　large（反対語）

(3)　rich（反対語）　　　　　(4)　strong（反対語）

(5)　happy（反対語）　　　　(6)　wet（反対語）

(7)　lie（人を表す名詞）　　　(8)　dark（抽象名詞）

(9)　beauty（形容詞形）　　　(10)　health（形容詞形）

(11)　sell（名詞形）　　　　　(12)　serve（名詞形）

(13)　die（名詞形）　　　　　(14)　discover（名詞形）

(15)　right（同音異義語）　　(16)　our（同音異義語）

(17)　root（同音異義語）　　(18)　five（序数で書くと）

(19)　two（序数で書くと）　　(20)　nine（序数で書くと）

英　語　チェックリスト

- □ 関係代名詞に用いられる単語には〈 *1* 〉,〈 *2* 〉,〈 *3* 〉,〈 *4* 〉,〈 *5* 〉などがある。関係副詞には〈 *6* 〉,〈 *7* 〉〈 *8* 〉,〈 *9* 〉などがある。
- □ what is worseの意味は,〈 *10* 〉である。
- □ 現在の事実に反する仮定の時制は過去にし, 構文パターンは〈 *11* 〉
- □ 過去の事実に反する仮定の時制は過去完了で, 構文パターンは〈 *12* 〉
- □ as if〜の意味は,〈 *13* 〉である。
- □ If it were not for〜の意味は,〈 *14* 〉である。これを2語でいうと〈 *15* 〉である。
- □ I'm sorry I can't …を仮定法で書き直すと〈 *16* 〉である。
- □ as it were の熟語の意味は〈 *17* 〉である。
- □ She said to him, "I will go with you."を話法の転換ルールに従い書くと, She〈 *18* 〉him〈 *19* 〉となる。
- □ She said to me, "Don't speak."を話法の転換ルールに従い書くと, She〈 *20* 〉me〈 *21* 〉となる。
- □ She said to me, "Do you have a pen?"を話法の転換ルールに従い書くと, She〈 *22* 〉me〈 *23* 〉となる。
- □ 知覚動詞構文を受け身にするときは,動詞の原形に〈 *24* 〉を忘れずにつける。㋭ I saw him go out of his house. → He was seen to go out of his house.
- □ Who discovered America? の受け身形は,〈 *25* 〉
- □ be interested in〜に代表される受け身形での熟語表現を6つあげると〈 *26* 〉,〈 *27* 〉,〈 *28* 〉,〈 *29* 〉,〈 *30* 〉,〈 *31* 〉。
- □ It's very kind ( ) you to help me. の( )の中に入る語は〈 *32* 〉である。
- □ too〜to…をso〜thatで書き換えると, たとえば, This bag is too heavy for her to carry. → This bag is〈 *33* 〉she cannot carry it.
- □ 「本当のことを言うと」を英訳すると,〈 *34* 〉である。
- □ Would you mind ( ), cannot help ( ), give up ( ), be used to ( ), worth ( ) の( )に共通する動詞の形は〈 *35* 〉である。
- □ 「気分が悪かったので,寝ていた。」を原因を表す分詞構文を用いて書くと,〈 *36* 〉I stayed in bed.
- □ 「右に曲がると,その店があります。」を条件を表す分詞構文を用いて書くと,〈 *37* 〉you will find the store.
- □ generally speakingの意味は,〈 *38* 〉である。
- □ 現在完了は,〈 *39* 〉を明確に示す語と一緒に用いない。
- □ Three years have passed since I lived here.を他の2通りのいい方で表すと,〈 *40* 〉,〈 *41* 〉である。
- □ 「見送りをする」に相当する英語は,〈 *42* 〉である。
- □ I study English so that I ( ) speak it の( )に入る助動詞は,〈 *43* 〉である。
- □ 「〜のはずがない」に相当する助動詞は,〈 *44* 〉である。
- □ You cannot be too careful.の意味は,〈 *45* 〉である。
- □ Keiko is the fastest student in this class. を比較級を用いて書くと,〈 *46* 〉となる。
- □ The sooner, the better.の意味は,〈 *47* 〉である。
- □ 「命令文＋and」は〈 *48* 〉と訳し,「命令文＋or」は〈 *49* 〉と訳す。
- □ No sooner had＋主語＋過去分詞〜thanは〈 *50* 〉と訳す。
- □ 次の名詞の複数形を書きなさい。(1)「s」をつける。cat→〈 *51* 〉, desk→〈 *52* 〉, key→〈 *53* 〉 (2)「es」bus→〈 *54* 〉, fox→〈 *55* 〉 (3)「語尾をかえてes」baby→〈 *56* 〉, sky→〈 *57* 〉, knife→〈 *58* 〉 (4)不規則tooth→〈 *59* 〉, man→〈 *60* 〉, child→〈 *61* 〉 (5)単複同形のもの。sheep→〈 *62* 〉, carp→〈 *63* 〉
- □ 次の不規則動詞の活用を書きなさい。take→〈 *64* 〉, begin→〈 *65* 〉, come→〈 *66* 〉, go→〈 *67* 〉, run→〈 *68* 〉
- □ 曜日を英語で書きなさい。〈 *69* 〉,〈 *70* 〉,〈 *71* 〉,〈 *72* 〉,〈 *73* 〉,〈 *74* 〉,〈 *75* 〉
- □ 1月から12月までを英語で書きなさい。〈 *76* 〉,〈 *77* 〉,〈 *78* 〉,〈 *79* 〉,〈 *80* 〉,〈 *81* 〉,〈 *82* 〉,〈 *83* 〉,〈 *84* 〉,〈 *85* 〉,〈 *86* 〉,〈 *87* 〉

1. who
2. whose
3. whom
4. which
5. that
6. when
7. where
8. how
9. why
10. さらに悪いことには
11. If＋主語＋動詞の過去形〜,主語＋助動詞の過去形＋動詞の原形〜
12. If＋主語＋had＋動詞の過去分詞〜,主語＋助動詞の過去形＋have＋動詞の過去分詞〜
13. あたかも〜かのように
14. もし〜がなかったら
15. But for
16. I wish I could …
17. 言わば,言ってみれば
18. told
19. that she would go with him.
20. told
21. not to speak.
22. asked
23. if I had a pen
24. to
25. By whom was America discovered?
26. be covered with
27. be known to
28. be surprised at
29. be pleased with
30. be satisfied with
31. be worried about
32. of
33. so heavy that
34. To tell (you) the truth
35. 動名詞(〜ing)
36. Being ill,
37. Turning to the right,
38. 一般的にいえば
39. 過去
40. I have lived here for three years.
41. It is three years since I lived here.
42. see of
43. can
44. cannot
45. 注意しても,し過ぎることはない
46. Keiko is faster than any other student in this class.
47. 早ければ早いほどよい。
48. 〜しなさい。そうすれば…
49. 〜しなさい。さもなければ…
50. 〜するや否や
51. cats
52. desks
53. keys
54. buses
55. foxes
56. babies
57. skies
58. knives
59. teeth
60. men
61. children
62. sheep
63. carp
64. took, taken
65. began, begun
66. came, come
67. went, gone
68. ran, run
69. Sunday
70. Monday
71. Tuesday
72. Wednesday
73. Thursday
74. Friday
75. Saturday
76. January
77. February
78. March
79. April
80. May
81. June
82. July
83. August
84. September
85. October
86. November
87. December

MEMO

2025年度版　工業高校　電気・電子科就職問題

（2023年度版　2021年12月20日　初版第1刷発行）

2023年12月20日　初版　第1刷発行

編　著　者	就 職 試 験 情 報 研 究 会	
発　行　者	多　　田　　敏　　男	
発　行　所	ＴＡＣ株式会社　　出版事業部	
		（ＴＡＣ出版）

〒101-8383　東京都千代田区神田三崎町 3-2-18
電 話 03（5276）9492（営業）
FAX 03（5276）9674
https://shuppan.tac-school.co.jp

印　　刷	萩　原　印　刷　株式会社
製　　本	株式会社　常　川　製　本

© Shushokushikenjohokenkyukai　2023　　　Printed in Japan　　　ISBN 978-4-300-10679-2
N. D. C. 336

TAC出版 書籍のご案内

TAC出版では、資格の学校TAC各講座の定評ある執筆陣による資格試験の参考書をはじめ、資格取得者の開業法や仕事術、実務書、ビジネス書、一般書などを発行しています！

TAC出版の書籍

*一部書籍は、早稲田経営出版のブランドにて刊行しております。

資格・検定試験の受験対策書籍

- ✪日商簿記検定
- ✪建設業経理士
- ✪全経簿記上級
- ✪税 理 士
- ✪公認会計士
- ✪社会保険労務士
- ✪中小企業診断士
- ✪証券アナリスト

- ✪ファイナンシャルプランナー(FP)
- ✪証券外務員
- ✪貸金業務取扱主任者
- ✪不動産鑑定士
- ✪宅地建物取引士
- ✪賃貸不動産経営管理士
- ✪マンション管理士
- ✪管理業務主任者

- ✪司法書士
- ✪行政書士
- ✪司法試験
- ✪弁理士
- ✪公務員試験(大卒程度・高卒者)
- ✪情報処理試験
- ✪介護福祉士
- ✪ケアマネジャー
- ✪社会福祉士　ほか

実務書・ビジネス書

- ✪会計実務、税法、税務、経理
- ✪総務、労務、人事
- ✪ビジネススキル、マナー、就職、自己啓発
- ✪資格取得者の開業法、仕事術、営業術
- ✪翻訳ビジネス書

一般書・エンタメ書

- ✪ファッション
- ✪エッセイ、レシピ
- ✪スポーツ
- ✪旅行ガイド (おとな旅プレミアム/ハルカナ)
- ✪翻訳小説

書籍の正誤についてのお問合わせ

万一誤りと疑われる箇所がございましたら、以下の方法にてご確認いただきますよう、お願いいたします。

なお、正誤のお問合わせ以外の書籍内容に関する解説・受験指導等は、**一切行っておりません。**
そのようなお問合わせにつきましては、お答えいたしかねますので、あらかじめご了承ください。

1 正誤表の確認方法

TAC出版書籍販売サイト「Cyber Book Store」の
トップページ内「正誤表」コーナーにて、正誤表をご確認ください。

CYBER TAC出版書籍販売サイト
BOOK STORE

URL:https://bookstore.tac-school.co.jp/

2 正誤のお問合わせ方法

正誤表がない場合、あるいは該当箇所が掲載されていない場合は、書名、発行年月日、お客様のお名前、ご連絡先を明記の上、下記の方法でお問合わせください。
なお、回答までに1週間前後を要する場合もございます。あらかじめご了承ください。

文書にて問合わせる

▶郵送先　〒101-8383 東京都千代田区神田三崎町3-2-18
TAC株式会社 出版事業部 正誤問合わせ係

FAXにて問合わせる

▶FAX番号　**03-5276-9674**

e-mailにて問合わせる

▶お問合わせ先アドレス　**syuppan-h@tac-school.co.jp**

※お電話でのお問合わせは、お受けできません。また、土日祝日はお問合わせ対応をおこなっておりません。
※正誤のお問合わせ対応は、該当書籍の改訂版刊行月末日までといたします。

乱丁・落丁による交換は、該当書籍の改訂版刊行月末日までといたします。なお、書籍の在庫状況等により、お受けできない場合もございます。
また、各種本試験の実施の延期、中止を理由とした本書の返品はお受けいたしません。返金もいたしかねますので、あらかじめご了承くださいますようお願い申し上げます。

(2020年10月現在)

解答冊子

解答冊子　　　　　　　　　　　　　　　色紙

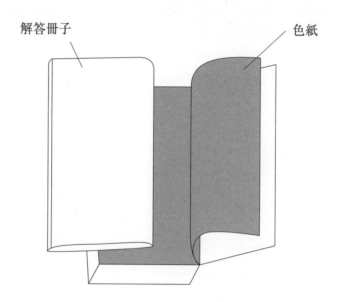

──── 〈解答冊子ご利用時の注意〉 ────

　以下の「解答冊子」は，この色紙を残したま
までていねいに抜き取り，ご利用ください。
　また，抜取りの際の損傷についてのお取替え
はご遠慮願います。

工業高校電気・電子科就職問題

実戦就職問題解答

電気・電子

1 電気基礎

■直流回路

【1】 $(1)R_0 = 0.05 + 2.3 + 0.41 = 2.76[\mathrm{k}\Omega]$

$(2)R_0 = \dfrac{1}{\dfrac{1}{8}+\dfrac{1}{4}+\dfrac{1}{2}} = \dfrac{8}{1+2+4} = 1.14[\mathrm{k}\Omega]$

【2】 $(1)R_0 = 20 + \dfrac{1}{\dfrac{1}{50}+\dfrac{1}{150}} = 20 + \dfrac{50 \times 150}{50+150}$

$= 57.5[\Omega]$

$(2)R_0 = \dfrac{1}{\dfrac{1}{80}+\dfrac{1}{50+70}} = \dfrac{80 \times 120}{80+120} = 48[\Omega]$

$(3)R_0 = \dfrac{1}{\dfrac{1}{0.4}+\dfrac{1}{1.6}} + \dfrac{1}{\dfrac{1}{0.2}+\dfrac{1}{1.8}}$

$= \dfrac{0.4 \times 1.6}{0.4+1.6} + \dfrac{0.2 \times 1.8}{0.2+1.8} = 500[\Omega]$

【3】 (1)平衡状態にある

$R_0 = \dfrac{(20+40)(30+60)}{(20+40)+(30+60)} = 36[\Omega]$

(2)図左側より計算

$R_1 = \dfrac{1}{\dfrac{1}{20}+\dfrac{1}{20}} = 10, \ R_2 = R_1 + 5 \times 2 = 20$

$R_0 = \dfrac{1}{\dfrac{1}{30}+\dfrac{1}{R_2}} = \dfrac{30 \times 20}{30+20} = 12[\Omega]$

(3)回路図は次のように書き換えられる。

図右側の4個の合成抵抗：ブリッジは平衡状態。

$R_1 = \dfrac{(20+20)(20+20)}{(20+20)+(20+20)} = 20[\Omega]$

$R_0 = \dfrac{1}{\dfrac{1}{20}+\dfrac{1}{R_1}} = \dfrac{20 \times 20}{20+20} = 10[\Omega]$

【4】 $(1)R_0 = \dfrac{(120+80) \times (115+285)}{(120+80)+(115+285)}$

$= 133[\Omega]$

(2)回路右半分を△－Y変換

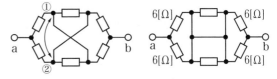

$R_0 =$

$\dfrac{(20+10)(10+10)}{(20+10)+(10+10)} + 10$

$= 22[\Omega]$

【5】 (1)①－②は同電位のため短絡する

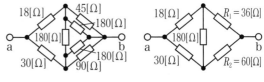

$R_0 = \dfrac{(6+6)(6+6)}{(6+6)+(6+6)} = 6[\Omega]$

(2)60ΩY接続を△に変換

$R_1 = \dfrac{45 \times 180}{45+180} = 36 \quad R_2 = \dfrac{90 \times 180}{90+180} = 60$

ブリッジは平衡するので

$R_0 = \dfrac{(18+36)(30+60)}{(18+36)+(30+60)} = 33.8[\Omega]$

【6】 $I = \dfrac{Q}{t} = \dfrac{1.04}{0.8} = 1.3[\mathrm{A}]$

【7】 $R' = \dfrac{V^2}{P} \times 0.7$

$P' = \dfrac{V^2}{R'} = \dfrac{V^2 \cdot P}{0.7V^2} = \dfrac{500}{0.7} = 714[\mathrm{W}]$

【8】 $P = VI = 90 \times 0.8 = 72[\mathrm{W}]$

$$R=\frac{V}{I}=\frac{90}{0.8}$$

$100[\text{V}]\text{のとき}\quad P=\frac{V^2}{R}=\frac{100^2}{\frac{90}{0.8}}=88.9[\text{W}]$

【9】 $P=\frac{V^2}{R}=\frac{120^2}{8}=1.8[\text{kW}]$

$W=P\times\frac{40}{60}=1.2[\text{kW·h}]$

$H=P\times40\times60=4320[\text{kJ}]$

【10】 $R=\rho\frac{l}{A}=1.72\times10^{-8}\times\frac{50}{2\times10^{-6}}$
$$=0.43[\Omega]$$

【11】 $R_0=\frac{1}{\frac{1}{30}+\frac{1}{70}}=\frac{30\times70}{30+70}=21[\Omega]$

$G_0=\frac{1}{R_0}=\frac{1}{21}=47.6[\text{ms}]$

【12】 $V=IR=\frac{I}{G}=\frac{1.5}{40\times10^{-3}}=37.5[\text{V}]$

【13】 $R_{80}=R_{20}\{\alpha_{20}(T-t)+1\}$
$=1.5\{4.4\times10^{-3}(80-20)+1\}=1.9[\Omega]$

【14】 $\frac{40R_B}{40+R_B}=\frac{12}{0.35}$

$R_B=\frac{12\times40}{40\times0.35^{-12}}=240[\Omega]$

【15】 $R_S=20+40+60=120[\Omega]$

$R_P=\frac{1}{\frac{1}{20}+\frac{1}{40}+\frac{1}{60}}=\frac{120}{6+3+2}=10.9[\Omega]$

【16】 回路の右側より計算する $R_0=16.3[\Omega]$

【17】

(1)$I=\frac{(80+120)}{(75+50)+(80+120)}\times0.65=0.4[\text{A}]$

(2)$V_{ab}=(75+50)I=(75+50)\times0.4=50[\text{V}]$

(3)$V_{cd}=(0.65-0.4)\times120=30[\text{V}]$

【18】 $I_1=\frac{12}{16+12}\times(2.9-1.5)=0.6[\text{A}]$

$I_2=2.9-0.6-1.5=0.8[\text{A}]$

$R=\frac{16\times I_1}{1.5}=\frac{16\times0.6}{1.5}=6.4[\Omega]$

【19】 (1)$I=\frac{10.5}{350}=30[\text{mA}]$

(2)$70(30-10)=R_X\times10$

$R_X=\frac{70\times20}{10}=140[\Omega]$

(3)$V_R=200\times30\times10^{-3}=6[\text{V}]$

【20】 (1)$I=\frac{12}{50+240}=41.4[\text{mA}]$

(2)$I=\frac{12}{50+110+\frac{240\times160}{240+160}}=46.9[\text{mA}]$

(3)$P=\left(\frac{240}{240+160}I\right)^2\cdot160=0.127[\text{W}]$

【21】 200Ωでの電圧降下

$V_{200}=\frac{200}{200+400}\times9=3$

54Ωでの電圧降下 $V_{54}=3-1.8=1.2$

$1.2=\frac{54}{54+(R_X+50)}\times9$

$R_X=\frac{54\times9}{1.2}-104=301[\Omega]$

【22】 $R_X=80[\Omega]$での消費電力, $40[\Omega]$での消費電力P_{40}

$P=P_{80}+P_{40}=\frac{V^2}{80}+\frac{V^2}{40}=\frac{3}{80}V^2=250$

$V^2=250\times\frac{80}{3}$

R_Xを$20[\Omega]$にしたときの消費電力P_X

$P_X=\frac{V^2}{40}+\frac{V^2}{20}=\frac{3}{40}V^2=\frac{3}{40}\times\frac{250\times80}{3}$
$$=500[\text{W}]$$

【23】 $I_1=1.2\times\frac{3}{8}=0.45$

$I_2=1.2-0.45=0.75$

R_1に加わる電圧

$V_{R1}=15-18I_1=15-18\times0.45=6.9$

(1)$P=V_{R1}\cdot I=6.9\times1.2=8.28[\text{W}]$

(2)$R_2 = \dfrac{18 \times I_1}{I_2} = \dfrac{18 \times 0.45}{0.75} = 10.8[\Omega]$

【24】 $\begin{cases} V = (10 + r) \times 1 \\ V = (20 + r) \times 0.51 \end{cases}$

$(10 + r) \times 1 = (20 + r) \times 0.51$

$r = \dfrac{20 \times 0.51 - 10}{1 - 0.51} = 408[\text{m}\Omega]$

【25】

$I = \dfrac{22}{0.05 + \dfrac{1}{\dfrac{1}{1.4} + \dfrac{1}{4.2}}} = 20[\text{mA}]$

$V = 22 - 50I = 22 - 50 \times 20 \times 10^{-3} = 21[\text{V}]$

【26】 起電力：10[V]，内部抵抗：r

$\begin{cases} 10 = (r + 10)I \\ 10I = 9.95 \end{cases}$

$r = 10 \times \dfrac{10}{9.95} - 10 = 50.3[\text{m}\Omega]$

【27】 (1) $\begin{cases} 8I_1 + 13I_3 = 5 & \cdots① \\ -56I_2 - 13I_3 = 3 & \cdots② \\ I_1 + I_2 = I_3 & \cdots③ \end{cases}$

③を①，②へ代入する

$21I_1 + 13I_2 = 5 \quad \cdots①' \qquad\qquad I_1 = 0.3[\text{A}]$

$-13I_1 - 69I_2 = 3 \quad \cdots②' \qquad\quad I_2 = -0.1[\text{A}]$

①'，②'より I_1 と I_2 を，③より I_3 を求める

$\qquad\qquad\qquad\qquad\qquad\qquad I_3 = 0.2[\text{A}]$

(2) $\begin{cases} 10I_1 + 25I_3 = 14 - 6 & \cdots① \\ 400I_2 + 25I_3 = 14 + 8 & \cdots② \\ I_1 + I_2 = I_3 & \cdots③ \end{cases}$

③を①，②へ代入する

$35I_1 + 25I_2 = 8 \quad \cdots①' \qquad\qquad I_1 = 0.2[\text{A}]$

$25I_1 + 425I_2 = 22 \quad \cdots②' \qquad\quad I_2 = 0.04[\text{A}]$

①'，②'より I_1 と I_2 を③より I_3 を求める

$\qquad\qquad\qquad\qquad\qquad\qquad I_3 = 0.24[\text{A}]$

P.54 ───────

【28】 閉ループの電流 $\quad I = \dfrac{(10 - 8)}{(60 + 40)} = 0.02$

ab間の電圧 V_{ab}

$V_{ab} = 8 + 60I = 8 + 60 \times 0.02 = 9.2[\text{V}]$

スイッチを流れる電流 I_S

ab から見た抵抗

$R_0 = 22 + \dfrac{1}{\dfrac{1}{60} + \dfrac{1}{40}} = 46$

開放電圧 $V_{ab} = 9.2$

テブナンの法則より $\quad I = \dfrac{9.2}{46} = 0.2[\text{A}]$

【29】 (1)$I_1 = \dfrac{12}{7.5 \times 10^3} = 1.6[\text{mA}]$

(2)$G = \dfrac{1}{10^3} + \dfrac{1}{2 \times 10^3} = 1.5[\text{mS}]$

(3)$I_2 = \dfrac{12 - 7.2}{2.5 \times 10^3} = 1.92[\text{mA}]$

(4)$R_X = \dfrac{7.2}{1.92 \times 10^{-3}} = 3.75[\text{k}\Omega]$

■**測定・計測**

【30】 (1)直接測定 (2)零位法 (3)間接測定
(4)ディジタル計器 (5)偏位法

P.55 ───────

【31】 ①駆動 ②制御 ③制動 ④磁界
⑤電磁 ⑥直 ⑦等分

【32】 $I = \dfrac{20 \times 10^{-3}}{600}$

$R_m = \dfrac{V}{I} = \dfrac{30 - 20 \times 10^{-3}}{\dfrac{20 \times 10^{-3}}{600}} = 899.4[\text{k}\Omega]$

【33】 $V_A = \dfrac{200 \times 10}{10 + 15} = 80[\text{V}]$

$V_B = \dfrac{200 \times 15}{10 + 15} = 120[\text{V}]$

【34】 (1)$0.3 \times 2.8 = (1.5 - 0.3)R_S$

$R_S = 0.7[\Omega]$

(2)$I = 0.17 \times \dfrac{1.5}{0.3} = 0.85[\text{A}]$

【35】 $I_{\max} = 5 + 5 \times \dfrac{0.08}{0.11} = 8.64[\text{A}]$

P.56 ───────

【36】 (1)$20 \times 60 = 15R_X \qquad\qquad R_X = 80[\Omega]$

(2)$80(24 + j38 \times 10^{-3}) = 100(R_X + jL_X)$

$80 \times 24 = 100R_X \qquad\qquad R_X = 19.2[\Omega]$

$80 \times j38 \times 10^{-3} = 100 \times jL_X \qquad L_X = 30.4[\text{mH}]$

【37】

R_X を流れる電流 $I_R = 26.6 \times 10^{-3} - \dfrac{8}{5 \times 10^3}$

$R_X = \dfrac{V}{I_R} = \dfrac{8}{25 \times 10^{-3}} = 320[\Omega]$

【38】　(1)-③-ⓐ　　(2)-②-ⓐ　　(3)-⑤-ⓓ
(4)-①-ⓑ　　(5)-④-ⓒ

【39】　(1)-(e)　　(2)-(c)　　(3)-(a)　　(4)-(b)
(5)-(d)

P.57 ────────────

【40】　(1) 7[V]

(2) ア　CLASS1.0　　イ　▯▯　　ウ　╍╍

【41】　(1)オシロスコープ

(2)$V = 5[\text{DIV}] \times 2[\text{V/DIV}] = 10[\text{V}]$

(3)$T = 5[\text{DIV}] \times 200[\mu\text{s/div}] = 1[\text{ms}]$

$f = \dfrac{1}{10^{-3}} = 1[\text{kHz}]$

(4)
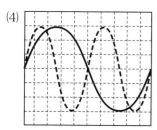
縦軸 2[V/DIV]　横軸 100[μs/div]

■電気と磁気

【42】　①磁極　　②N　　③S　　④Wb
⑤反発　　⑥吸引　　⑦2　　⑧反

【43】　$F = \dfrac{7 \times 10^{-4} \times 2 \times 10^{-4}}{4 \cdot \pi \cdot 1.26 \times 10^{-6} \times (6 \times 10^{-2})^2}$

$= 2.46[\text{N}]$

P.58 ────────────

【44】　m_1 と m_2 の間の力と m_2 と m_3 の間の力は同じであるので

$\dfrac{m_1 \, m_2}{4\pi\mu \times 0.3^2} = \dfrac{m_2 \, m_3}{4\pi\mu L^2}$

$L^2 = \dfrac{m_2 \, m_3}{4\pi\mu} \cdot \dfrac{4\pi\mu \times 0.3^2}{m_1 \, m_2} = \dfrac{m_3}{m_1} \times 0.3^2$

$L = \sqrt{\dfrac{20 \times 10^{-6}}{5 \times 10^{-6}} \times 0.3^2} = 0.6[\text{m}]$

【45】　$F = mH = 6 \times 10^{-3} \times 27 = 0.162[\text{N}]$

【46】　(1)$F_m = NI = 4000 \times 0.3 = 1200[\text{A}]$

(2)$B = \dfrac{\phi}{A} = \dfrac{F_m}{R_m A} = \dfrac{4000 \times 0.3}{5 \times 10^5 \times 2 \times 10^{-4}} = 12[\text{T}]$

(3)$W = \dfrac{1}{2}LI^2 = \dfrac{1}{2} \cdot \dfrac{F_{m2}}{R_m} = \dfrac{1}{2} \cdot \dfrac{(4000 \times 0.3)^2}{5 \times 10^5}$

$= 1.44[\text{J}]$

【47】　(1)$B = \dfrac{\phi}{A} = \dfrac{6 \times 10^{-4}}{14 \times 10^{-4}} = 0.428[\text{T}]$

(2)$R_m = \dfrac{l}{\mu A} = \dfrac{3 \times 10^{-2}}{1.26 \times 10^{-6} \times 14 \times 10^{-4}}$

$= 1.7 \times 10^7[\text{H}^{-1}]$

(3)フレミングの右手の法則より　上から下へ移動

P.59 ────────────

【48】　$e = -N\dfrac{d\phi}{dt}$

$e_A = \left| -30\dfrac{0.04 - 0}{0.04 - 0} \right| = 30[\text{V}]$

$e_B = \left| -30\dfrac{0.04 - 0.04}{0.08 - 0.04} \right| = 0[\text{V}]$

$e_C = \left| -30\dfrac{0 - 0.04}{0.1 - 0.08} \right| = 60[\text{V}]$

【49】　(1)$\phi = \dfrac{\mu NIA}{l}$

$= \dfrac{1.26 \times 10^{-6} \times 1200 \times 0.2}{60 \times 10^{-3}} \times \dfrac{\pi \times (10 \times 10^{-3})^2}{4}$

$= 3.96 \times 10^{-7}[\text{Wb}]$

(2)$L = \dfrac{N\phi}{I} = \dfrac{1200 \times 3.96 \times 10^{-7}}{0.2} = 2.38[\text{mH}]$

【50】　$I = \dfrac{N\phi}{L} = \dfrac{800 \times 10^{-4}}{10 \times 10^{-3}} = 8[\text{A}]$

$M = \sqrt{10 \times 10^{-3} \times 20 \times 10^{-3}} = 14.1[\text{mH}]$

【51】　(1)フレミングの右手の法則より

磁極1：N　磁極2：S

(2)$E = Blv = 1.5 \times 0.4 \times 20 = 12[\text{V}]$

(3)$I = \dfrac{Blv \sin 30°}{R} = \dfrac{1.5 \times 0.4 \times 20 \times 0.5}{8}$

$= 0.75[\text{A}]$

P.60 ────────────

【52】　導体Aの電流 I_A による導体Bの位置の磁界の大きさ H_A

$$H_A = \frac{I_A}{2\pi r}$$

導体Bの電流 I_B と H_A による電磁力 F

$$F = BI_B = \mu \frac{I_A I_B}{2\pi r}$$

1[m] あたり 10^{-4}[N] の反発力が生ずる I_B

$$I_B = \frac{2\pi r F}{\mu I_A} = \frac{2\pi \times 7 \times 10^{-2} \times 10^{-4}}{4\pi \times 10^{-7} \times 10} = 3.5\text{[A]}$$

電流の方向は反発力であるので，**導体Aと逆方向に 3.5[A] の電流**

■静 電 気

【53】 (1)①絶縁　　②比例　　③反比例
(2)④真空　　⑤比

(3)⑥ $\dfrac{C_1 \cdot C_2}{C_1 + C_2}$　　⑦ $C_1 + C_2$

【54】 $\varepsilon_r = \dfrac{\varepsilon}{\varepsilon_0} = \dfrac{1 \times 10^{-9}}{8.85 \times 10^{-12}} = 113$

【55】 $F = \dfrac{2 \times 10^{-6} \times 6 \times 10^{-6}}{4\pi \cdot 8.85 \times 10^{-12} \times (10 \times 10^{-2})^2}$
$$= 10.8\text{[N]}$$

【56】 $C_S = \dfrac{1}{\dfrac{1}{2} + \dfrac{1}{4} + \dfrac{1}{8}} = \dfrac{8}{4 + 2 + 1}$
$$= 1.14[\mu\text{F}]$$

$C_P = 2 + 4 + 8 = 14[\mu\text{F}]$

【57】 $C = 40 + \dfrac{1}{\dfrac{1}{90 + 50} + \dfrac{1}{60}} = 82[\mu\text{F}]$

P.61

【58】 $Q = 330 \times 10^{-6} \times 24 = 7.92\text{[mC]}$

【59】 $C = \dfrac{\varepsilon A}{d} = \dfrac{7 \times 10^{-8} \times 2 \times 10^{-4}}{10^{-3}}$
$$= 0.014[\mu\text{F}]$$

$W = \dfrac{1}{2}CV^2 = \dfrac{1}{2} \times 1.4 \times 10^{-8} \times 15^2$
$$= 1.58 \times 10^{-6}\text{[J]}$$

【60】 $C_2 = 12C_1 = \dfrac{C_1 \cdot \varepsilon_r}{3}$

$\varepsilon_r = 12 \times 3 = 36$

【61】 $Q = \dfrac{20 \times 30}{20 + 30} \times 15 = 180[\mu\text{C}]$

$V = \dfrac{180 \times 10^{-6}}{30 \times 10^{-6}} = 6\text{[V]}$

【62】 (1) $C_0 = \dfrac{(25 + 35)40}{(25 + 35) + 40} = 24[\mu\text{F}]$

(2) $V = \dfrac{60}{60 + 40} \times 50 = 30\text{[V]}$

(3) $Q = (50 - 30) \times 35 \times 10^{-6} = 700[\mu\text{C}]$

【63】 (1) $C = \dfrac{Q}{V} = \dfrac{250 \times 10^{-6}}{12.5} = 20[\mu\text{F}]$

(2) 6[μF] の電荷

$Q = \dfrac{250 \times 10^{-6} \times 6}{20 + 6} = 5.77 \times 10^{-5}$

$W = \dfrac{1}{2}\dfrac{Q^2}{C} = \dfrac{1}{2}\dfrac{(5.77 \times 10^{-5})^2}{6 \times 10^{-6}}$
$$= 2.77 \times 10^{-4}\text{[J]}$$

P.62

【64】 $\dfrac{125}{100 + 125} = \dfrac{65}{(33 + C_X) + 65}$
$$C_X = 19[\mu\text{F}]$$

■単相交流回路

【65】 最大値　$I_m = 8.49\text{[A]}$
平均値　$I_a = 5.40\text{[A]}$
実効値　$I = 6\text{[A]}$
周波数　$f = \dfrac{150\pi}{2\pi} = 75\text{[Hz]}$

【66】

(1) 実効値　$V = \dfrac{200}{\sqrt{2}} = 141\text{[V]}$

平均値　$V_a = 127\text{[V]}$

(2) 周波数　$f = \dfrac{1}{20 \times 10^{-3}} = 50\text{[Hz]}$

(3) $v = 200\sin\left(314t - \dfrac{\pi}{6}\right)\text{[V]}$

【67】

角速度　$\omega = 2\pi \cdot \dfrac{20}{0.5} = 251\text{[rad/s]}$

最大値　$V_m = 110 \times \sqrt{2} = 156\text{[V]}$
平均値　$V_a = 99\text{[V]}$

【68】 $\dot{V} = \dot{Z} \cdot \dot{I} = (5 + j15)(3 - j9)$

$= (15 + 135) + j(45 - 45) = \mathbf{150[V]}$

【69】 (1)電流 I をベクトル図で表す

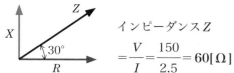

$A = 2.5\cos30° = 2.17$

$B = 2.5\sin30° = 1.25$

$\dot{I} = \mathbf{2.17 - j1.25[A]}$

(2)①周波数 $f = \dfrac{200}{2\pi} = \mathbf{31.8[Hz]}$

②インピーダンスベクトル

インピーダンス Z

$= \dfrac{V}{I} = \dfrac{150}{2.5} = \mathbf{60[\Omega]}$

③リアクタンス $X = 60\sin30° = \mathbf{30[\Omega]}$

【70】 (1)$Z = \sqrt{40^2 + 91.7^2} = \mathbf{100[\Omega]}$

(2)$V = I \cdot Z = 1.7 \times 100 = \mathbf{170[V]}$

(3)$L = \dfrac{91.7}{2 \cdot \pi \cdot 50} = 0.292 = \mathbf{292[mH]}$

(4)$P = I^2 \cdot R = 1.7^2 \times 40 = \mathbf{116[W]}$

P.63

【71】 (1)$I = \dfrac{90}{60} = \mathbf{1.5[A]}$

(2)$X_L = \dfrac{150}{1.5} = \mathbf{100[\Omega]}$

(3)$V = \sqrt{90^2 + (150 - 30)^2} = \mathbf{150[V]}$

(4)$C_X = \dfrac{30}{1.5} = 20$

$C = \dfrac{1}{wC_X} = \dfrac{1}{10^3 \times 20} = 5 \times 10^{-5} = \mathbf{50[\mu F]}$

(5)

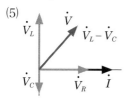

【72】 (1)$V_L = \sqrt{100^2 - 86.6^2} = \mathbf{50[V]}$

(2)$X_C = \dfrac{V_C}{I} = \dfrac{\sqrt{100^2 - 70^2}}{7} = \dfrac{71.4}{7} = \mathbf{10.2[\Omega]}$

(3)$I = \sqrt{\dfrac{P}{R}} = \sqrt{\dfrac{62.5}{10}} = 2.5$ $V_R = 10 \times 2.5$

$R_X = \dfrac{100 - 10 \times 2.5}{2.5} = \mathbf{30[\Omega]}$

(4)RL：8.66[A]，RC：7[A]，RR：2.5[A]

①RL回路

$P = VI = 100 \times 8.66 = \mathbf{866[VA]}$

【73】

(1)$C = \dfrac{1}{2\pi f X_C} = \dfrac{1}{2 \cdot \pi \times \dfrac{200}{\pi} \times 15}$

$= \mathbf{167[\mu F]}$

(2)$Z = \sqrt{26^2 + 15^2} = \mathbf{30[\Omega]}$

(3)$\cos\theta = \dfrac{R}{Z} = \dfrac{26}{30} = \mathbf{0.867}$

(4)$X_L = 2 \cdot \pi \cdot \dfrac{200}{\pi} \cdot 37.5 \times 10^{-3} = \mathbf{15[\Omega]}$

X_L を求めると 15Ω になり，X_C と同じになるので，L と C の並列回路は共振状態となりインピーダンスは無限大となる。 回路電流 $I = \mathbf{0[A]}$

P.64

【74】 (1)$\dot{I}_R = \dfrac{\dot{V}}{R} = \dfrac{j200}{50} = \mathbf{j4[A]}$

$\dot{I}_L = \dfrac{\dot{V}}{jX_L} = \dfrac{j200}{j40} = \mathbf{5[A]}$

$\dot{I}_C = \dfrac{\dot{V}}{-jX_C} = \dfrac{j200}{-j25} = \mathbf{-8[A]}$

$\dot{I} = \dot{I}_R + \dot{I}_L + \dot{I}_C = j4 + 5 - 8 = \mathbf{-3 + j4[A]}$

(2)$P = VI = 200 \times \sqrt{3^2 + 4^2} = \mathbf{1[kVA]}$

(3)

【75】 $R = \dfrac{50}{1.25}$, $Z = \dfrac{100}{2}$ より

$\cos\theta = \dfrac{R}{Z} = \dfrac{40}{50} = \mathbf{0.8}$

【76】 $Z = \sqrt{32^2 + (400 \times 0.08)^2} = 32\sqrt{2}$

$I_{RL} = \dfrac{V}{Z} = \dfrac{50\sqrt{2}}{32}$

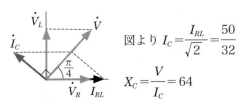

図より $I_C = \dfrac{I_{RL}}{\sqrt{2}} = \dfrac{50}{32}$

$X_C = \dfrac{V}{I_C} = 64$

静電容量 $C = \dfrac{1}{\omega C_X} = \dfrac{1}{400 \times 64} = 39.1[\mu\text{F}]$

P.65

【77】　(1)−(b)−(ウ)　　(2)−(a)−(エ)　　(3)−(d)−(イ)

【78】　直列共振周波数 f

$f = \dfrac{1}{2\pi\sqrt{LC}} = \dfrac{1}{2 \cdot 3.14\sqrt{2 \times 10^{-3} \times 0.2 \times 10^{-6}}}$

$\qquad\qquad = 7.96[\text{kHz}]$

$I = \dfrac{30}{15 \times 10^3} = 2[\text{mA}]$

■三相交流回路

【79】　$V_P = \dfrac{220}{\sqrt{3}} = 127[\text{V}]$

$I_l = \dfrac{V_P}{R} = \dfrac{127}{12} = 10.6[\text{A}]$

【80】　△−Y 変換により，1相分の負荷 $R = 80$

$20 + 80[\Omega]$ に流れる電流 $I_l = \dfrac{\dfrac{1730}{\sqrt{3}}}{20 + 80}$

$80[\Omega]$ での消費電力 $P' = I_l^2 \cdot 80$

三相消費電力 P

$P = 3 \times P' = 3 \cdot \left(\dfrac{\dfrac{1730}{\sqrt{3}}}{20 + 80}\right)^2 \times 80 = 23.9[\text{kW}]$

P.66

【81】　(1) $V_l = \sqrt{3}\ V_P = 210\sqrt{3} = 364[\text{V}]$

(2) $\cos\theta = \dfrac{R}{Z} = \dfrac{9}{\sqrt{9^2 + 12^2}} = 0.6$

(3) $I_l = \dfrac{V_P}{Z} = \dfrac{210}{15}$

皮相電力 $S = 3 \cdot V_P I_l = 3 \times 210 \times \dfrac{210}{15}$

$\qquad\qquad = 8.82[\text{kVA}]$

(4)有効電力 $P = S \cdot \cos\theta = 8.82 \times 10^{-3} \times 0.6$

$\qquad\qquad = 5.29[\text{kW}]$

【82】　(1)

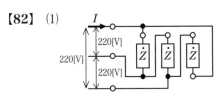

(2)線電流 I_l

$I_l = \sqrt{3} \times \dfrac{220}{\sqrt{30^2 + 40^2}} = 7.62[\text{A}]$

(3) $P = \sqrt{3}\ VI\cos\theta$

$= \sqrt{3} \times 220 \times 7.62 \times 0.6 = 1.74[\text{kW}]$

【83】

(1) $I_P = \dfrac{220}{\sqrt{12^2 + 16^2}} = 11[\text{A}]$

(2) $S = 3 V_P I_P = 3 \times 220 \times 11 = 7.26[\text{kVA}]$

(3) $P = S \cdot \cos\theta = 7.26 \times 0.6 = 4.36[\text{kW}]$

【84】

(1) $V_P = \dfrac{200}{\sqrt{3}} = 115[\text{V}]$

(2) $P = \sqrt{3} \times V_l I_l \cos\theta = \sqrt{3} \times 200 \times 2\sqrt{3} \times 0.8$

$\qquad\qquad = 960[\text{W}]$

2　電力分野

■発変送配

P.74

【1】　$t = \dfrac{\text{発電電力}}{\text{発電機出力}} = \dfrac{9.8 \times 10^5 \times 60 \times 0.8}{2.5 \times 10^3 \times 3600}$

$= 5.23\ [\text{h}]$

【2】　$P_{\text{m}} = \dfrac{9.8 \times 7 \times 10^5 \times 250}{8 \times 3600 \times 0.77} = 77.3 \times 10^3$

$= 77.3\ [\text{MW}]$

【3】　$P = 1000 \times 10^3 \times 24 + 9 \times 250 \times 10^3 \times 3$

$= 30.75 \times 10^6 = 30.75\ [\text{MWh}]$

負荷率 $= \dfrac{\dfrac{30.75 \times 10^6}{24}}{1750 \times 10^3} = 0.732 = 73.2\ [\%]$

【4】　総合効率 $= \dfrac{440 \times 3600}{4.04 \times 10^4 \times 100} = 0.392$

$= 39.2\ [\%]$

【5】　①−(キ)　　②−(カ)　　③−(オ)　　④−(サ)

⑤−(ク)　　⑥−(イ)　　⑦−(シ)　　⑧−(ケ)

⑨−(ア)　　⑩−(エ)　　⑪−(コ)　　⑫−(ウ)

P.75

【6】　①−(エ)　　②−(オ)　　③−(カ)　　④−(ウ)

⑤−(ア)　　⑥−(イ)　　⑦−(カ)　　⑧−(イ)

⑨－(エ)　　⑩－(ア)　　⑪－(ウ)　　⑫－(オ)

P.76

【**7**】　①ドラム　　②少ない　　③停止

④負荷　　⑤温度　　⑥過熱

【**8**】　①－(ク)　　②－(カ)　　③－(ス)　　④－(コ)

⑤－(ア)　　⑥－(キ)　　⑦－(オ)　　⑧－(イ)

⑨－(シ)　　⑩－(ウ)　　⑪－(ケ)　　⑫－(エ)

⑬－(サ)

P.77

【**9**】　送電線の電力損失

$$3 \times \left(\frac{8000 \times 10^3}{\sqrt{3} \times 60 \times 10^3 \times 0.85} \right)^2 \times 0.4 \times 40$$

$$= 394 \times 10^3 = \mathbf{394 \ [kW]}$$

送電効率

$$\frac{8000 \times 10^3}{8000 \times 10^3 + 394 \times 10^3} = 0.953 = \mathbf{95.3 \ [\%]}$$

【**10**】　①単相2線式　　②VI　　③単相3線式

④$2VI$　　⑤三相3線式　　⑥$\sqrt{3}\,VI$

⑦三相4線式　　⑧$3VI$

【**11**】　送電線路による電圧降下

$$e = \frac{1500 \times 10^3}{\sqrt{3} \times 10 \times 10^3 \times 0.8} \ (3 \times 0.8 + 4 \times 0.6)$$

$$= 520$$

送電端電圧

$$V_s = 10 \times 10^3 + \sqrt{3} \times 520 = 10.9 \times 10^3 = \mathbf{10.9 [kV]}$$

P.78

【**12**】　遅れ力率負荷の無効電力

$$Q_{0.5} = \frac{20 \times 10^3}{0.5} \times \sqrt{1 - 0.5^2} = 34.6 \times 10^3$$

力率0.9のときの無効電力

$$Q_{0.9} = \frac{20 \times 10^3}{0.9} \sqrt{1 - 0.9^2} = 9.69 \times 10^3$$

コンデンサ容量

$$Q = Q_5 - Q_9 = (34.6 - 9.69) \times 10^3 = \mathbf{25.0 [kvar]}$$

【**13**】　①750　　②600　　③7000

【**14**】　①10　　②150　　③10　　④100

■機　　器

P.79

【**15**】　①－(カ)　　②－(ウ)　　③－(オ)　　④－(ク)

⑤－(ケ)　　⑥－(ア)　　⑦－(キ)　　⑧－(エ)

⑨－(イ)

【**16**】　①－(イ)　　②－(エ)　　③－(ア)　　④－(ウ)

⑤－(ウ)　　⑥－(イ)　　⑦－(エ)　　⑧－(ア)

P.80

【**17**】　$k\Phi = \dfrac{(200 - 60 \times 0.3)}{1700}$

$$n = \frac{200}{k\Phi} = \mathbf{1868 \ [min^{-1}]}$$

【**18**】　(1) $E = 220 - 0.35\left(60 - \dfrac{220}{110}\right) = \mathbf{200 \ [V]}$

(2) $P_0 = 200 \times 58 = 11.6 \times 10^3 = \mathbf{11.6 \ [kW]}$

(3) $T = \dfrac{11.6 \times 10^3}{2\pi \times \dfrac{1600}{60}} = \mathbf{69.2 \ [N \cdot m]}$

(4) $R_s = \dfrac{220}{(30 - 2)} - 0.35 = \mathbf{7.51 \ [\Omega]}$

【**19**】　$\varepsilon = \dfrac{(236 - 220)}{220} = 7.27 \times 10^{-2} = \mathbf{7.27 \ [\%]}$

【**20**】　$\varepsilon = 2.5 \times 0.8 + 4.2\sqrt{1 - 0.8^2}$

$$= \mathbf{4.52 \ [\%]}$$

【**21**】　(1) $a = \dfrac{3420}{114} = \mathbf{30}$

(2) $E_2 = \dfrac{6600}{30} = \mathbf{220 \ [V]}$

(3) $I_1 = \dfrac{\dfrac{220}{1.8}}{30} = \mathbf{4.07 \ [A]}$

P.81

【**22**】　$\eta = \dfrac{20 \times 10^3}{20 \times 10^3 + 62 + 60 + 17} = 0.993$

$$= \mathbf{99.3 \ [\%]}$$

【**23**】　$\eta_0 =$

$$\frac{25 \times 10^3 (0.9 \times 10 + 0.6 \times 14)}{25 \times 10^3 (0.9 \times 10 + 0.6 \times 14) + 82 \times 24 + 172(0.9^2 \times 10 + 0.6^2 \times 14)}$$

$$= \mathbf{99.0 \ [\%]}$$

【**24**】　①－(カ)　　②－(ク)　　③－(ア)　　④－(キ)

⑤－(エ)　　⑥－(イ)　　⑦－(オ)　　⑧－(ケ)

⑨－(ウ)

【**25**】　(1) $I = \dfrac{5.25 \times 10^3}{\sqrt{3} \times 220 \times 0.91} = \mathbf{15.1 \ [A]}$

$(2) n = 120 \times \dfrac{50}{4} \times (1 - 0.04) = 1440 \; [\text{min}^{-1}]$

【26】 $(1) p = \dfrac{120 \times 60}{1737} = 4.14$

極数は偶数で，滑りは数%以内の値であるため電動機の極数は 4 となる。

(2)同期速度 $n_s = 120 \times \dfrac{60}{4} = 1800 \; [\text{min}^{-1}]$

$s = \dfrac{1800 - 1737}{1800} = 0.035 = 3.5 \; [\%]$

$(3) P_o = 15 \times 10^3 - 600 = 14.4 \; [\text{kW}]$

$(4) f_2 = 0.035 \times 60 = 2.1 \; [\text{Hz}]$

$(5) T = \dfrac{14.4 \times 10^3}{2 \pi \times \dfrac{1737}{60}} = 79.2 \; [\text{N·m}]$

P.82 ————————————————

【27】 ①－(カ) ②－(イ) ③－(ウ) ④－(ア)
⑤－(キ) ⑥－(エ) ⑦－(オ) ⑧－(イ)

【28】 ①－(オ) ②－(キ) ③－(イ) ④－(カ)
⑤－(ク) ⑥－(ア) ⑦－(ウ) ⑧－(エ)

【29】 ①－(オ) ②－(イ) ③－(キ) ④－(ア)
⑤－(コ) ⑥－(ケ) ⑦－(ウ) ⑧－(カ) ⑨－(ク) ⑩－(エ)

P.83 ————————————————

【30】 ①抵抗加熱 ②誘導加熱
③誘電加熱 ④放射加熱

【31】

必要な熱量 $Q = \dfrac{20 \times 0.13 \times (900 - 25) \times 4.2}{0.8}$ [kJ]

電熱線の電力 $P = \dfrac{Q}{15 \times 60} = 13.3 \; [\text{kW}]$

電力量 $W = P \times \dfrac{15}{60} = 3.32 \; [\text{kWh}]$

電流 $I = \dfrac{13.3}{\sqrt{3} \times 200} = 38.3 \; [\text{A}]$

P.84 ————————————————

【32】 ①輝度 ②F ③E ④W
⑤cd ⑥lx

【33】 ①ステッピング ②角度 ③数
④周波数

【34】 ①－(イ) ②－(エ) ③－(ア) ④－(ウ)

3 電子分野

■半導体素子

P.93 ————————————————

【1】 ①－(ス) ②－(ク) ③－(ツ) ④－(カ)
⑤－(コ) ⑥－(ア) ⑦－(エ) ⑧－(オ) ⑨－(サ) ⑩－(タ) ⑪－(セ) ⑫－(イ) ⑬－(シ) ⑭－(キ) ⑮－(ソ) ⑯－(ケ) ⑰－(チ) ⑱－(ウ)

P.94 ————————————————

【2】 ①－(オ) ②－(キ) ③－(イ) ④－(ア)
⑤－(カ) ⑥－(エ) ⑦－(シ) ⑧－(ク) ⑨－(ス) ⑩－(サ) ⑪－(ケ) ⑫－(ウ) ⑬－(コ)

【3】 ①pn ②アノード ③カソード
④ゲート ⑤パルス ⑥A ⑦K ⑧ターンオン ⑨0 ⑩逆 ⑪位相

【4】 ①，③

P.95 ————————————————

【5】 (1)－(ク) (2)－(カ) (3)－(キ) (4)－(オ)
(5)－(コ) (6)－(イ) (7)－(エ) (8)－(ア) (9)－(ウ) (10)－(ケ)

【6】 (1)－(ウ)，(ア)，(オ) (2)－(イ)，(エ)，(エ)
(3)－(エ)，(オ)，(イ) (4)－(ア)，(ウ)，(エ)
(5)－(オ)，(オ)，(ア) (6)－(カ)，(イ)，(ウ)

P.96 ————————————————

【7】 (1)正孔，電子
(2)①アノード，③カソード (3)空乏層
(4)P 側に電源の（＋），n 側に（－）
(5)②

【8】 ①半波整流回路
負荷に加わる電圧波形

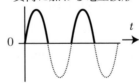

②全波整流回路

負荷に加わる電圧波形

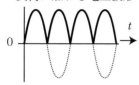

P.97

【9】 (1)出力特性 (2) 1.9[mA]

(3)$I_C = 1.3 - 0.6 = 0.7$[mA]

(4) $h_{FE} = \dfrac{I_C}{I_B} = \dfrac{2.5}{0.02} = 125$

■増幅回路

【10】 ①入力インピーダンス ② $\dfrac{\Delta V_{BE}}{\Delta I_B}$

③Ω ④第3象限 ⑤h_{fe} ⑥$\dfrac{\Delta I_C}{\Delta I_B}$

⑦無 ⑧第2象限 ⑨h_{re} ⑩電圧帰還率

⑪無 ⑫第4象限 ⑬h_{oe} ⑭出力アドミ

タンス ⑮$\dfrac{\Delta I_C}{\Delta V_{CE}}$ ⑯S

【11】 (1)$I_B = \dfrac{1.5 - 0.6}{60 \times 10^3} = 15 \times 10^{-3} = 15[\mu A]$

(2)$h_{FE} = \dfrac{I_C}{I_B} = \dfrac{\dfrac{20 - 11}{3.2 \times 10^3}}{15 \times 10^{-6}} = 188$

P.98

【12】 ①コレクタ ②温度 ③電圧 ④
動作 ⑤消費 ⑥固定 ⑦コレクタ ⑧
動作 ⑨出力 ⑩熱暴走 ⑪自己 ⑫電
圧降下 ⑬ベース ⑭コレクタ ⑮電流帰
還 ⑯V_E ⑰V_{RB} ⑱ベース ⑲ブリー
ダ ⑳複雑 ㉑安定 ㉒消費

P.99

【13】 $R_B = \dfrac{9 - 0.6}{20 \times 10^{-6}} = 4.2 \times 10^5 = 420$[kΩ]

$R_C = \dfrac{9 - 5}{120 \times 20 \times 10^{-6}} = 1.67 \times 10^3 = 1.67$[kΩ]

【14】 (1)$R_B = \dfrac{7 - 0.6}{\dfrac{5 \times 10^{-3}}{100}} = 128 \times 10^3 = 128$[kΩ]

(2)$R_C = \dfrac{9 - 7}{\left(5 + \dfrac{5}{100}\right) \times 10^{-3}} = 396$[Ω]

(3)$P_C = 7 \times 5 \times 10^{-3} = 35$[mW]

【15】 回路の抵抗がkΩの単位なので, 計算を簡
単にするため, 電流をmAの単位で求める。
①kΩをΩの単位にするため, 抵抗値に10^3をか
ける。
②mAをAの単位にするため, 電流値に10^{-3}を
かける。
このようにすると $10^{-3} \times 10^3 = 1$ になる。

$$\begin{cases} V_{CE} = V_{CB} + V_{BE} = 560 \times 10^3 \times I_B \times 10^{-3} + 0.6 \cdots \\ \quad \Rightarrow V_{CE} = 560 I_B + 0.6 \cdots ① \\ 15 = 10 \times 10^3 \times I_C \times 10^{-3} + V_{CE} \\ \quad \Rightarrow 15 = 10 I_C + V_{CE} \cdots ② \\ I_C \times 10^{-3} = h_{FE} \times I_B \times 10^{-3} \\ \quad \Rightarrow I_C = h_{FE} \times I_B \ \Rightarrow I_C = 50 I_B \cdots ③ \end{cases}$$

連立方程式を解くと
$I_B = 13.58 \times 10^{-3}$[mA]$= 13.58 \times 10^{-3} \times 10^3 [\mu A]$
$= 13.58[\mu A] = 13.6[\mu A]$ (∵1mA $= 1000 \mu A$)
$I_C = 0.679$[mA]
$V_{CE} = 8.21$[V]

【16】 (1)$R_A = \dfrac{12 - (0.6 + 0.4)}{(225 + 25) \times 10^{-6}} = 44$[kΩ]

(2)$R_B = \dfrac{0.6 + 0.4}{225 \times 10^{-6}} = 4.44$[kΩ]

(3)$V_{CE} = 12 - (0.4 + 25 \times 10^{-6} \times 300 \times 1 \times 10^3)$
$= 4.1$[V]

P.100

【17】 (1)①R_A, R_B ②R_E ③C_I ④C_E
⑤C_2 ⑥R_C ⑦R_L
(2)交流回路

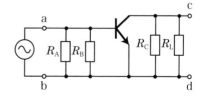

【18】 (1)簡易等価回路

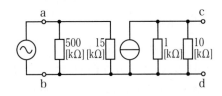

(2) $Z_i = \dfrac{500 \times 15}{500 + 15} = 14.6[\text{k}\Omega]$

(3) $Z_0 = \dfrac{1 \times 10}{1 + 10} = 0.909$ $\therefore 909[\Omega]$

(4) $v_i = 10[\text{mV}]$ によるベース電流 i_b

$i_b = \dfrac{v_i}{h_{ie}} = \dfrac{10 \times 10^{-3}}{15 \times 10^3}$

コレクタ電流 $i_c = h_{fe} \cdot i_b = 230 i_b$

出力電圧

$v_0 = 10 \times 10^3 \times \dfrac{i_c}{11} = 10 \times 10^3 \times \dfrac{230 \times \dfrac{10 \times 10^{-3}}{15 \times 10^3}}{11}$

$= 0.139[\text{V}]$

P.101 ───────────

【19】 電圧利得 $G_V = 20 \log_{10} A_V$

電力利得 $G_P = 10 \log_{10} A_P$

①0   ②6.02   ③10   ④100   ⑤10

⑥13.0   ⑦20   ⑧1000

【20】 $A_v = \dfrac{100}{5} = 20$

$G_V = 20 \log_{10} 20 = 20(1 + 0.301) = 26[\text{dB}]$

$A_i = \dfrac{10}{2} = 5$

$G_i = 20 \log_{10} 5 = 20 \times 0.699 = 14[\text{dB}]$

【21】 (1) $G = 20 \log_{10}(100 \times 50 \times 20) = 100[\text{dB}]$

(2) $G = 50 + 30 + 10 = 90[\text{dB}]$

【22】 (1)①−(ク)   ②−(オ)   ③−(ア)   (2)④

−(キ)   ⑤−(エ)   ⑥−(カ)   ⑦−(ケ)   (3)⑧−

(ウ)   ⑨−(イ)

P.102 ───────────

【23】 ①−(ウ)   ②−(ク)   ③−(エ)   ④−(ケ)

⑤−(キ)   ⑥−(カ)   ⑦−(オ)   ⑧−(ア)   ⑨−

(イ)

P.103 ───────────

【24】 ①−(カ)   ②−(オ)   ③−(ク)   ④−(キ)

⑤−(コ)   ⑥−(ケ)   ⑦−(サ)   ⑧−(イ)   ⑨−

(ア)   ⑩−(エ)   ⑪−(ウ)

P.104 ───────────

【25】 $V_O = -\dfrac{21}{5}(0.3 - 0.1) = -0.84[\text{V}]$

【26】 $V_O = \left(1 + \dfrac{R_F}{R}\right) V_i$

$R_F = \left(\dfrac{V_O}{V_i} - 1\right) R$

$= \left(\dfrac{1}{20 \times 10^{-3}} - 1\right) \times 2.7 \times 10^3 = 132[\text{k}\Omega]$

【27】 (1) $f = \dfrac{1}{2\pi\sqrt{10^{-3} \times 2 \times 10^{-9}}} = 113 \times 10^3$

$= 113[\text{kHz}]$

(2) $Q = \dfrac{R}{\omega L} = \dfrac{120 \times 10^3}{2\pi \times 113 \times 10^3 \times 10^{-3}} = 169$

(3) $B = \dfrac{f}{Q} = \dfrac{113 \times 10^3}{169} = 669[\text{Hz}]$

(4) $V_O = 120 \times 10^3 \times 50 \times 10^{-6} = 6[\text{V}]$

【28】 帰還回路の出力 $V_f = \beta V_O$

増幅回路の入力 $V_i' = 40 - V_f$

増幅回路の出力 $V_O = A V_i'$

$V_O = \dfrac{40 \times 10^{-3} A}{1 + A\beta} = \dfrac{40 \times 10^{-3} \times 100}{1 + 100 \times 0.03} = 1[\text{V}]$

■発振回路

【29】 ①増幅   ②帰還   ③ $\beta \cdot Av$ ④同

相   ⑤1   ⑥ C ⑦ R ⑧水晶   ⑨可

変容量   ⑩電圧

P.105 ───────────

【30】 ①CR移相   ②正弦   ③帰還   ④

180   ⑤反転   ⑥正   ⑦ $\dfrac{1}{2\pi\sqrt{6}RC}$

【31】 コルピッツ発振回路, $f = \dfrac{1}{2\pi\sqrt{\dfrac{C^2}{2C} \cdot L}}$

$$= \cfrac{1}{2\pi\sqrt{\cfrac{(300\times10^{-12})^2}{2\times300\times10^{-12}\times600\times10^{-6}}}}$$

$$= 531[\text{kHz}]$$

■電源回路

P.106

【32】 ①半 ②順 ③逆 ④半波 ⑤小 ⑥全波 ⑦大 ⑧電圧 ⑨D_1 ⑩D_3 ⑪D_2 ⑫D_4

【33】 (1)変圧器

(2)$V_{\text{DC}} = 8\sqrt{2} = 11.3[\text{V}]$

(3)$V_{\text{R}} = 2\times8\sqrt{2} = 22.6[\text{V}]$

【34】

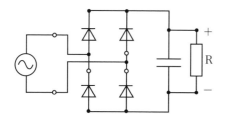

P.107

【35】 ①変圧 ②変圧器 ③整流 ④ダイオード ⑤交流を直流にする ⑥平滑 ⑦コンデンサ ⑧脈流を滑らかにする ⑨ツェナーダイオード

■各種の電子回路

【36】 ①-(イ) ②-(ア) ③-(カ) ④-(ウ) ⑤-(エ) ⑥-(オ)

P.108

【37】

	微分回路	積分回路
(a)	(ア)	(オ)
(b)	(ウ)	(エ)
(c)	(カ)	(イ)

P.109

【38】 ①帯域通過フィルタ,(イ) ②低域通過フィルタ,(エ) ③高域通過フィルタ,(ウ) ④帯域消去フィルタ,(ア)

【39】 (1)$T = 0.69\times10\times10^3\times0.1\times10^{-6}\times2$ $= 1.38\times10^{-3} = 1.38[\text{msec}]$

(2)

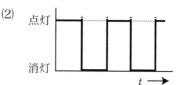

(3)

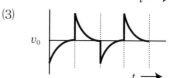

P.110

【40】 ①-(カ) ②-(ケ) ③-(シ) ④-(オ) ⑤-(サ) ⑥-(ク) ⑦-(ウ) ⑧-(コ) ⑨-(ウ) ⑩-(キ) ⑪-(イ) ⑫-(エ)

【41】 500kHz での共振

$$C_{500} = \frac{1}{\omega^2 L} = \frac{1}{(2\pi\times500\times10^3)^2\times200\times10^{-6}}$$

$$= 507\times10^{-12}[\text{F}]$$

1700[kHz] での共振

$$C_{1.7} = \frac{1}{(2\pi\times1700\times10^3)^2\times200\times10^{-6}}$$

$$= 43.8\times10^{-12}[\text{F}]$$

C は $43.8\sim507[\text{pF}]$ の間を変化するもの。

P.111

【42】 (1)トライアック

(2) 負荷に加わる電圧 V_L

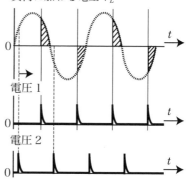

(3) 電圧2では,破線より電流が流れ始め,電圧1の電流より大きいため電球は明るく点灯する。

■自動制御

【43】 ①$G = \cfrac{G_1 G_2}{1 + G_1}$ ②$G = \cfrac{G_1}{1 + G_1 G_2}$

③$G = 0.667$

【44】 (1)$V_1' = -\dfrac{2}{30}(-2.5) = 0.167[\text{V}]$

(2) $\dfrac{V_1'}{4} = \dfrac{0.5}{R_x + 4}$

$R_x = \dfrac{0.5 \times 4}{0.167} - 4 = 7.98[\text{k}\Omega]$

(3) $G_1 = \dfrac{0.167}{0.5} = 0.334$

(4) $G = \dfrac{2.5}{0.5} = 5$

P.112 ─────────────────

【45】 (1)自己保持回路

(2)

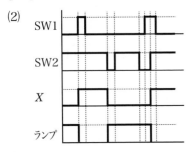

【46】 (1)−(ウ) (2)−(カ) (3)−(ア) (4)−(エ)
(5)−(キ) (6)−(オ) (7)−(イ)

4 情報分野

■2進数・8進数・10進数・16進数

P.119 ─────────────────

添え字$_{(n)}$は n 進数を表す。

【1】 (1)   余り

```
2) 98
2) 49 …0
2) 24 …1
2) 12 …0
2)  6 …0
2)  3 …0
2)  1 …1
    0 …1
```

$98 = 1100010_{(2)}$

(2) 整数部   小数部

```
         余り          0.875 × 2 = 1.75
2) 7                   0.75  × 2 = 1.5
2) 3 …1                0.5   × 2 = 1
2) 1 …1
   0 …1                0.875 = 111_{(2)}
```

$7 = 111_{(2)}$

$7.875 = 111.111_{(2)}$

(3)$2^4 + 2^2 + 2^0 = 16 + 4 + 1 = 21$

(4)整数部 $2^2 + 2^1 = 4 + 2 = 6$

小数部 $2^{-2} + 2^{-3} = 0.25 + 0.125 = 0.375$

したがって，$6 + 0.375 = 6.375$

【2】 (1)   余り

```
8) 457
8)  57 …1
8)   7 …1
     0 …7
```

$457 = 711_{(8)}$

(2)$5 \times 8^1 + 6 \times 8^0 = 40 + 6 = 46$

【3】 (1)   余り

```
16) 255
16)  15 …15
      0 …15
```

$255 = \text{FF}_{(16)}$

(2)$8\text{CB}_{(16)} = 8 \times 16^2 + 12 \times 16^1 + 11 \times 16^0$
$= 2251$

【4】 8進数を2進数で表すと，

```
 1    5    6
 ↓    ↓    ↓
001  101  110  → 8ビットでは 01101110
```

MSD = 0, LSD = 0

$01101110_{(2)} = 2^6 + 2^5 + 2^3 + 2^2 + 2^1 = 64 + 32$
$+ 8 + 4 + 2 = 110$

【5】

余り

2) 29
2) 14 …1
2) 7 …0
2) 3 …1
2) 1 …1
　 0 …1

余り

2) 15
2) 7 …1
2) 3 …1
2) 1 …1
　 0 …1

$29 = 11101_{(2)}$　　$15 = 1111_{(2)}$

$$\underline{11111} \cdots 桁上り$$
$$11101$$
$$\underline{+)\ \ 1111}$$
$$101100_{(2)}$$

【6】 (1)

$$1010$$
$$\underline{AND)\ 1100}$$
$$1000$$

(2)

$$0011$$
$$\underline{OR)\ 1000}$$
$$1011$$

(3)

$$1010$$
$$\underline{XOR)\ 1111}$$
$$0101$$

P.120 ─────────────────

【7】

余り

2) 168
2) 84 …0
2) 42 …0
2) 21 …0
2) 10 …1
2) 5 …0
2) 2 …1
2) 1 …0
　 0 …1

余り

2) 50
2) 25 …0
2) 12 …1
2) 6 …0
2) 3 …0
2) 1 …1
　 0 …1

$168 = 10101000_{(2)}$　　$50 = 110010_{(2)}$

論理積

$$10101000$$
$$\underline{AND)\ 00110010}$$
$$00100000$$

論理和

$$10101000$$
$$\underline{OR)\ 00110010}$$
$$10111010$$

排他的論理和

$$10101000$$
$$\underline{XOR)\ 00110010}$$
$$10011010$$

【8】 89 の 2 進化 10 進数は，10001001

2) 89　余り
2) 44 …1
2) 22 …0
2) 11 …0
2) 5 …1
2) 2 …1
2) 1 …0
　 0 …1

$89 = 1011001_{(2)}$

$1011001_{(2)}$ の補数は $0100110 + 1 = 0100111$

■論理回路

【9】

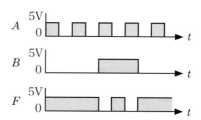

回路名は NAND（または否定論理積）

【10】

(1)

A	B	C	F
0	0	0	0
0	0	1	0
0	1	0	1
0	1	1	1
1	0	0	0
1	0	1	0
1	1	0	0
1	1	1	1

(2) 論理式 $F = (\overline{A} \cdot B) + (B \cdot C)$

P.121

【11】

(1)

A	B	F
0	0	0
0	1	0
1	0	0
1	1	1

(2)論理式 $F = A \cdot B$

【12】

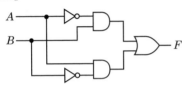

【13】

(1)① $\overline{A} \cdot B$　②$A \cdot \overline{B}$　③$\overline{A} \cdot B + A \cdot \overline{B}$

④$A \cdot B$

(2)

入力		出力	
A	B	S	C
0	0	0	0
0	1	1	0
1	0	1	0
1	1	0	1

(3)半加算器

P.122

【14】

入力		出力	
A	B	Q	$\overline{Q}$
		0	1
1	0	1	0
0	0	1	0
0	1	0	1

【15】

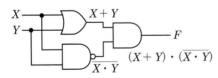

■ハードウェア

【16】　(1)エンコーダ（符号器）　(2)デコーダ（復号器）　(3)直列方式　(4)並列方式　(5)8 個

(6)RAM(random access memory)

(7)ROM(read only memory)

P.123

【17】　(1)命令アドレスレジスタ　(2)アキュムレータまたは累算器　(3)命令レジスタ　(4)汎用レジスタ

【18】　(1) A–D コンバータ　(2)D–A コンバータ

(3) I/O バッファ

【19】　①入力装置　②記憶装置　③制御装置

④演算装置　⑤出力装置

P.124

【20】　(1)クロック　(2)アップまたは前進　(3)ダウンまたは後退

■プログラミング

【21】　①0　②N　③10

P.125

【22】　① MAX　② MAX　③ N

5　総合問題

■正誤問題

P.129

【1】　(1)—×　(2)—○　(3)—×　(4)—○　(5)—×

【2】　(1)—○　(2)—×　(3)—×　(4)—○　(5)—○

(6)—×

P.130

【3】　(1)—○　(2)—×　(3)—○　(4)—×　(5)—×

【4】　(1), (5)

【5】　(3), (5)

■語群選択問題

P.131

【6】　(1)—(g)　(2)—(f)　(3)—(h)　(4)—(j)　(5)—(i)

(6)—(b)　(7)—(a)　(8)—(c)　(9)—(e)　(10)—(d)

【7】　(1)—(c)　(2)—(a)　(3)—(d)　(4)—(e)　(5)—(b)

【8】　(1)—(カ)　(2)—(オ)　(3)—(イ)　(4)—(ウ)　(5)—(ア)

(6)—(エ)　(7)—(ク)　(8)—(コ)　(9)—(ケ)　(10)—(キ)

P.132 ────────────────────────

【9】 (1)−②　　(2)−①　　(3)−④

P.133 ────────────────────────

【10】 (1)−(b) (2)−(e) (3)−(c) (4)−(c) (5)−(c)

【11】 (1)−(a) (2)−(b) (3)−(d) (4)−(b) (5)−(b)

P.134 ────────────────────────

【12】 (1)①−(d)　②−(c)　③−(f)
(2)④−(f)　⑤−(a)　⑥−(d)　(3)⑦−(d)　⑧−(a)

■完成問題

P.135 ────────────────────────

【13】 (1)力，比例，反比例，クーロン
(2)A，フレミングの左手　(3)長さ，断面積

【14】 (1)ツェナーダイオード
(2)サイリスタ，アノード，ゲート，カソード
(3)キルヒホッフの法則

P.136 ────────────────────────

【15】 ①MF　②VHF　③UHF（②と③は逆も可）　④SHF　⑤光　⑥抵抗　⑦30　⑧I_c　⑨I_b　⑩D　⑪E　⑫F　⑬D　⑭屈折　⑮減衰

【16】 ①$-3 = 20\log_{10}A_v$

$A_v = 10^{\left(-\frac{3}{20}\right)} = 0.71$

(別解)電圧のデシベルについて，二，三の値のおよその値，たとえば，「6dBは約2倍」と暗記している場合は，「3dBは約$\sqrt{2}$倍」とわかるから，「−3dBは約$\dfrac{1}{\sqrt{2}}$」と暗算で求められる。

②$\dfrac{\omega L}{R}$　③通信容量　④残留磁気　⑤保磁力

【17】 (1)8ビット　(2)16　(3)100 000 000
(4)20，20000
(5)16進数のそれぞれのけたを2進数に直すと

```
    C        F
    ↓        ↓
  1100     1111
```

したがって，$11001111_{(2)}$

P.137 ────────────────────────

【18】 (1)振幅　(2)周波数　(3)位相

【19】 (1)比例，2乗，反比例　　(2)10

(3)　　　　　余り

```
 2)37
 2)18 …1
 2) 9 …0
 2) 4 …1
 2) 2 …0
 2) 1 …0
    0 …1
```
↑

$37 = 100101_{(2)}$

16進数に直すと，

```
  0010    0101
   ↓       ↓
   2       5
```

$00100101_{(2)}$，$25_{(16)}$

(4)アンペアの右ねじ　(5)1

■計算問題

【20】 (1)変調度$= \dfrac{\text{信号波の振幅}}{\text{搬送波の振幅}} = \dfrac{I_S}{I_0} = \dfrac{1}{2} = 0.5$

(2)周波数分布＝搬送波周波数±信号周波数
$= 594 \pm 3 = 591\text{kHz}$，$597\text{kHz}$
したがって，下側波帯591kHz，上側波帯597kHz

(3)6kHz

(4)波長$= \dfrac{\text{光の速度}}{\text{周波数}} = \dfrac{300000[\text{km/s}]}{594 \times 10^3 [1/\text{s}]}$
$= 0.505[\text{km}] = 505[\text{m}]$

一般教科

1 数 学

■数と式の計算

p.146

【1】 (1) 8　(2) $\dfrac{14}{15}$　(3) $\dfrac{1}{12}+\dfrac{10}{3}-\dfrac{1}{4}=\dfrac{38}{12}=\dfrac{19}{6}$

(4) $\dfrac{6}{25}$　(5) $9-4\sqrt{2}$　(6) $9\sqrt{6}$　(7) $57-12\sqrt{15}$

(8) $\sqrt{3}$　(9) $-\dfrac{1}{8}x^6y^3\times\dfrac{16}{x^4y^2}\times 3xy^2=-6x^3y^3$

(10) $\dfrac{x+2}{x(x-1)}+\dfrac{2x+1}{(x-1)(x-2)}-\dfrac{x-3}{x(x-2)}$

$=\dfrac{(x+2)(x-2)}{x(x-1)(x-2)}+\dfrac{(2x+1)x}{x(x-1)(x-2)}-\dfrac{(x-3)(x-1)}{x(x-1)(x-2)}$

$=\dfrac{2x^2+5x-7}{x(x-1)(x-2)}=\dfrac{(x-1)(2x+7)}{x(x-1)(x-2)}=\dfrac{2x+7}{x(x-2)}$

【2】
$$\begin{array}{r}
\boxed{4}\,1\,\boxed{5} \\
\times\ 3\,\boxed{8}\,2 \\
\hline
\boxed{8}\,3\,0 \\
3\,3\,2\,0\ \\
\boxed{1}\,2\,\boxed{4}\,5\ \ \\
\hline
1\,\boxed{5}\,8\,\boxed{5}\,3\,0
\end{array}$$

p.147

【3】 $2^3\times1+2^2\times1+2^1\times0+2^0\times1=13$

【4】 (1) $\sqrt{11+6\sqrt{2}}=\sqrt{11+2\sqrt{18}}=\sqrt{9+2+2\sqrt{9}\sqrt{2}}$
$=\sqrt{9}+\sqrt{2}=3+\sqrt{2}$

(2) $\dfrac{i-1}{2-3i}=\dfrac{(-1+i)(2+3i)}{(2-3i)(2+3i)}=\dfrac{-2-3-i}{4+9}=\dfrac{-5-i}{13}$

(3) $\dfrac{t-1}{t-\dfrac{2}{t+1}}=\dfrac{(t-1)(t+1)}{t(t+1)-2}=\dfrac{(t-1)(t+1)}{(t+2)(t-1)}=\dfrac{t+1}{t+2}$

(4) $3x^2-2y$

(5) $\dfrac{(c+a)(c-a)+(a+b)(a-b)+(b+c)(b-c)}{(a-b)(b-c)(c-a)}$

$=\dfrac{c^2-a^2+a^2-b^2+b^2-c^2}{(a-b)(b-c)(c-a)}=0$

【5】 (1) $\dfrac{x}{3}=\dfrac{y}{4}=k$ とおくと，$x=3k,\ y=4k$

$\dfrac{x^2-y^2}{x^2+y^2}=\dfrac{(3k)^2-(4k)^2}{(3k)^2+(4k)^2}=-\dfrac{7}{25}$

■因数分解

【6】 (1) $x^2(a-1)-(a-1)=(x^2-1)(a-1)$
$=(x+1)(x-1)(a-1)$

(2) $a(x-y)-b(x-y)=(a-b)(x-y)$

(3) $(a-3b)^2$　(4) $(2x+1)(2x-1)$

(5) $(2x-1)(x+3)$　(6) $(3x-5y)(x+4y)$

(7) $(a+b)(a+2b)+c(a+b)=(a+b)(a+2b+c)$

(8) $(x-2)(x^2+7x+12)=(x-2)(x+3)(x+4)$

(9) $(2x)^3+(3y)^3=(2x+3y)(4x^2-6xy+9y^2)$

(10) $2x^2+x-5xy-(3y^2-11y+6)$
$=2x^2+x(1-5y)-(3y-2)(y-3)$
$=\{2x+(y-3)\}\{x-(3y-2)\}=(2x+y-3)(x-3y+2)$

■方 程 式

p.148

【7】 各設問の方程式の上から①，②，③式とする。

(1) ②−①より，$4x=16$ ∴$x=4$　①×3−②
より，$6y=6$ ∴$y=1$

(2) ①−②より $2y=-5$ ∴$y=-\dfrac{5}{2}$

②+③より $2x=17$ ∴$x=\dfrac{17}{2}$

これらを①に代入して，

$z=2-x-y=2-\dfrac{17}{2}+\dfrac{5}{2}=-4$

よって $x=\dfrac{17}{2},\ y=-\dfrac{5}{2},\ z=-4$

(3) ①より $y=3-x$　これを①′とする。①′を②
に代入して，$x^2+(3-x)^2=17$　$x^2-3x-4=0$
$(x+1)(x-4)=0$　$x=-1,\ 4$
$x=-1$ を①′に代入して $y=4$

$x=4$ を①'に代入して $y=-1$

$\therefore x=-1, y=4$ と $x=4, y=-1$

(4) $\dfrac{1}{x}=X, \dfrac{1}{y}=Y$ とおくと，①は $5X+3Y=2\cdots$①'

②は $15X+6Y=3\cdots$②'

②'−①'×2より，

$X=-\dfrac{1}{5}$

①'×3−②'より，$Y=1$ $\therefore x=-5, y=1$

(5) 両辺を2乗すると，$x^2-10x+25=x-5$

$x^2-11x+30=0$ $(x-5)(x-6)=0$ $\therefore x=5, 6$

(これらは与式の条件を満たす)

【8】 (1)$\alpha+\beta=-\dfrac{b}{a}=-\dfrac{-5}{3}=\dfrac{5}{3}$ (2)$\alpha\beta=\dfrac{c}{a}=\dfrac{1}{3}$

(3)$\alpha^2+\beta^2=(\alpha+\beta)^2-2\alpha\beta=\left(\dfrac{5}{3}\right)^2-2\times\dfrac{1}{3}=\dfrac{19}{9}$

(4)$\alpha^3+\beta^3=(\alpha+\beta)(\alpha^2-\alpha\beta+\beta^2)=\dfrac{5}{3}\times$

$\left(\dfrac{19}{9}-\dfrac{1}{3}\right)=\dfrac{80}{27}$

【9】 AB間の距離を x kmとすると，$\dfrac{x}{5}+\dfrac{x}{3}=4$

この方程式を解いて，$x=7.5$ $\therefore$ 7.5km

p.149 ────────────

【10】 全体の仕事量を k，Cの仕事日数を x 日とすると，$\dfrac{k}{30}\times8+\dfrac{k}{20}\times8+\dfrac{k}{15}\times x=k$ この方程式を解いて，$x=5$ $\therefore$ 5日

【11】 子どもの人数を x 人，柿の個数を y 個とする。$5x+10=y\cdots$①，$7x-2=y\cdots$② ①，②より，$5x+10=7x-2$ $\therefore x=6$ これを①に代入して $y=40$ 子供の人数6人，柿の個数40個

【12】 前日のA部品の売上げ個数を x 個，B部品を y 個とする。$x+y=820\cdots\cdots$①，$0.08x+0.1y=72\cdots\cdots$② ①×0.1−②より，$0.02x=10$ $\therefore x=500$ これを①に代入して，$y=320$ $\therefore$ 今日のA部品の売上げ個数は $500\times1.08=540$ 個，B部品は $320\times1.1=352$ 個

【13】 道路の幅を x mとする。全体の面積＝道路の面積＋斜線部の面積から，$40\times50=2x(40-x)+50x+252\times6$，$2x^2-130x+2000-1512=0$，

$x^2-65x+244=0$ この方程式を解いて，$(x-61)(x-4)=0$ $x=4, 61$ $x=61$ は題意に適さない。

$\therefore$ 4m

【14】 短辺の長さを x cmとすると，長辺の長さは $(x+5)$ cmとなる。また容器の展開図は次図のようになる。

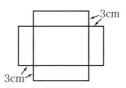

容器の短辺は $(x-6)$ cm，長辺は $(x+5-6)=(x-1)$ cm，高さは3cmであるから，容積は $3(x-6)(x-1)=72$ $x^2-7x-18=0$ $(x-9)(x+2)=0$ $x=9, -2$ $x=-2$ は題意に適さないので，$x=9$ $\therefore$ 短辺9cm，長辺14cm

■不 等 式

【15】 (1)$x>-1$ (2)$x>6$

(3) $-7<2x+5<7$ $\therefore-6<x<1$

(4) $D>0$ で，$2x^2+4x-1=0$ の2つの実数解は，$\dfrac{-2\pm\sqrt{6}}{2}$ である。$\therefore x<\dfrac{-2-\sqrt{6}}{2}, \dfrac{-2+\sqrt{6}}{2}<x$

(5) $D>0$ で，$4x^2+4x-3=0$ の2つの実数解は，$x=-\dfrac{3}{2}, \dfrac{1}{2}$ である。$\therefore x\leqq-\dfrac{3}{2}, \dfrac{1}{2}\leqq x$

(6) $-4\leqq x<-1, 1\leqq x$

(7) まず，根号内が負とならないために $x+1\geqq0$ $\therefore x\geqq-1$

また $\sqrt{x+1}\geqq0$ であるから，$3-x>0$ $\therefore-1\leqq x<3\cdots$①

①の範囲で両辺は負でないから平方して $x+1<x^2-6x+9$ $\therefore x^2-7x+8>0$

$\therefore x<\dfrac{7-\sqrt{17}}{2}, \dfrac{7+\sqrt{17}}{2}<x$

①の範囲から，$-1\leqq x<\dfrac{7-\sqrt{17}}{2}$

(8) ①式から $2<x$ ②式から $x<3$。これらの共通部分は $2<x<3$ (9) ①式から $2<x<5$ ②式から $x<-1, 4<x$ これらの共通部分は $4<x<5$

⑽ xの範囲によって，$x+2$，$x-1$，$x-4$の符号を調べると次のようになる。

x	$\sim$	-2	$\sim$	1	$\sim$	4	$\sim$
$x+2$		$-$		$+$		$+$	$+$
$x-1$		$-$		$-$		$+$	$+$
$x-4$		$-$		$-$		$-$	$+$
左辺		$-$		$+$		$-$	$+$

よって求めるxの範囲は$-2<x<1$，$4<x$

p.150 ────────────

■**関数とグラフ**

【16】　⑴ $y=3x-6$　⑵ $y=-\dfrac{2}{3}x+\dfrac{23}{3}$

⑶ 傾きが$\dfrac{1}{3}$の直線に平行な直線の傾きは$\dfrac{1}{3}$

∴ $y-1=\dfrac{1}{3}(x-2)$ より $y=\dfrac{1}{3}x+\dfrac{1}{3}$

⑷ 傾きが2の直線に垂直な直線の傾きは$-\dfrac{1}{2}$

∴ $y-1=-\dfrac{1}{2}(x+2)$ より $y=-\dfrac{1}{2}x$

【17】　⑴ $y=-3$

⑵ $y-9=\dfrac{9-0}{0-3}(x-0)$ より $y=-3x+9$

⑶ $y-9=\dfrac{9-0}{0-(-6)}(x-0)$ より $y=\dfrac{3}{2}x+9$

⑷ ⑵で求めた式に$y=-3$を代入，$x=4$
　　∴ $(4,\ -3)$

⑸ ⑶で求めた式に$y=-3$を代入，$x=-8$
　　∴ $(-8,\ -3)$

⑹ PRの長さは$4-(-8)=12$　PRを底辺とする高さは，$9-(-3)=12$

　　∴ 面積は$\dfrac{12\times12}{2}=72$

【18】　⑴ $y=0$のときのxを求める。$2x^2+5x-3$
$=0$を解くと$x=-3,\dfrac{1}{2}$　∴ $(-3,0)$, $\left(\dfrac{1}{2},0\right)$

⑵ $y=2x^2+5x-3$と$y=x+3$について連立方程式を解く。$(x-1)(x+3)=0$　$x=1,\ -3$　$x=1$のとき$y=4$, $x=-3$のとき$y=0$　∴ $(1,4)$, $(-3,0)$

p.151 ────────────

【19】　⑴ $y=2x^2-4x-1=2(x-1)^2-3$

∴ $(1,\ -3)$

⑵ x, yともに符号を変えると，
$-y=2(-x-1)^2-3$
　∴ $y=-2(x+1)^2+3$

⑶ $y+3=2(x-4-1)^2-3$
　∴ $y=2(x-5)^2-6$

【20】　⑴ 頂点が$(-1,\ -2)$であるから，求める2次関数は，$y=a(x+1)^2-2$とおける。$(-2,\ 1)$を通るから，$1=a(-2+1)^2-2$　∴ $a=3$　したがって，$y=3(x+1)^2-2=3x^2+6x+1$

⑵ 求める2次関数を$y=ax^2+bx+c$とおく。3点$(0,1)$, $(1,0)$, $(-1,6)$を通るから，
$1=c$……①，$0=a+b+c$……②，$6=a-b+c$……③　連立して解くと，$a=2$, $b=-3$, $c=1$
∴ $y=2x^2-3x+1$

【21】　⑴ $y=2+x-x^2$のグラフは，図のようになるから，面積Sは，

$$S=\int_{-1}^{2}(2+x-x^2)\,dx=\left[2x+\dfrac{x^2}{2}-\dfrac{x^3}{3}\right]_{-1}^{2}=\dfrac{9}{2}$$

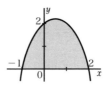

⑵ $y=2(x-2)(x-1)=2x^2-6x+4$のグラフは，図のようになるから，面積Sは，

$$S=-\int_{1}^{2}(2x^2-6x+4)\,dx$$

$$=-\left[\dfrac{2}{3}x^3-3x^2+4x\right]_{1}^{2}$$

$$=\dfrac{1}{3}$$

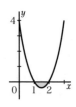

⑶ $y=x^3-2x^2-x+2$のグラフは図のように，x軸と-1, 1, 2で交わる曲線であるから，求める面積Sは，

$$S=\int_{-1}^{1}(x^3-2x^2-x+2)\,dx-\int_{1}^{2}(x^3-2x^2-x+2)\,dx$$

$$=\left[\dfrac{x^4}{4}-\dfrac{2}{3}x^3-\dfrac{x^2}{2}+2x\right]_{-1}^{1}$$

$$-\left[\dfrac{x^4}{4}-\dfrac{2}{3}x^3-\dfrac{x^2}{2}+2x\right]_{1}^{2}$$

$$= \frac{8}{3} + \frac{5}{12} = \frac{37}{12}$$

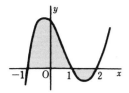

【22】 (1) $y=ax^2+bx+2a^2$ に, $x=1$, $y=1$ を代入する。また, $y'=2ax+b$ に, $x=1$, $y'=0$ を代入する。$1=a+b+2a^2$……①, $0=2a+b$……②の連立方程式を解く。$a=1, -\frac{1}{2}$ 最大値をもつことから $a<0$ $\therefore a=-\frac{1}{2}$, これを②に代入して, $b=1$

(2) $y=-\frac{1}{2}x^2+x+\frac{1}{2}$ となり, グラフは図のようになる。

最小値$(x=4$のとき$)y=-\frac{7}{2}$,

最大値$(x=2$のとき$)y=\frac{1}{2}$

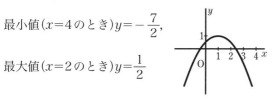

【23】 微分して $y'=6x^2+6x-12$ $y'=0$ より, $6(x+2)(x-1)=0$ $\therefore x=-2, 1$
増減表をかく。$y=2x^3+3x^2-12x+1$ において, $x=-2$ のとき, 極大値 $y=21$, $x=1$ のとき, 極小値 $y=-6$

x	$\cdots$	-2	$\cdots$	1	$\cdots$
y'	$+$	0	$-$	0	$+$
y	$\nearrow$	21	$\searrow$	-6	$\nearrow$

【24】 (1)$x^2+y^2=1$ (2)$(4, -3)$ と $(0, 0)$ との距離(半径)は $\sqrt{(4-0)^2+(-3-0)^2}=5$ より, 求める式は. $(x-4)^2+(y+3)^2=25$
(3)$(x+3)^2+(y-2)^2=3$
(4)半径は $\sqrt{(3-5)^2+(4-(-2))^2} \times \frac{1}{2}=\sqrt{10}$ 中心の座標は, $x=\frac{3+5}{2}=4$, $y=\frac{4+(-2)}{2}=1$ すなわち $(4, 1)$ となる。よって求める円の方程式は

$$(x-4)^2+(y-1)^2=10$$

p.152
【25】 (1)直線の下側の領域であるので, $y \leqq -x$
(2)$x=1$ と $x^2+y^2-2x=0$ が境界線になっている。
$\therefore (x-1)(x^2+y^2-2x)<0$

【26】 (1)傾き $\frac{8}{3}$ y切片0 $\therefore y=\frac{8}{3}x$

(2)中心$(0, 0)$, 半径$\frac{3}{2}$の円$\therefore x^2+y^2=\frac{9}{4}$

(3)$y=\sqrt{x}$ (4)$y=\sin x$

■三角関数
【27】 (1)1 (2)$\cos 135°=\cos(90°+45°)=-\sin 45°$

$$=-\frac{1}{\sqrt{2}}$$ (3)$\sin 660°=\sin(360°+300°)=-\sin 120°$

$$=-\frac{\sqrt{3}}{2}$$ (4)$\tan(-300°)=\tan 60°=\sqrt{3}$

(5)$\frac{1}{\sqrt{2}} \times \frac{1}{2} + \frac{1}{\sqrt{2}} \times \frac{\sqrt{3}}{2} = \frac{\sqrt{2}+\sqrt{6}}{4}$

p.153
【28】 $\sin^2\theta + \cos^2\theta = 1$ から, $\cos^2\theta = 1-\sin^2\theta$

$$=1-\left(\frac{3}{5}\right)^2=\frac{16}{25}$$ θ は第1象限の角であるから, $\cos\theta > 0$

よって, $\cos\theta = \frac{4}{5}$

【29】 $1+\tan^2\theta = \frac{1}{\cos^2\theta}$ から,

$$1+\left(\frac{1}{2}\right)^2 = \frac{1}{\cos^2\theta}$$ したがって, $\cos^2\theta = \frac{4}{5}$

θ は第1象限あるいは第3象限の角である。

$\cos\theta = \pm\frac{2}{\sqrt{5}}$ $\sin\theta = \cos\theta \times \tan\theta$

$\pm\frac{2}{\sqrt{5}} \times \frac{1}{2} = \pm\frac{1}{\sqrt{5}}$ $\sin\theta \times \cos\theta = \frac{1}{\sqrt{5}} \times \frac{2}{\sqrt{5}}$

$=\frac{2}{5}$, $\left(-\frac{1}{\sqrt{5}}\right) \times \left(-\frac{2}{\sqrt{5}}\right) = \frac{2}{5}$ どちらも同値となる。

【30】 $(\sin\theta + \cos\theta)^2 = \sin^2\theta + 2\sin\theta\cos\theta$ $+\cos^2\theta = 2$ $\sin^2\theta + \cos^2\theta = 1$ であるから,

$2\sin\theta\cos\theta+1=2$ $\quad\therefore\sin\theta\times\cos\theta=\dfrac{1}{2}$

【31】 (1)加法定理の積和公式により,

$\dfrac{1}{2}\{\sin(75°+15°)-\sin(75°-15°)\}=\dfrac{1}{2}\left(1-\dfrac{\sqrt{3}}{2}\right)$

$=\dfrac{2-\sqrt{3}}{4}$ (2)和積公式により,

$-2\sin\dfrac{75°+15°}{2}\sin\dfrac{75°-15°}{2}=-2\times\dfrac{1}{\sqrt{2}}\times\dfrac{1}{2}$

$=-\dfrac{\sqrt{2}}{2}$

【32】 (1)$y=\sin\theta$のグラフをy軸方向に2倍に拡大したものである。$\therefore y=2\sin\theta$ (2)$y=\cos\theta$のグラフを横軸方向に$\dfrac{1}{2}$に縮小したものである。

$\therefore y=\cos2\theta$

【33】 (1)$\dfrac{1}{2}$ (2)$-\dfrac{1}{2}$ (3)1

【34】 (1) $\cos75°=\cos(45°+30°)=\cos45°\cos30°$

$-\sin45°\sin30°=\dfrac{1}{\sqrt{2}}\times\dfrac{\sqrt{3}}{2}-\dfrac{1}{\sqrt{2}}\times\dfrac{1}{2}=\dfrac{\sqrt{6}-\sqrt{2}}{4}$

(2) $\sin15°=\sin(45°-30°)=\sin45°\cos30°$

$-\cos45°\sin30°=\dfrac{1}{\sqrt{2}}\times\dfrac{\sqrt{3}}{2}-\dfrac{1}{\sqrt{2}}\times\dfrac{1}{2}=\dfrac{\sqrt{6}-\sqrt{2}}{4}$

(3) $\tan105°=\tan(60°+45°)=\dfrac{\tan60°+\tan45°}{1-\tan60°\tan45°}$

$=\dfrac{\sqrt{3}+1}{1-\sqrt{3}}=\dfrac{\left(1+\sqrt{3}\right)^2}{\left(1-\sqrt{3}\right)\left(1+\sqrt{3}\right)}=\dfrac{4+2\sqrt{3}}{1-3}=-2-\sqrt{3}$

■数　　列
p.154 ────────────

【35】 (1)17 (2)$-\dfrac{1}{4}$ (3)9 (4)22 (5)4

【36】 初項をa, 公差をdとすれば, 一般項a_nは,
$a_n=a+(n-1)d$
第4項が1であるから$1=a+3d$……①
第17項が40であるから$40=a+16d$……②
この2つを連立方程式として解くと, $a=-8$, $d=3$となる。よって第30項は, $a_{30}=-8+(30-1)\times3=79$

【37】 初項3, 公比2で, 項数をnとすると,
$S_n=\dfrac{a(r^n-1)}{r-1}=\dfrac{3(2^n-1)}{2-1}=1533$ $\quad2^n-1=511$
$2^n=512$ $\quad\therefore n=9$ $\quad\therefore$ 9項目

【38】 (1) $\displaystyle\sum_{k=1}^{n}(5-6k)=5n-6\times\dfrac{n(n+1)}{2}=n(2-3n)$

(2) $\displaystyle\sum_{k=1}^{n}(3k^2-2k+5)=3\times\dfrac{n(n+1)(2n+1)}{6}-2\times$

$\dfrac{n(n+1)}{2}+5n=\dfrac{n(2n^2+n+9)}{2}$

■ベクトル
【39】 (1) $\overrightarrow{AB}+\overrightarrow{CD}=\overrightarrow{BC}$ $\quad\therefore\overrightarrow{CD}=\overrightarrow{BC}-\overrightarrow{AB}=\vec{b}-\vec{a}$
(2) $\overrightarrow{CE}=\overrightarrow{CD}+\overrightarrow{DE}=\overrightarrow{CD}-\overrightarrow{AB}=\vec{b}-\vec{a}-\vec{a}=\vec{b}-2\vec{a}$

p.155 ────────────
【40】 $\overrightarrow{OC}=k\overrightarrow{OA}+l\overrightarrow{OB}$
$6=2k-2l$……①, $17=-3k+l$……②
これを解いて, $k=-10$, $l=-13$
$\therefore\overrightarrow{OC}=-10\overrightarrow{OA}-13\overrightarrow{OB}$

【41】 (1) $\vec{a}\cdot\vec{b}=1(\sqrt{3}+1)+\sqrt{3}(\sqrt{3}-1)=4$

(2)$\cos\theta=\theta\dfrac{\vec{a}\cdot\vec{b}}{|\vec{a}|\cdot|\vec{b}|}$

$=\dfrac{4}{\sqrt{1+\left(\sqrt{3}\right)^2}\sqrt{\left(\sqrt{3}+1\right)^2+\left(\sqrt{3}-1\right)^2}}=\dfrac{1}{\sqrt{2}}$,

かつ$0\leqq\theta\leqq\pi$ $\quad\therefore\theta=\dfrac{\pi}{4}$

■対数・行列・極限値
【42】 (1)-4 (2)4 (3)与式$=\log_3\left(4-\sqrt{7}\right)\left(4+\sqrt{7}\right)$

$\log_3(16-7)=\log_39=2$

【43】 (1)0 (2)$\log_{10}6=\log_{10}2+\log_{10}3=0.3010+0.4771=0.7781$ (3) $\log_{10}8^2=\log_{10}2^6=6\times\log_{10}2=6\times0.3010=1.8060$ (4) $\log_{10}0.2=\log_{10}2-\log_{10}10=0.3010-1=-0.6990$

【44】 $A^{-1}=\dfrac{1}{ad-bc}\begin{pmatrix}d & -b \\ -c & a\end{pmatrix}$

$$\frac{1}{1\times4-2\times3}\begin{pmatrix}4 & -2\\-3 & 1\end{pmatrix}=-\frac{1}{2}\begin{pmatrix}4 & -2\\-3 & 1\end{pmatrix}$$

$$\begin{pmatrix}-2 & 1\\\dfrac{3}{2} & -\dfrac{1}{2}\end{pmatrix}$$

p.156 ───────────

【45】 (1) $\{2\times(-1)-1\}^2\times\{(-1)^2-(-1)+1\}$
$=27$

(2) 与式$=\lim_{x\to1}\dfrac{(x-1)(x^2+x+1)}{x-1}=\lim_{x\to1}(x^2+x+1)=3$

(3) 与式$=\lim_{x\to\infty}\dfrac{(x^2-4)-x^2}{\sqrt{x^2-4}+x}=\lim_{x\to\infty}\dfrac{-4}{\sqrt{x^2-4}+x}=0$

【46】 $x\to2$ のとき，分母$\to0$，分子$\to0$になればよい。
$\lim_{x\to2}(2x^2+ax+b)=8+2a+b=0$　　よって，
$b=-2a-8\cdots\cdots①$

$\lim_{x\to2}\dfrac{2x^2+ax+b}{x^2-x-2}=\lim_{x\to2}\dfrac{2x^2+ax-2a-8}{x^2-x-2}$

$=\lim_{x\to2}\dfrac{(x-2)(2x+a+4)}{(x+1)(x-2)}=\lim_{x\to2}\dfrac{2x+a+4}{x+1}$

$=\dfrac{a+8}{3}$　　$\dfrac{a+8}{3}=\dfrac{5}{3}$より$a=-3$，これを①に

代入して，$b=-2$　　$\therefore a=-3$，$b=-2$

■図　　形

【47】 (1)$(5^2\pi-3^2\pi)\times\dfrac{1}{4}=4\pi$

(2) $4^2\pi\times\dfrac{1}{2}-(2^2\pi\times\dfrac{1}{2})\times2=4\pi$

(3)下図のように$\angle AOB=\angle AO'B=90°$

斜線部の面積は$(\sqrt{2})^2\pi\times\dfrac{1}{4}\times2-\sqrt{2}\times\sqrt{2}=\pi-2$

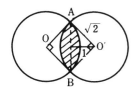

(4)$10^2\times\pi\times\dfrac{150}{360}=\dfrac{125}{3}\pi$

【48】 辺ML

p.157 ───────────

【49】 $6^2\pi\times12\times\dfrac{1}{3}=144\pi$ cm^3

【50】 $\triangle ABC\backsim\triangle DAC$
$AB:BC=DA:AC$, $15:9=DA:12$　　$\therefore DA=20$
$AC:BC=DC:AC$, $12:9=DC:12$　　$\therefore DC=16$

【51】 底面の円周は4π，半径OAの円の円周は12π

$\therefore\angle AOB=\dfrac{4\pi}{12\pi}\times360°=120°$

【52】 (1) 3倍　　(2) $\dfrac{a^2}{2}$

■確率・統計

【53】 (1) 8人から3人選ぶ仕方は$_8C_3$通りあって，
このうち3人とも男の場合は$_5C_3$通りあるから，

求める確率は$\dfrac{_5C_3}{_8C_3}=\dfrac{10}{56}=\dfrac{5}{28}$

(2)男1人，女2人の場合は$_5C_1\cdot_3C_2$であるから，

$\dfrac{_5C_1\cdot_3C_2}{_8C_3}=\dfrac{5\times3}{56}=\dfrac{15}{56}$

p.158 ───────────

【54】 同じ目は6通りだから$\dfrac{6}{36}=\dfrac{1}{6}$

【55】 (1)$x=\dfrac{0\times3+10\times5+20\times9+30\times6+40\times3+50\times9}{3+5+9+6+3+9}$

$=\dfrac{980}{35}=28$　　$\therefore28$点　　(2)40点，50点をとった人
は少なくとも4題目ができているから，$3+9=12$人

【56】 $A=D+8$, $B=\dfrac{A+D}{2}+5=\dfrac{D+8+D}{2}+5=D+9$

一番高いのはB。$A+B+C+D=(D+8)+(D+9)$
$+(D+7)+D=171\times4$　　$\therefore D=165$cm

2 理　　科

■物　　理

p.163 ───────────

【1】 $v=v_0-gt$に$v=0$を代入して，
$0=30-9.8t$　　$\therefore t=3.1$[s]

これを$s=v_0t-\dfrac{1}{2}gt^2$に代入して最高点sを求める。

$s=30\times3.1-\dfrac{1}{2}\times9.8\times3.1^2=45.9[\mathrm{m}]$

【2】 (1)水平成分$v_x=\dfrac{108\times10^3}{3600}=30[\mathrm{m/s}]$　垂直

成分$v_y=0[\mathrm{m/s}]$　(2)30[m/s]で一定である。(3)$v_y=gt$の式に従い，時間に比例する。

(4)$s=\dfrac{1}{2}gt^2$に$s=2000$を代入して，

$200=\dfrac{1}{2}\times9.8\times t^2$　$\therefore t=\sqrt{\dfrac{2000}{4.9}}=20.2[\mathrm{s}]$

答　20.2秒後

【3】　A：$30\times\dfrac{1}{2}=15[\mathrm{kg}]$　B：$40\times\left(\dfrac{1}{2}\right)^3=5[\mathrm{kg}]$

C：Cの質量を$m[\mathrm{kg}]$とする。50[kg]の物体が30°の斜面にそって糸を引く力は，$50g\sin30°[\mathrm{N}]$。
$\therefore 50g\sin30°=mg$より，$m=25[\mathrm{kg}]$

p.164

【4】　Bの移動距離はAの2倍だから，加速度も2倍である。A，Bの質量をm，糸の張力をT，Aの加速度をaとすると，

Aについて　$ma=2T-mg\cdots$①

Bについて　$m\times2a=mg-T\cdots$②

①＋②×2でTを消去すると，

$5ma=mg$　$\therefore 5a=g$

よって，Aの加速度(上向き)は$a=0.2g$，Bの加速度(下向き)は$2a=2\times0.2g=0.4g$

【5】　力学的エネルギー保存の法則$U=U_p+U_k=$一定より，B，Dを通過する速さをv_B，v_Dとすると，

$U=mgh_1+0=0+\dfrac{1}{2}mv_B{}^2=mgh_2+\dfrac{1}{2}mv_D{}^2$

$\therefore v_B=\sqrt{2gh_1}$，　$\therefore v_D=\sqrt{2g(h_1-h_2)}$

【6】　(ウ)静岡県の富士川から新潟県の糸魚川あたりを境に西側は60[Hz]

【7】　$R=r+\dfrac{1}{\dfrac{1}{r}+\dfrac{1}{r}}+\dfrac{1}{\dfrac{1}{r}+\dfrac{1}{r}+\dfrac{1}{r}}=r+\dfrac{1}{2}r+\dfrac{1}{3}r$

$=\dfrac{11}{6}r[\Omega]$

【8】　並列接続のとき，回路に流れる全電流は，各電気器具に流れる電流の和である。電気器具に流れる電流は$I=\dfrac{P}{V}$より，

$I=4\times\dfrac{40}{100}+\dfrac{500}{100}+\dfrac{90}{100}=7.5[\mathrm{A}]$

p.165

【9】　(1)慣性　(2)7350　(3)122.5　(4)1000，100，0　(5)53.55，熱量　(6)スペクトル　(7)赤外線，紫外線　(8)高，低　(9)10^{-4}，10^{-10}　(10)電力(仕事率)，電力量(仕事)，3.6×10^6

【10】　(1)—(ウ)　(2)—(カ)　(3)—(イ)　(4)—(オ)　(5)—(エ)　(6)—(ア)

■化　学

p.166

【11】　(1)Fe　(2)Cu　(3)Al　(4)Pb　(5)Sn　(6)Mg　(7)Au　(8)U　(9)Si

【12】　(1)塩化ナトリウム　(2)アンモニア　(3)グルコース(ブドウ糖)　(4)硫酸　(5)エタノール(エチルアルコール)

【13】　(1)原子核，中性子，電子　(2)電子，正，陽イオン，電子，陰イオン　(3)二酸化炭素(大理石の主成分は$CaCO_3$だから，$CaCO_3+2HCl\rightarrow CaCl_2+H_2O+CO_2$)　(4)pH(ペーハー。水素イオン濃度の逆数の対数)，7，酸，塩基(アルカリ)，7，中　(5)陰，陽，2：1　(6)圧力，絶対温度　(7)硝酸銀($AgNO_3$)

p.167

【14】　NaClの式量は$23+35.5=58.5$

よって23.4gは$\dfrac{23.4}{58.5}=0.4[\mathrm{mol}]$

$\therefore$モル濃度$=\dfrac{溶質モル数}{溶質の体積}=\dfrac{0.4}{500\times10^{-3}}=\dfrac{0.4}{0.5}$

$=0.8[\mathrm{mol/L}]$

【15】　CO_2の分子量は$12+16\times2=44$

よって11gは$\dfrac{11}{44}=0.25[\mathrm{mol}]$

$\therefore$体積は$22.4\times0.25=5.6[\mathrm{L}]$

【16】　K，Na(他にCaなどイオン化傾向のきわめて大きい金属の単体は水に溶けて水素を発生する。Mgは熱水と，Alは高温水蒸気となら反応する。)

【17】　(1)飽和溶液　(2)還元　(3)ハロゲン　(4)触媒

p.168

【18】　(1)—②　(2)—①　(3)—②　(4)—③，⑤

■生　物

【19】 (1)—(ア)　(2)—(ウ)　(3)—(エ)　(4)—(イ)

【20】 赤血球，白血球，血小板，血しょう

p.169 ─────────────────

【21】 マルトース (麦芽糖)，グルコース (ブドウ糖)，アミノ酸，脂肪酸

【22】 (1)白血球　(2)胆のう　(3)酸性　(4)腎臓

【23】 (1)すべて赤　(2)赤：桃：白＝1：2：1　(3)赤：桃＝1：1　(4)桃：白＝1：1

【24】 (1)二酸化炭素，水 (順不同)　(2)動脈，静脈　(3)タンパク質　(4)トンボ (他はすべて脊椎動物)　(5)赤血球

p.170 ─────────────────

【25】 (1)裸子植物　(2)核，DNA　(3)銅 (他は3大肥料として植物の成長に不可欠の元素)　(4)白血球

■地　学

【26】 (1)月　(2)太陽 (恒星)，衛星　(3)グリニッジ　(4)公転，自転　(5)金星　(6)恒星

【27】 (1)4 (南中時刻は1年365日で24時間早くなるから，1日では　24×60[分]÷365で約4分となる)　(2)9.46，12 (1光年は光が1年間で進む距離。1年は$365×24×60×60＝3.154×10^7$[秒]だから，$3×10^5×3.154×10^7＝9.46×10^{12}$[km]となる。)　(3)半月 (月の引力と太陽の引力が逆に働くため)　(4)左 (反時計)　(5)フェーン

p.171 ─────────────────

【28】 (1)—②　(2)—③　(3)—②

3　国　語

■漢字の読み

p.177 ─────────────────

【1】 (1)いと　(2)えとく　(3)かわせ　(4)ぎょうそう　(5)ようしゃ　(6)あいとう　(7)しょうじん　(8)ふぜい　(9)みやげ　(10)しぐれ　(11)こんりゅう　(12)そくしん　(13)なついん　(14)ほっそく　(15)てんぷ　(16)おもわく　(17)ていさい　(18)いわゆる　(19)あっせん　(20)つの(る)　(21)けいだい　(22)とくめい　(23)から

(む)　(24)すいとう　(25)うけおい

【2】 (1)ごえつどうしゅう—(a)　(2)きゅう—(c)　(3)だそく—(e)　(4)しがく—(b)　(5)こき—(d)

【3】 (1)えしゃく—あ (う)　(2)きせい—かえり (みる)　(3)きょうさ—そその (かす)　(4)はたん—ほころ (びる)　(5)きゃしゃ—おご (る)

p.178 ─────────────────

【4】 ①けいだい　②かんぬし　③のりと　④はいでん　⑤かぐら　⑥ちご　⑦だし　⑧ね　⑨みき　⑩けいき　⑪みこし　⑫なごり　⑬のどか　⑭ちょうちん　⑮たそがれ　⑯ろうそく　⑰たび　⑱げた　⑲おとな

【5】 (1)—(ア)けいちょう　(2)—(ウ)のうぜい　(3)—(イ)ごうく　(4)—(ウ)あっけ　(5)—(イ)えこ　(6)—(ア)おんき　(7)—(ウ)あいきゃく　(8)—(ア)じょうせき　(9)—(ア)ほっき

p.179 ─────────────────

【6】 (1)るふ，りゅうちょう　(2)じょうじゅ，なかんづく　(3)しにせ，てんぽ　(4)はんのう，ほご　(5)うゆう，うい　(6)ごうじょう，ふぜい　(7)えいごう，おっくう　(8)そじ，すじょう　(9)なっとく，すいとう　(10)かっきょ，しょうこ　(11)ていかん，じょうせき　(12)ふいちょう，すいそう　(13)せいじゃく，せきりょう　(14)ゆえん，いわゆる　(15)ぞうお，あくたい

【7】 (1)しぐれ　(2)ころもがえ　(3)しろぼたん　(4)きりひとは　(5)さみだれ　(6)きつつき　(7)とんぼ　(8)いわしぐも　(9)へちま　(10)あじさい

■漢字の書き取り

【8】 解答例(1)解答 (かいとう)，解脱 (げだつ)　(2)一対 (いっつい)，対面 (たいめん)　(3)貿易 (ぼうえき)，容易 (ようい)　(4)遺書 (いしょ)，遺言 (ゆいごん)　(5)福音 (ふくいん)，音楽 (おんがく)

p.180 ─────────────────

【9】 (1)施政　(2)把握　(3)該当　(4)慎重，審議　(5)補償　(6)騰貴　(7)欠乏　(8)簡易　(9)局面　(10)穏便

【10】 (1)(ア)原 (イ)元 (ウ)減 (エ)源 (オ)言 (カ)厳 (キ)現 (2)(ア)冒 (イ)犯 (ウ)侵 (3)(ア)慣 (イ)刊 (ウ)観 (エ)関 (オ)完 (カ)管 (4)(ア)粗 (イ)租 (ウ)阻 (エ)疎 (オ)祖 (カ)狙 (キ)素

千, 万 (15)一, 千 (16)百, 一 (17)千, 万 (18)四, 五 (19)一, 一 (20)一, 千 (21)二, 三

■文 学 史

【21】 (2)

p.181 ―――――――――――――――――――

【11】 (1)建 ―(e) (2)絶 ―(d) (3)裁 ―(a) (4)立―(c) (5)断―(f) (6)経―(b)

p.182 ―――――――――――――――――――

【12】 (1)―(ウ) (2)―(イ) (3)―(ウ) (4)―(イ) (5)―(ア) (6)―(ウ)

【13】 (1)触 (2)授 (3)報 (4)影 (5)望 (6)測 (7)絶 (8)虚 (9)行 (10)識 (11)退 (12)訳

【14】 (1)革 新 (2)利 益 (3)拡 大 (4)与 党 (5)差 別 (6)需 要 (7)消極的 (8)客観的

p.183 ―――――――――――――――――――

【15】 (1)被 (2)劣 (3)肯 (4)偉 (5)理 (6)壊 (7)歓 (8)光 (9)抽 (10)降

【16】 (ア)①―② (イ)①―③ (ウ)②―③ (エ)①―③ (オ)③―④ (カ)①―④ (キ)②―④ (ク)②―③ (ケ)①―② (コ)①―④

■ことわざ・慣用句

【17】 (1)しびれ (2)あごで使う (3)たいこ判 (4)息をのんで (5)島 (6)根に (7)耳にたこ ができる (8)頭が下がる (9)筆が立つ (10)へらず口

p.184 ―――――――――――――――――――

【18】 (1)―(ウ) (2)―(カ) (3)―(オ) (4)―(イ) (5)―(キ) (6)―(ア) (7)―(ケ) (8)―(ク) (9)―(コ) (10)―(エ)

【19】 (1)転 (2)承 (3)尽 (4)滅 (5)代 (6)耳 (7)我 (8)知 (9)単 (10)四 (11)一 (12)髪 (13)口 (14)到 (15)哀 (16)夢 (17)適 (18)楚 (19)風 (20)網 (21)嫁 (22)以 (23)霧 (24)鳥 (25)狗 (26)剛 (27)模 (28)舟 (29)臨 (30)期

p.185 ―――――――――――――――――――

【20】 (1)一, 一 (2)十, 十 (3)四 (4)八 (5)一 (6)一 (7)一, 一 (8)一 (9)一 (10)三, 九 (11)一 (12)一, 千 (13)三, 四 (14)

【22】 (1)― ⓒ (2)― ⓑ (3)― ⓐ (4)― ⓒ (5)―ⓐ

【23】 (1)漱石, (e) (2)啄木, (f) (3)芭蕉, (a) (4)一九, (g) (5)逍遥, (c) (6)鴎外, (h) (7)独歩, (b) (8)白秋, (d)

【24】 (4)

p.187 ―――――――――――――――――――

【25】 (1)松尾芭蕉, 奥の細道 (2)鴨長明, 方丈記 (3)藤原道綱母, 蜻蛉日記 (4)井原西鶴, 日本永代蔵 (5)菅原孝標女, 更級日記

【26】 (1)―(ウ) (2)―(エ) (3)―(ア) (4)―(オ) (5)―(イ)

【27】 (1)萩, 秋 (2)万緑, 夏 (3)朝顔, 秋 (4)天の川, 秋 (5)雪の原, 冬 (6)菊, 秋 (7)木の芽, 春 (8)五月雨, 夏 (9)野分, 秋 (10)春の月, 春

p.188 ―――――――――――――――――――

【28】 (1)カナダ (2)イタリア (3)イギリス (4)オランダ (5)オーストラリア

【29】 (1)頭 (2)面 (3)艘（隻） (4)服 (5)着 (6)輪 (7)領 (8)首 (9)双 (10)筆

【30】 (1)―(カ) (2)―(イ) (3)―(オ) (4)―(キ) (5)―(エ) (6)―(ア) (7)―(ク) (8)―(ウ)

p.189 ―――――――――――――――――――

【31】 (1)―(ア) (2)―(エ) (3)―(イ) (4)―(エ) (5)―(ウ)

【32】 (1)―(カ) (2)―(オ) (3)―(エ) (4)―(キ) (5)―(ク) (6)―(ア) (7)―(イ) (8)―(ウ)

4 社 会

■地理的分野

p.197 ―――――――――――――――――――

【1】 (1)―(ア) (2)―(ア) (3)―(イ)

【2】 (1)―(イ) (2)―(ア)

【3】 (1)—ウ　　(2)—ア　　(3)—ウ

【4】 ①真夏日　　②真冬日　　③熱帯夜　　④降水量

p.198 ────────────

【5】 (1)秋田県　　(2)広島県　　(3)群馬県

【6】 (1)造船　　(2)自動車　　(3)製鉄　　(4)紙・パルプ

【7】 ①200　　②銚子　　③青森

【8】 南アフリカ共和国

【9】 (1)モスクワ，ルーブル　　(2)北京，元
(3)オスロ，クローネ　　(4)ロンドン，ポンド
(5)パリ，ユーロ

p.199 ────────────

【10】 ニューヨーク

【11】 (1)—オ　　(2)—イ　　(3)—ケ　　(4)—キ
(5)—ク　　(6)—コ　　(7)—カ　　(8)—ウ　　(9)—エ　　(10)—ア

【12】 (1)ニューデリー，ウ　　(2)オタワ，オ
(3)ハバナ，エ　　(4)クアラルンプール，ア　　(5)ブラジリア，イ

【13】 グリニッジ天文台

【14】 アフリカ大陸

■**歴史的分野**

p.200 ────────────

【15】 (1)富本銭　　(2)ポルトガル　　(3)平清盛
(4)鎌倉

【16】 (1)—ウ　　(2)—イ　　(3)—イ

【17】 (1)—ウ, ⓒ　　(2)—ア, ⓑ　　(3)—イ, ⓓ
(4)—エ, ⓐ

【18】 (1)飛鳥文化　　(2)元禄文化　　(3)南蛮文化

p.201 ────────────

【19】 (1)明治時代　　(2)大正時代　　(3)昭和時代

【20】 (1)南京条約，イギリス　　(2)下関条約
(3)ポーツマス条約，アメリカ

【21】 (1)—イ　　(2)—ウ　　(3)—ウ

【22】 (1)ギルド　　(2)ドイツ

p.202 ────────────

【23】 (4)

【24】 (1)—イ　　(2)—ウ　　(3)—ア

【25】 (1)—ア　　(2)—ウ　　(3)—ウ　　(4)—ウ

【26】 (1)オーストリア　　(2)1914年　　(3)ヴェルサイユ条約, 1919年

■**倫理的分野**

p.203 ────────────

【27】 (1)キリスト教，仏教，イスラム教　　(2)キリスト教–イエス=キリスト，仏教–シャカ，イスラム教–マホメット　　(3)キリスト教

【28】 (1)—カ　　(2)—ク　　(3)—イ　　(4)—キ
(5)—コ　　(6)—オ　　(7)—エ　　(8)—ケ　　(9)—ア　　(10)—ウ

【29】 (1)—イ　　(2)—エ　　(3)—ア　　(4)—ウ

p.204 ────────────

【30】 (1)—イ　　(2)—ア　　(3)—エ　　(4)—ウ

【31】 シーク教

■**政治・経済的分野**

【32】 ①国民　　②象徴　　③交戦権　　④公共の福祉　　⑤納税　　⑥最高　　⑦参議院
⑧国会　　⑨違憲立法審査権　　⑩国民

【33】 (1)教育　　(2)最低　　(3)平和主義　　(4)行政権　　(5)労働組合法　　(6)行政権　　(7)団体交渉権

p.205 ────────────

【34】 (4)

【35】 ①最高機関　　②立法機関　　③主権
④国政調査　　⑤指名　　⑥議院内閣(責任内閣)
⑦違憲立法審査　　⑧「憲法の番人」　　⑨独立
⑩国民審査

p.206 ────────────

【36】 ①$\frac{1}{3}$　　②1　　③$\frac{1}{4}$　　④1　　⑤150

【37】 (1)カルテル　　(2)飲食費　　(3)上がった

【38】 (1)労働　　(2)コンツェルン　　(3)累進課税制度　　(4)日本(中央)　　(5)安

【39】 (1)—イ　　(2)—イ　　(3)—ア　　(4)—ア
(5)—ウ

p.207 ────────────

【40】 (3)

【41】 (1)—イ　　(2)—ア　　(3)—イ

p.208 ———————————
【42】 (1)商品の流通のために必要な量以上に通貨量が膨張したために貨幣価値が下がり，物価が上昇すること。 (2)家計（生活費）の総支出額に占める飲食費の割合で示される，生活水準を表す指標の一つ。係数が高いと低所得であることを示す。
【43】 (1)—(イ) (2)—(カ) (3)—(ク) (4)—(ウ) (5)—(エ) (6)—(オ) (7)—(ア) (8)—(キ)

5 英　語

■関係代名詞・関係副詞
p.214 ———————————
【1】 (1)what (2)which (3)whom (4)that
【2】 (1)—(イ) (2)—(ウ) (3)—(エ) (4)—(ア)
【3】 (1)今日できることを明日にのばすな。
(2)私たちがよく遊んでいた場所はもう公園ではない。
(3)私たちが生活している地球はボールのように丸い。

■仮 定 法
【4】 (1)—① (2)—① (3)—⑦ 注haveの過去完了形はhad had。
p.215 ———————————
【5】 (1)could (2)But, for (3)would 注(3)の意味は，「もしあなたが私の立場であればどうしますか」。
【6】 (1)If I knew his address, I could write to him. (2)I wish I could speak French.
(3)If it had not been very cold, I would have gone there.
【7】 (1)もしあなたがそれを見たいなら，あなたにそれを送ってもいいですよ。 (2)もしあなたが援助してくれなかったなら，私は成功していなかったであろうに。 (3)彼は，いわば，生き字引きだ。
【8】 (1)I wish I had studied English when I was young. 注過去の事実に対する逆の想定であるから，I wishの中は過去完了形となる。
(2)If I had money, I could buy a car. (3)If it were not for the sun, we would not live.

■時制の一致と話法
p.216 ———————————
【9】 (1)Bob told me that he would take me to the zoo. (2)They told her that they believed her. (3)She told me to leave her alone. (4)Mother asked us to wash the dishes. (5)Bill told me that he had bought me a present two days before. (6)He asked me if I was ready. (7)The policeman asked me when I had arrived there. 注arriveが過去完了形, hereがthereになることに注意。
(8)She said to me, "My uncle is coming tomorrow." (9)He said to me, "What do you think of it?" (10)She said to me, "I Will see you here."

■受 け 身
【10】 (1)with (2)to (3)at (4)with (5)with
【11】 (1)Your teeth must be cleaned.〔by you〕.
(2)He is respected by everybody.（皆から尊敬されている。） (3)A dog was run over by the bus. (4)They speak English in Canada.
(5)Who broke the glass? (6)I was spoken to by a stranger in the street. (7)The floor was felt to shake〔by us〕. (8)The boy is called "Taro"〔by people〕. 注(1)と(7)と(8)の〔　〕は省略されるのが普通。
p.217 ———————————
【12】 (1)春には，木々は新しい生命でいっぱいで，大地は太陽の光によって暖められる。 (2)彼は有名なエンジニアだといわれている。
【13】 (1)He was satisfied with your explanation.
(2)What kind of book are you interested in?

■不 定 詞
【14】 (1)—① (2)—⑦ (3)—①
【15】 (1)This book is too difficult〔for me〕to read. (2)This river is so wide that I can not swim across it. 注〔　〕内の主語はyou, usでも可。

p.218 ───────────────────
【16】 (1)He makes it a rule to study English for half an hour a day.　(2)I want you to post this letter〔for me〕.　(3)To tell the truth, she did not sleep yesterday at all.

■**動 名 詞**
【17】 (1)—④　(2)—④　(3)—④
【18】 (1)to read→reading　(2)to do→doing
【19】 (1)On, hearing　(2)is, no, knowing
(3)am, fond, of

p.219 ───────────────────
【20】 (1)私は早く起きることに慣れている。
(2)食べ終わってすぐ, 私たちはテレビを見はじめた。　(3)京都は行く価値のある所です。　(4)私は彼に一度会ったことを覚えている。
【21】 (1)I feel like taking a walk in the park.
(2)This novel is worth reading.

■**分　詞**
【22】 (1)When, he, opened　(2)As, was
(3)If, you　(4)As, is　㊟節の中の主語, 動詞の時制は, 主節(後の文)に合わせる。
【23】 (1)repair→repaired　(2)make→made
(3)carried→carry

p.220 ───────────────────
【24】 (1)私は英語で意思疎通ができなかった。
(2)私は英語で書かれた手紙を受けとった。　(3)一般的にいえば, 男の子は模型飛行機を作るのが好きだ。　(4)街を歩いていると, 私はばったり彼に会った。
【25】 (1)I had my purse stolen.　(2)Who is a girl skating on the lake ?

■**完了時制**
【26】 (1)have gone→Went　(2)have you returned→did you return　(3)is raining–has been raining
【27】 (1)君が民主主義と自由とについて言ったことを私は何度も考えてきた。　㊟think over—熟考する。　(2)メアリーは, 今朝からテニスをし

ています。
p.221 ───────────────────
【28】 (1)Have you ever been to Tokyo ?
(2)I have been to the station to see my friend off.
(3)I have lived in Osaka for ten years.

■**助 動 詞**
【29】 (1)must　(2)may　(3)can　(4)Shall
(5)Will
【30】 (1)自分自身の健康について, いくら注意深くとも注意深すぎることはない。　(2)お酒をのみますか〔誘いかけ〕。　(3)私は, 日曜日にはいつも博物館に行ったものだった。
【31】 (1)May (Can) I use your dictionary ?
(2)Shall I make her come here and help you ?

■**比　較**
p.222 ───────────────────
【32】 (1)times, as　(2)Which, better
(3)as, as　(4)to
【33】 (1)any, other, the, highest　(2)cannot, as, well　㊟この場合のbetterの原級はwell (じょうずに)である。　(3)by
【34】 (1)持てば持つほど, 欲しくなる。　(2)健康ほど大切なものはない。
【35】 (1)The sooner, the better.
(2)Autumn is the best season for reading and (playing) sports.

■**接 続 詞**
【36】 (1)or　(2)before　(3)and　(4)as
(5)Though
p.223 ───────────────────
【37】 (1)and → or　(2)and → but (also)
(3)or→and
【38】 (1)その部屋に入るや否や私は彼を発見した。
(2)鳥たちはとても美しく歌をうたったので, 子どもたちは歌声を聞くために, よく遊びを中断したものだった。

【39】 (1)He walked fast so that he might catch the train.　(2)She studied so hard that she could pass the examination.

■前 置 詞
【40】 (1)at　(2)in　(3)for　(4)on　(5)by　(6)from　(7)with　(8)for　(9)for　(10)from　(11)of　(12)for　(13)on　(14)at　(15)with　(16)into

■慣用表現
p.224
【41】 (1)from　(2)to　(3)of　(4)of　(5)of　(6)of　(7)from, to　(8)from　(9)of　(10)from
p.225
【42】 (1)〜に似ている　(2)理解する　(3)〜をがまんする　(4)延期される　(5)〜の世話をする

■会話表現
【43】 (1)"What can I do for you ?" (="May I help you ?")　(2)"How much is it ?"　(3)"How do you do. I'm glad to meet you."　(4)"Thank you very much." "You are welcome."　(5)"Hello, this is Suzuki speaking."
【44】 (1)どうぞおくつろぎ下さい。　(2)どうぞこのケーキを召し上って下さい。　(3)お父さんによろしくお伝え下さい。　(4)もう一度言って下さい。　(5)お願いがあるのですが…。

■ことわざ
【45】 (1)ローマは一日にして成らず(大器晩成)　(2)郷に入っては郷に従え　(3)降ればどしゃぶり　(4)去る者は日々にうとし　(5)鉄は熱いうちに打て　(6)類は友を呼ぶ　(7)光陰矢のごとし　(8)百聞は一見にしかず　(9)おぼれる者はわらをもつかむ　(10)転石こけむさず　(11)よく学びよく遊べ　(12)精神一到何事か成らざらん　(13)三人寄れば文殊の知恵　(14)たで食う虫も好きずき　(15)急がばまわれ

■掲示用語
p.226
【46】 (1)—(d)　(2)—(h)　(3)—(b)　(4)—(e)　(5)—(c)　(6)—(g)　(7)—(a)　(8)—(f)

■単語・派生語
【47】 (1)radio　(2)restaurant　(3)company　(4)television　(5)telephone　(6)newspaper　(7)software　(8)business　(9)energy　(10)switch　(11)Wednesday　(12)February　(13)machine　(14)engineer　(15)data
p.227
【48】 (1)children　(2)teeth　(3)leaves　(4)sheep　(5)knives
【49】 (1)took, taken　(2)began, begun　(3)found, found　(4)knew, known　(5)ate, eaten　(6)wrote, written
【50】 (1)発明　(2)加える　(3)休暇　(4)ワープロ　(5)給料
【51】 (1)GNP　(2)OPEC　(3)EU　(4)ILO　(5)JIS　注GNP＝Gross National Product　OPEC＝Organization of Petroleum Exporting Countries　EU＝European Union　ILO＝International Labor Organization　JIS＝Japanese Industrial Standard
【52】 (1)cold　(2)small　(3)poor　(4)weak　(5)sad　(6)dry　(7)liar　(8)darkness　(9)beautiful　(10)healthy　(11)Sale　(12)service　(13)death　(14)discovery　(15)write　(16)hour　(17)route　(18)fifth　(19)second　(20)ninth

MEMO

工業高校電気・電子科就職問題

実戦問題解答